# 常春藤名校妈妈的早教启蒙课

〔美〕小小苏妈妈 ◎ 著

中国妇女出版社

**图书在版编目（CIP）数据**

常春藤名校妈妈的早教启蒙课 /（美）小小苏妈妈著
.--北京：中国妇女出版社，2019.1
ISBN 978-7-5127-1123-5

Ⅰ.①常… Ⅱ.①小… Ⅲ.①早期教育—家庭教育
Ⅳ.①G781

中国版本图书馆CIP数据核字（2018）第260333号

版权登记号 图字：01-2018-7700

**常春藤名校妈妈的早教启蒙课**

**作　　者**：〔美〕小小苏妈妈　著
**责任编辑**：门　莹
**封面设计**：尚世视觉
**责任印制**：王卫东
**出版发行**：中国妇女出版社
**地　　址**：北京市东城区史家胡同甲24号　　邮政编码：100010
**电　　话**：（010）65133160（发行部）　　65133161（邮购）
**网　　址**：www.womenbooks.cn
**法律顾问**：北京市道可特律师事务所
**经　　销**：各地新华书店
**印　　刷**：北京中科印刷有限公司
**开　　本**：165×235　1/16
**印　　张**：18.5
**字　　数**：280千字
**版　　次**：2019年1月第1版
**印　　次**：2019年1月第2次
**书　　号**：ISBN 978-7-5127-1123-5
**定　　价**：49.80元

献给外婆

本书在写作过程中从以下著作受到了诸多启发，在此一并表示感谢。

1. Gerber, M. & A. Johnson. *Your Self-Confident Baby*: *How to Encourage Your Child's Natural Abilities——From the Very Start* [M]. New York: Wiley, 2011.

2. Murkoff, H. & S. Mazel. *What to Expect the First Year* [M]. New York: Workman, 2014.

3. Dweck, C. S. *Mindset*: *The New Psychology of Success* [M]. New York: Random House, 2006.

4. Seligman, M. E. P. *Learned Optimism*: *How to Change Your Mind and Your Life* [M]. New York: Vintage Books, 2006.

5. Britton, L. *Montessori Play & Learn*: *A Parent's Guide to Purposeful Play from Two to Six* [M]. New York: Crown, 1992.

6. Montessori, M. *Dr. Montessori's Own Handbook* [M]. New York: Schocken Books, 1965.

7. White, B. L. *The New First Three Years of Life* [M]. New York: Fireside Book, 1995.

8. Johnson, S. *The One Minute Father* [M]. London: HarperCollins, 2004.

# Preface 自序

前几天整理大女儿苏宝的衣柜，发现很多3岁尺码的衣服她快穿不下了。回想4年前，苏宝在纽约一场大雪后来到我们身边，护士把她抱到我的胸口，她第一次睁开眼睛的样子，第一次打哈欠的样子，我还记忆犹新，一转眼，苏宝竟然快满4岁了。

自从苏宝出生，我就辞去了在咨询行业的工作，在家全职陪伴她。2017年，家里又添了果子妹妹。掐指一算，这几年里，陪伴两个孩子泡儿童图书馆、读绘本、参加社区的早教课，成了我生活中很重要的一部分内容。由于每天和身边的美国妈妈，以及早教班、幼儿园、儿童图书馆的老师们沟通早教启蒙的方法，通过此间的潜移默化，我得到不少启发，也经常会产生“原来不同年龄段有不同的敏感期”“原来可以这样看待孩子的行为”，诸如此类的感受。

其中有3件事，是我感触很深的。

**第一，父母即孩子的起跑线**。

对于育儿问题的焦虑，在新手爸妈中很常见，“起跑线”这个词也是大家讨论得最多的。比如，要不要上几百元钱一节的早教课，要不要给孩子报兴趣班，要不要买天价学区房？这些都是关于“起跑线”的焦虑。

其实，早教课、兴趣班、学区房这些，都可以为孩子的发展锦上添花，然而家庭对孩子早期心智、思维、性格方面的塑造才更重要。斯坦福大学的一项研究证明，富裕阶层的3岁孩子，比低收入家庭的同龄孩子所听到的词，要多出3000万个。父母在早期经常花时间陪孩子阅读，孩子所听到的词汇数量更多，语言能力发展得更好，差距其实在婴儿时期就拉开了，这才是所谓的赢在起跑线。

**第二，看见孩子，胜过管教孩子。**

现在还有很多父母在推崇“乖孩子”文化，认为孩子只要听话、满足父母的要求，就是好孩子，就能得到赞扬。其实，理解孩子的内心，鼓励孩子探索自己的天性，需要父母付出很多精力；而把孩子驯养得服服帖帖，看上去像培养“好孩子”的捷径，却难以培养出心智成熟的孩子。

比如，孩子发脾气时，家长对着孩子吼、让孩子住嘴，是一种简单粗暴的办法，而且有时真的能“解决问题”，却也让父母失去了看见孩子内心的机会。

年幼的孩子跟父母对着干时，父母的那种愤怒，我深有体会。但在转换思维模式后，我开始在孩子“不乖”时思考：孩子行为背后的原因是什么？作为父母，我们该如何帮助孩子梳理自己的情绪？

**第三，成长的父母，带动家的成长。**

育儿要先育己，父母作为家庭的榜样，我们只有不断升级自己的知识储备，积极思考如何更好地和孩子沟通，每天都有成长和变化时，孩子的成长才会是正向、积极的。

在养育孩子的过程中，孩子也像一面镜子，照出父母自己的成长经历，让人反思一些不恰当的育儿方式是如何代代相传的。如果我们能多保留一份觉察，原生家庭带给过我们的困惑，也许就会逐步化解。

从这种意义上说，育儿给人带来的除了爱，还有谦卑。我们在孩子面前并没有高下，仅仅是一个人面对另一个人，一颗心回应另一颗心，一种成长照亮另一种成长而已。

在美国做全职妈妈的几年，我在早期认知和思维启蒙、情商性格培养、早期阅读习惯的养成几个方面，学到了很多硬知识。这一切很大程度上要归功于身边的社区、图书馆和学校。双语启蒙是我在哥伦比亚大学读书时的“老本行”，做妈妈以后，我在这方面的实践中有了更多心得。我把自己这几年来的所思所学用文字记录下来，就有了《常春藤名校妈妈的早教启蒙课》这本书。

孩子人生的头几年是他最重要的起点，也是父母自我成长极好的机会。希望这本书能帮助你在养育的路上少走一些弯路，多看一些风景。让我们一起出发吧。

# Contents 目录

## Chapter 01 双语启蒙



## Chapter 02 认知和思维启蒙

## Chapter 04 习惯培养



## Chapter 05 亲子共读

Chapter 07

## 父母自我成长

CHAPTER 01

# 双语启蒙

语言是后天习得的，和肤色、人种关系不大，而是和孩子的生长环境、兴趣和时间投入关系很大。那些从小父母重视中文，孩子自己也对中文感兴趣，并花了很多时间学习中文的美国孩子，中文都具备很大的优势。花多少工夫，就有多少产出。

01

# 想培养双语宝宝，先要弄清这8个问题

苏宝生于美国，又有中国血统，我们一直很重视她的双语启蒙，希望她能成为一个中英文流利、热爱中华文化的孩子。从苏宝出生开始，我就在家坚持和她说中文，爸爸说英文。苏宝刚一岁时，就可以听懂不少简单的英文词汇（比如气球、松鼠、小鹿、飞机、风车、喝水、吃饭等）和指令（比如关灯、开门、抱抱、睡觉等）。我在微信公众号后台收到不少妈妈咨询关于双语启蒙的问题，下面就结合专业角度和大家聊聊我的看法。

## 为什么要培养双语宝宝

从功利角度而言，及早进行双语启蒙可以给宝宝打下良好的英语基础，培养宝宝的全球化意识。此外，有大量研究表明，双语宝宝的认知、学习能力更强。

对我和苏爸而言，让孩子学会两种语言，并不是为了让她成为“小学霸”，而是为了让她有机会感受汉语的美、中国传统文化的美，也能从另一个文化视角去认识世界。

也许每对父母养育双语宝宝的动力并不一样，但你的答案会成为你坚持对宝宝进行双语启蒙的动力。

## 反正要学说话，双语启蒙是不是很简单

有些父母认为，孩子学说话的能力是天生的，多听听就可以学会英语，其实这种观点是不对的。双语养育，难就难在“环境”这两个字，创造双语环境也不只是听英语那么简单，互动非常重要，后面会专门讲到这个问题。

此外，孩子对第二语言的接受程度，也会增加双语启蒙的困难。比如，在美国一些华人家庭中，父母最开始在家和孩子坚持说中文，但后来发现用英文和孩子交流更轻松，而且孩子入学后变得不爱说中文，在家也只愿意用英文和父母对话。于是，父母逐渐放弃了对中文的坚持，孩子也失去了中文的优势，直到就业时才意识到中文的重要性。想培养双语宝宝的父母，都会遇到孩子学外语的“坎儿”，而很多时候这道坎儿正是父母的懈怠造成的。孩子逐渐长大，和母语环境中的其他孩子接触越多，就越容易放弃第二语言。这时候，父母的坚持就显得非常必要。

## 宝宝同时学两种语言，会造成混淆吗

对于接受双语启蒙的宝宝而言，一开始可能会出现语言的混淆，但是长期来说并不会造成混淆。双语教育专家巴巴拉·皮尔逊（Babara Pearson）对于这个问题是这样解释的：婴儿出生后的几天时间内，大脑就能分辨多种语言之间的区别，尤其是那些差异很大的语言，比如中英语或法日语。但是，非常相似的语言（比如英语和荷兰语），可能会让小月龄宝宝不容易区分，不过6个月以后这种混淆会逐渐减少。宝宝有一定的双语基础后，可能会出现两种语言混说的现象，但并不代表他们的大脑无法分辨两种语言。

## 什么时候开始双语启蒙最好

7岁前最佳，13岁前都不晚。

人脑发育的特点，让孩子能像海绵吸水一样习得语言，越小的孩子，对不同

语言的敏感度越高，学起来就越轻松。很多研究指出，0～3岁是宝宝进行双语学习的黄金期，3岁以上的宝宝大脑仍然处于双语习得的快速进步阶段；4～7岁的孩子，大脑仍处于可以同时学习双语的阶段，有机会将第二语言学得像母语一样流利。即使孩子从7岁开始进行双语学习，也仍然不晚。研究表明，孩子学习第二语言的能力在青春期过后才会逐渐减弱，因为大脑储存新语言的区域发生了变化，需要通过翻译来学习。

## 双语宝宝开口晚是真的吗

一些双语宝宝开口可能会比别的孩子略晚，但这种延迟只是暂时的。有研究指出，双语环境养育并不影响孩子的语言习得能力和认知能力。坚持双语启蒙的宝宝，一般在5岁时就能流利运用两种语言。如果你怀疑你家宝宝开口晚是双语环境造成的，可能是因为同时学习中英文太难。这时，可以暂缓英语的学习，多用母语（中文）交流，直到宝宝的母语能力稳固一些后，再尝试英语的学习。

## 父母英语不好，也可以培养双语宝宝吗

可以，但优势不足。

就算一句英语也不会说的奶奶，也可以协助宝宝进行双语启蒙。只需要动动手指，打开手机或电脑，利用英语动画片、英语儿歌、英语有声绘本故事等资源给宝宝创造双语环境。当然，只“磨”耳朵是远远不够的，因为语言是在互动中学会的，所以如果爸爸妈妈英文不好，就需要抓紧充电，和宝宝一起进步。

这里推荐一个超棒的语言学习应用软件duolingo。使用这个APP可以从零基础开始，选择自己的母语（汉语）和想学的语言。每个用户都有自己的进度，用非常多元的方式学习语言，比较适合2岁以上开始接触电子产品的宝宝，父母也可以跟着宝宝一起学。我大学毕业后就一直没碰过法语，后来靠这个APP又将法语捡了起来。

## 怎样打造双语环境

很多人对双语环境的理解有误，认为只要随时播放英文儿歌和故事，宝宝就能学会英语。其实，双语环境中最重要的元素是人，最核心的方法是互动。具体可以从以下几个方面入手：

- 父母或孩子的主要教养者，在家多和宝宝用英文对话；
- 坚持每天至少读一本英文绘本，在读的过程中帮助宝宝建立英文语感和词汇基础；
- 常约其他有英语基础的宝宝一起玩，在互动中练习英文口语；
- 如果有条件，送孩子上双语幼儿园或提供优质英文课程的早教机构，等等。

## 哪些因素会影响双语学习的效果

我在哥伦比亚大学读书的时候，曾经在东亚系做助教，教美国本科生学习中文。让我感到惊讶的是，有些土生土长的美国学生中文能力甚至比华裔孩子更好。语言是后天习得的，和肤色、人种关系不大，而是和孩子的生长环境、兴趣和时间投入关系很大。那些从小父母重视中文，孩子自己也对中文感兴趣，并花了很多时间学习中文的美国孩子，中文都具备很大的优势。花多少工夫，就有多少产出。我读大学时，班里中文特别突出的两个本科生都是美国人，他们初中才开始学中文，但非常热爱中国文化，并坚持不懈地学习，现在中文的流利程度惊人，毕业后成为非常抢手的人才。

02

# 做对5件事，为宝宝创造双语家庭环境

我硕士研究生期间攻读的专业是双语和跨文化教育（Bilingual & Bicultural Education），主要研究如何让在单语言、单文化大环境中长大的孩子，学会两种语言，理解两种文化。

这听起来有点儿玄乎，其实这个专业研究的方向特别容易理解，通俗来讲，就是如何让一个在中文语言环境中长大的孩子不仅能看懂英文动画片，还能听懂里面的笑话。

双语养育的好处除了培养“国际范儿”的宝宝，还能提高孩子的认知学习能力（包括数学能力、逻辑推理、记忆力和解决问题的能力等），这些结论都是有大量科学研究支撑的。孩子的双语启蒙成功与否，起决定作用的因素是宝宝是否能在双语环境中成长，而家庭是孩子生命最初的课堂，因此对孩子的双语启蒙起着尤为关键的作用。

下面和大家分享几个创造双语环境的要素。

## 自律的父母

讲双语是个看似简单的命题，但是操作起来很有难度，原因很简单，就是难以克服自己的惰性。说两种语言比说一种语言需要调动更多的脑细胞，而为宝宝创造双语环境，还需要父母长期的投入，包括时间、精力、金钱等方面的投入，很多人常常半途而废，真正坚持下去的父母并不多。

在创造双语环境的要素中，之所以把“自律”排在第一位，是因为要培养双语宝宝，父母的持之以恒很重要，这一点却常常被忽略。因此，在养育双语宝宝之前，父母最好先问自己几个问题：

- 我能坚持每天至少花10分钟陪宝宝读或听一本英语绘本吗？
- 我能每周末花半小时提高自己的英语水平吗？
- 我能每个月抽出时间整理宝宝的双语启蒙资源吗？

如果答案是肯定的，在这几个问题前面加个条件：在以后的10年里，坚持每天问一遍以上的几个问题。

## 英语绘本

我认为绘本是双语启蒙的最佳工具之一，能给家里的双语环境加分。绘本以语言为载体，能够促进宝宝对世界多方面的认知。

想让绘本融入孩子的生活中，不仅是“买买买”就够了，因为如果宝宝对绘本没有足够的有效接触（exposure），那它们不过是摆设而已。想让宝宝注意到身边的绘本，并且喜欢上阅读，可以将绘本放在宝宝经常活动的地方，利用低矮的书架，把封面向外摆放，也可以通过绘声绘色的朗读吸引宝宝。每天和宝宝用英文共读半小时，长期坚持下去，就会对孩子将来的双语能力产生很大的影响。

## 无处不在的词汇库

除了绘本以外，家长还需要一些工具作为绘本的延展，把它们“埋伏”在宝宝经常“出没”的地方，成为他日常生活的一部分。苏宝15个月时，能理解中英文单词各50多个，其中不乏“冷”“热”这种描述性的词，还可以输出中英文各十几个词，如“honey”“baby”“apple”“bubble”“water”“喝奶”“梳子”“面包”“汽车”等。因为苏宝是个十足的小吃货，所以她的First Words（最早学会的词）大多和吃的有关。

苏宝常常在厨房活动，我会给她一些磁铁或者认物的拼图，一边做饭，一边让她把磁铁贴到冰箱上，同时教她认识磁铁上的动植物、水果等。我还用跟绘本配套的磁铁与苏宝一起“演绎”绘本，激发她对绘本的兴趣。

词汇卡片也是不错的双语认知工具。人脑的特点决定了重复巩固是学习语言最有效的方式。我每天会抽一些时间，用词汇卡片陪苏宝温习一下她当天认识的新事物。

## 多媒体（电台、网络和电视）

谁说只有孩子才能学英语呢？学习是人一辈子的事，不是吗？如果你觉得自己的英语不够好，那么和宝宝一起学是最棒的自我提升机会。如果你觉得自己和宝宝共读绘本时英语不够流利，也可以利用网上的英语启蒙资源，来提高自己的英语水平。

举例来说，在给宝宝读绘本的时候，如果父母觉得文本太难，可以陪宝宝听绘本音频，还可以收听“小小苏绘本电台”，我会定期上传一些大家点播的绘本音频。因为电视对幼儿认知和视力发育有影响，美国儿科学会（AAP）建议2岁以下的孩子不看电视，2岁后可以适量看一些英文动画片，但要控制好时间。

## 同龄人互动

美国家庭中有一件很流行的事情叫Play Date（孩子约玩），即妈妈们带着年龄差不多的宝宝一起玩耍。我也经常把几个关系要好的美国妈妈约到家里Play Date。有时，我们会给这种聚会定一个主题，比如星期一是共读绘本，星期三是语言启蒙，星期二和星期五分别是音乐和亲子游戏。当然，也有懒得定主题的时候，就直接搬些玩具出来，一边喝下午茶，一边让孩子们自由发挥。

在家进行双语启蒙，可以鼓励兄弟姐妹之间用英语互动，还可以约上其他有双语基础的宝宝Play Date，让孩子们在互动中学习。举个例子，一个45分钟的Play Date可以这样安排：前15分钟孩子们自由热身，打成一片；中间的15分钟家长读英语绘本，孩子们自主参与；最后的15分钟，在家长的引导下，孩子们用英语进行互动。

Play Date的互动环节可以这样设计：3岁前，家长用卡片或绘本带宝宝们认识物品词汇，对于有简单词汇基础，能听懂指令的宝宝，还可以鼓励他们说出英语单词，或者根据儿歌做动作；3岁后，可以做角色扮演的游戏，让孩子们用英语介绍自己或描述一张图画等。

想培养双语宝宝，方法很重要，执行力更重要，父母们赶紧行动起来吧。

# 03 父母英语不好，如何给宝宝进行双语启蒙

对于双语启蒙这个问题，在微信公众号后台，大家问得最多的一个问题是：我的英语不好，也能给宝宝进行双语启蒙吗？

针对这个问题，答案当然是“大写”的“能”。

## 发音真不是最重要的事

我以前总觉得，能说一口标准的英音或者美音是特别炫酷的一件事。来美国读书后才发现，美国真是个充满了各式各样英语口音的大熔炉啊。我喜欢的歌手约翰尼·卡什（Johnny Cash）用美国南方口音唱出了一堆格莱美奖；谷歌新任CEO桑达尔·皮查伊（Sundar Pichai）是个印度哥们儿，他用浓厚的印度口音指挥着这家世界顶级科技公司的千军万马；联合国前秘书长潘基文的母语也不是英语；我在哥伦比亚大学读书时的系主任来自波多黎各，一样在全世界的双语教育会议上做最权威的发言。

在美国生活这些年，我的感受是，美国是个多民族国家，各种口音都能表达自己的想法，真的不需要太纠结英语的发音问题，也没必要因为担心自己的口音把孩子带偏而因噎废食。有口音不要紧，在英语国家的人眼里，把英语说清楚，让别人能听懂，比说得标准更重要。

因此，大家不妨在自己的口语清晰度上多下功夫，尽量说慢一些，把每个音

都发出来。不确定该如何发音的单词，下载一个能发音的汉英词典APP，查查音标，多跟读几次就好了。

## 宝宝入学前，你的英语水平足够了

英语不标准，不等于不会说英语。相信大部分看这篇文章的父母，起码有基础的英语水平，也就是说，会说“apple”“dog”“sky”这些基础词汇，懂得英语拼读的规则，这样的水平就够了。

有时候，我们把宝宝的双语启蒙想象得太难，其实6岁以下的孩子需要学习的词汇都是特别基础的，父母的词汇量完全可以“Hold住”。这些基础英语词汇可以贯穿在亲子阅读、儿歌、日常对话中，教给宝宝。如果宝宝在幼儿园阶段能输出100个左右英语词汇，会简单的小短句表达，就是相当不错的双语基础了。

而且，即使你毕业多年，把当初学的英语都还给了老师，成年人的英语水平仍然是可以不断提高的，和宝宝一起学习、一起进步是最棒的高质量陪伴。比如，买一套英语词汇卡片，遇到绘本中不会的单词，就把卡片找出来贴在冰箱上，和宝宝一起学习。具有终身学习能力，并且真正对英语感兴趣的父母，更能营造出喜欢英语的家庭气氛，也更有益于孩子的双语启蒙，因为言传身教是最好的启蒙方式。

## 双语宝宝是陪出来的，而不是教出来的

对于孩子的双语启蒙，父母扮演的角色其实并非老师，而是积极的陪伴者。也就是说，宝宝学英语，某种程度上不是教出来，而是陪出来的。这和学游泳、学钢琴的原理有点儿类似：一个不会水或不懂音乐的父母，捕捉到孩子的兴趣后，可以利用各种外界资源，培养出喜欢游泳和弹琴的孩子。同理，英语程度有限的父母，不会陪读，可以陪听，比如，每天陪宝宝听15分钟英语绘本和儿歌。当然，这里的听绘本，家长需要百分之百投入，要边听边和宝宝共同翻页，跟着音频指出绘本中的事物，而不是宝宝听绘本，父母在旁边干自己的事情。

很多英语儿歌还可以用互动的形式“演”出来。互动的时候，父母没有必要总说“宝宝快做这个动作，宝宝快做那个动作”。我和苏宝听英语儿歌时，我会一边听，一边自己做动作，甚至自己也唱起来，苏宝看到妈妈参与，自己也会很有兴趣地跟着做。

## 不要总是特意向孩子提问“这个用英语怎么说”

想一下，我们是怎么教宝宝说母语中文的呢？看到什么东西就告诉宝宝它的名称，对吗？学英语也该如此。比如，我和苏宝去买菜，看到超市里的香蕉，我会直接说：“It's a banana.”而不是问苏宝：“香蕉用英语怎么说？”

如果总是问孩子“这个怎么说”“那个怎么说”，会让孩子感到不耐烦，而且这种一问一答的方式特别容易误导孩子养成翻译式思维（即依靠中文来学习英文）。孩子的大脑有别于成年人，7岁以前是他们建立英语思维的关键时期，大脑有能力像母语一样去学外语，因此家长用正常的方式告诉孩子物品的英语名称，或者用英语和孩子对话即可，没必要专门去提问孩子。

## 建立纯英语环境

双语启蒙和学钢琴有相似之处，但又不完全一样。不懂音乐的父母，只要找对老师，一样能培养出钢琴弹得好的孩子，因为孩子可以独自练习。但英语能力的发展不能全靠独自练习或者被动的听力刺激（即所谓的“磨”耳朵）。宝宝的语言能力绝大部分时候是通过对话获得的。因此，父母在家和宝宝保持一定程度的英语交流是很有必要的。但父母平时一忙，可能会忘记跟孩子用英语交流，那到底如何保证宝宝的英语输入呢？

最理想的方式是父母当中一方说中文，另一方坚持说英文，不过这对英语程度有限的家庭来说有点儿难度。双语启蒙专家提出的另一个建议是：每天在一个固定的时间或场景中，只和宝宝说英文，并慢慢养成习惯。比如，每天睡前读几本英文绘本，或者每天晚餐后全家人花半小时只用英语交流或者创造纯英语环境

（唱儿歌、看动画片、阅读、做游戏皆可）。在这个过程中，说得标不标准并不重要，关键是创造全家人都对英文感兴趣的大环境。

除了上面聊到的方法，父母有条件的话，也可以通过送孩子上双语幼儿园、参加外教班等方式，给孩子提供浸泡式的外语学习环境。最近，我们社区的图书馆增设了西班牙语启蒙项目，有老师用西班牙语讲绘本故事、唱儿歌和做游戏。我原本对西班牙语一窍不通，但是坚持每周带苏宝去参加这个活动一段时间后，她忽然会说“¡Hola”（西班牙语里的“你好”）了。

04

# 真正的双语启蒙，每周需要投入多长时间

前段时间，我和一个朋友聊天，他是普林斯顿大学的教授，专门研究0～5岁宝宝双语启蒙和认知发展，而双语教育也是我的老本行，我们第一次见面就聊起“小朋友一天到底需要接触几个小时的外语，才能实现真正的双语启蒙”这个话题。经过讨论，我们都认同一个观点：要想让孩子的第二语言和母语一样流利，一个5岁左右的孩子每周应该接触第二语言至少20小时。

我和教授讨论这个问题，是因为微信公众号后台经常有父母给我留言，说已经按照我的建议给宝宝进行双语启蒙了，但是不知道做得够不够，不知道每天需要在双语启蒙方面花费多长时间。

关于这个问题，有专家专门进行过研究，并提出了具体的参考标准。英文是中国孩子的弱势语言，要让中国孩子建立真正的双语基础，需要至少有20%清醒的时间去接触英语。比如，2岁的宝宝每天有10～12小时是醒着的，那么他每天就需要2～3小时接触英语的时间，一周要达到15～20小时才算有效的双语启蒙。

有些父母看到这里，可能会倒吸一口凉气，心想：我每天下班陪宝宝的时间总共才两三个小时，难道从此以后只能和宝宝说英语了？其实，每天2小时的双语启蒙时间，分配方式是非常多样的，其他家庭成员也可以参与进来，并不是只有和宝宝进行英语对话，才算接触英语。

以下这些方式，都可以算作接触英语：

- **双语启蒙的主动输入：**餐桌上和父母聊天、睡前读绘本、唱英语儿歌、使用英语进行亲子游戏等。
- **双语启蒙的被动输入：**看英文动画片、听英语故事、使用双语启蒙词汇卡等。

有效的语言启蒙是在沟通中获得的，因此，有条件的家庭应该多和宝宝用英语对话、共读英语绘本、做英语小游戏，通过这些主动输入的方式，让孩子多参与英语的互动，才能真正实现双语启蒙。

至于被动输入，则是主动输入的辅助方式。例如，我会在苏宝学会某个词汇后，把这个词对应的图卡找出来，贴在冰箱上，她进出的时候就会看到，这就是一种不经意的被动输入。对于父母英语不够好、职场父母无法陪伴宝宝、隔代养育老人不懂英语等情况的家庭，被动输入更是双语启蒙的重要补充。可以提醒老人有意识地让宝宝多听英语儿歌、绘本、音频，2岁以上的宝宝也可以适当看一些英语动画片。

我们在美国生活，中文将是苏宝入学后的弱势语言，所以我们平时比较强调中文启蒙。但为了保证她和美国孩子互动时能听懂英语，我们让她接触英语的时间保持在清醒时间的20%上下，也就是一周20小时左右。

## 英语儿歌和亲子游戏：30分钟×7天

英语儿歌是非常好的双语启蒙手段，4岁以下的宝宝，注意力集中的时间不太长，如果一味地读绘本，宝宝会坐不住。因此，我和老公每天都会花半小时左右和孩子一起唱儿歌、做游戏，在互动过程中，孩子不知不觉学会了很多单词和英语的表达。

不过，“玩儿歌”和听儿歌是有区别的，光听不参与，属于被动输入，因此我更鼓励大家多和孩子一边唱儿歌，一边做动作（甚至蹦蹦跳跳），当各种感官都被调动起来时，宝宝会学得更快。

## 图书馆和早教班：2小时×5天

在我们社区方圆十几分钟车程内，有四五家公立图书馆，里面提供各种各样的亲子阅读活动和免费的音乐启蒙课、艺术启蒙课。我把这些时间也计入苏宝接触英语的时段。

其实，我们有时候一天在图书馆花费的时间不止2小时，但是部分时间苏宝会在图书馆玩乐高、拼图或者（1岁前）满地乱爬，所以我保守地按照每天接触英语2小时来计算。国内有英语故事会的图书馆还不是非常普遍，大家在为宝宝选择早教班的时候，有条件的家庭可以考虑选择双语教学的机构。

## 读英语绘本：1小时×7天

读绘本应该算是我们的“家规”，苏爸每天早起去上班前，雷打不动地会和苏宝读至少半小时英文绘本。在苏宝睡前，我们全家还会一起读15分钟至半小时的英文绘本。读绘本是双语启蒙最有效的方式之一。

## 看英语动画片：10分钟×3天

美国儿科学会不建议2岁以下的宝宝看电视，因为电视可能会对孩子的眼睛造成伤害，而且看电视对宝宝智力发育的好处也不如亲子阅读。我的个人看法是，在控制好时间的前提下，可以有所变通。我们是在苏宝1岁10个月左右开始有节制地让她接触电视，即隔天看5～10分钟，内容不限于动画片，还包括儿歌、纪录片等。比如，我们去参观了自然历史博物馆，当晚全家人就会一起看有关野生动物的纪录片。对于英语环境比较匮乏的家庭，看英语动画片是双语启蒙的一种有效补充，但要注意控制好时间。

## 户外活动：30分钟×3天

这里的3个30分钟，不是我们带苏宝进行户外活动的总时间，而是户外活动中讲英语的总时间。我和身边的一些美国妈妈经常会一起Play Date，见面场所可以是公园的沙坑、郊外的湖边等地方，和美国宝宝一起玩耍的时候，语言环境自然就是英语。如果连续好几天都没有约别的小朋友玩，那么在带苏宝外出的时候，我会有意识地用英语和她描述看到的事物，作为弥补。

这样算来，苏宝每周至少有22小时是在接触英语，占她清醒时间的25%左右。

以上的时间分配只是一种参考，没有必要完全照搬，而是要根据孩子的年龄和每个家庭的具体情况而定，但让孩子接触英语的总时间不能太少。

苏宝一岁半时，已经能够输出比较完整的中英文小短句，也可以跟唱一些英语儿歌和童谣。而且她开始有意识地把中文和英语分开，和我对话时说中文，和爸爸对话时说英语，虽然偶尔还会混淆，但基本上做得很好。

培养双语宝宝，贵在坚持，只要你有足够的恒心和毅力，就一定可以养育出会学、会玩的双语宝宝。

05

# 双语启蒙，一定要先绕过这个“大坑”

曾经有一个妈妈和我分享了她和2岁的宝宝共读《好饿的毛毛虫》的视频。视频中这个妈妈的英语发音很标准，小宝宝也听得很认真，画面超级温馨。但妈妈在读绘本时，是一句英语、一句中文交替进行的。我当时就告诉她，我是比较反对这种读法的。

要想让宝宝将来的英语和中文一样流利，就需要在英语启蒙时避免“翻译式” 的读法。原因有以下4个方面。

## 宝宝的大脑有直接学英语的能力

宝宝的大脑决定了他们学习外语的方式会随着年龄的增长而产生变化，见下表。

| 年龄 | 孩子学外语的规律 |
|---|---|
| 在妈妈肚子里 | 宝宝还在妈妈肚子里时，就能区分各种声音。 |
| 0~6个月 | 6个月以下的宝宝，是“世界公民”，他们眼中没有母语和外语的区别。 |
| 6个月~1岁 | 宝宝开始觉察不同语言之间的区别，但仍能像学母语一样学会外语。 |
| 1~3岁 | 如果创造有效的双语环境，宝宝能将英语学得像母语一样流利。 |

续表

| 年龄 | 孩子学外语的规律 |
| --- | --- |
| 4～7岁 | 宝宝的大脑仍然可以“平行”学习两种语言，外语有望接近母语水平。 |
| 7～13岁 | 双语学习最后的黄金期，此后大脑处理新语言的方式逐渐变化，学习外语的难度加大。 |
| 青春期以后 | 青春期以后，大脑储存外语的区域发生变化，会不自觉地通过母语“翻译”的方式学习外语。 |

我在前面曾提到过，孩子的双语启蒙时间，7岁前最佳，13岁前都不晚。双语教育专家研究发现，在青春期前，孩子学习外语的过程和成年人完全不同。儿童能更高效地用学习母语的方式学外语。上表总结了随着年龄变化，人类大脑学习外语方式的变化规律。结论表明，年龄越小的宝宝，越能像学母语一样去学习外语，并不需要通过翻译来进行。

青春期过后，大脑储存信息的区域发生了变化，才开始通过母语这个媒介进行“翻译式学习”。这也是为什么我们常常能够通过英语水平判断一个华人孩子是5岁移民美国（英语接近母语），还是高中后移民美国（多多少少有些口音），当然，个别极其有语言天赋的孩子除外。

## 中英文混讲，破坏英语思维的萌芽

试想一下，美国妈妈在教宝宝说英语时会如何教？她会指着一样东西，直接告诉宝宝这个物品的英文名称是什么。能否把物品和英语联系在一起，是双语启蒙过程中一个重要的里程碑，它决定了宝宝能否养成英语思维的习惯。

既然双语启蒙的目的是让孩子像英美国家的孩子一样流利地说英语、用英语思考，那何不从现在开始，让宝宝学英语时习惯于纯英语表达呢？当然，在其他母语环境下学习中文时，也应该坚持用纯中文交流，让孩子意识到中文和英语是相互独立的两种语言，养成互不夹杂的习惯。

我出国时的雅思成绩是8.5分，进入哥伦比亚大学时，被学院选为国际新生代表发表演讲。虽然我的英语口语没有达到母语水平，但我自认为在同龄人中算是比较好的。而我学英语的秘诀就在于一开始就使用英语思维来学习。

所谓英语思维，是指直接用英语思考，并用英语进行表达。比如，小红看到一个苹果，能直接联想到“apple”这个单词；小红很开心，她会直接用“I am happy”来表达自己的情绪，这就是英语思维。相反，“翻译思维”是先想好自己要说的中文句子，再把中文翻译成英语表达出来。比如，小明看到一个苹果，脑子里的第一反应是中文“苹果”这个词，然后再把中文词翻译成“apple”，并说出这个单词。翻译思维很容易导致说英语慢、结巴、表达不准确。

直到现在，我如果遇到不明白的英文单词，也不会去查英汉词典，而是上谷歌输入这个单词，用图片搜索功能，把图片和单词对应起来，以培养自己的英语思维。其实，即使是英语基础薄弱的成年人，通过刻意训练也能逐渐培养起英语思维。

在美国佛蒙特州的一所大学，有个著名的浸泡式外语培训营，每年世界各地的学员慕名而来进行学习。所有参与特训营的学员必须宣誓：在校期间只能用外语交流，否则就会受罚。一个暑期下来，神奇的事情发生了，这些成年学员的外语突飞猛进。当然，成年人在学习外语时，会不自觉地使用翻译思维，所以这个过程有些痛苦（难怪要宣誓）。然而，对于小宝宝来说，这种痛苦是非常弱小甚至不存在的，因为他们的大脑天然能够学习两种语言，根本不需要通过翻译来进行。

## 中文翻译，不如看图说话

有人曾经跟我说，孩子太小，听不懂英语。那么，你以为孩子长大就能听懂了吗？其实，孩子越小，越有能力像学母语一样去学习英语，这时候只需要正常的英语输入就能做到。如果家长一边读英语，一边用中文解释，实际是在训练孩子的大脑通过翻译来学习英语，让宝宝依赖中文作为学习英文的媒介，这样反而破坏了他们天然的“像学习母语一样学习外语”的能力。

孩子的大脑有神奇的语言学习天赋，亲子阅读是将英语输入大脑的积累过程，因而只要孩子听得足够多，自然就会习得更多，慢慢地就能听懂更多的英语。量变引起质变，这需要一个过程。

举个例子，《晚安大猩猩》是一本很受欢迎的启蒙绘本，讲的是一只淘气的大猩猩把动物园里的动物全部放出来，跟着动物管理员回家睡觉的故事。全书只有几句话，主要是通过图片来表达故事。我在和苏宝讲这本绘本时，我会一边指着图片上出现的事物，一边直接用英语描述它们。

很多优秀绘本的绘图和情节非常简单，就单词量而言，中国的爸爸妈妈完全可以陪孩子进行亲子共读。举例来说，《寂寞的萤火虫》这本绘本里面有很多描述光的英语词汇，比如“烛光”是“flickering”，“烟火”是“sparkling”和“glittering”，这些词的中文翻译都是“闪烁”，我们自己翻译可能会译得不准确，而且容易混淆，但是宝宝看到绘本上的图，能秒懂“sparkling”描述的是什么情景。

所以，对于那些看图就能看明白的绘本，如果一边读英语一边给孩子翻译，反而会画蛇添足。

## 中英文交替，破坏原文韵律

英语绘本中的韵律是宝贵的语感启蒙素材。举个简单的例子，《棕色的熊》是卡尔爷爷的经典绘本，很适合用来进行英语启蒙。我认识的美国父母家里几乎都有这本书。它的文字是这样的：

Brown bear，brown bear，what do you see?

I see a red bird looking at me.

Red bird，red bird，what do you see?

I see a yellow duck looking at me.

Yellow duck，yellow duck，what do you see?

I see a blue horse looking at me.

…

这本书之所以受孩子们的欢迎，就是因为它一板一眼、朗朗上口的重复节奏，在阅读时能一气呵成，非常有利于培养宝宝的英语语感。而且这本书的句子结构非常简单，每一篇是一种动物，完全不需要中文翻译，宝宝就能通过插图明白句子的意思。如果父母读一句翻译一句，反而破坏了英语的韵律。

中文和英文各有各的美，中英文的启蒙应该分开进行。就连汪培珽给自己的孩子读英文绘本时，也是用中文描述故事梗概后，再用英文讲；遇到难度大的绘本，最多给孩子讲三次中文，然后就用纯英文讲。如果孩子坚持要听中文，抗拒英文，很可能是因为他听英文绘本的频率不够高或者不稳定。对于这种情况，家长要顺其自然，在亲子阅读过程中逐渐增加英语阅读的频率，让孩子一点点适应。

我始终认为，使用一句中文、一句英语交替读绘本的方式，是英语亲子共读的一个误区，长期下去，不但不能提高孩子的学习兴趣，反而会破坏孩子的英语学习能力。对0～7岁的孩子进行英语启蒙，应该先选择简单字少的绘本，从易到难，循序渐进。亲子共读时，要尽量保持英文的原汁原味，在孩子能理解的前提下，用全英文读。对于7岁以后才开始双语启蒙的孩子，由于没有英语基础，又不适合读过多的低幼读物，家长可以酌情翻译，等孩子明白大意后，再逐渐过渡成全英文。英语水平有限的爸爸妈妈，可以上荔枝FM搜“小小苏绘本电台”，一边听朗读，一边陪宝宝看绘本。

当然，坚持长时间纯英语阅读并非易事，方法很重要，在后面我们还会谈到这个问题。

06

# 全世界都在学ABC，我却让2岁的女儿学中文

几年前，我在国内实习过一段时间。一次，我陪十几个加拿大学生参观中国，其中有一个华人孩子小C，3岁时随父母移民加拿大，中文只会说“你好”和“谢谢”。她对中国很好奇，不时问我一些让人哭笑不得的问题，比如，中国的农村有网络吗？

我们参观一座历史建筑的时候，孩子们都对墙上的石刻书法很感兴趣。因为小C是同行孩子里唯一的华人面孔，一个白人同学兴奋地问小C：“墙上这些字都是什么意思？你肯定知道吧！”我默默观察了一下小C，她长着一双丹凤眼和一头乌黑的长发，一笑脸上有两个浅浅的酒窝。如果身着汉服，她应该也会像古画里走出来的会吟诗作赋的佳人。但这时，我的想象被打断了：小C无可奈何地一耸肩，对同学说：“我哪儿知道，我连中国字都不会写。”

后来，我去美国留学，遇到很多小C这样的华裔孩子。如今我在美国已经生活了八九年，我的女儿3岁多，我们也可能面临小C遇到的问题：随着女儿年龄的增长，她在图书馆、早教班和幼儿园接触的美国小朋友越来越多，接触英语的频率也越来越高，如果没有稳定的中文输入，女儿的母语重心也会越来越向英语偏离。那么，该如何提高孩子的中文水平呢？

我们每天会在固定的时间讲中文，参加中文亲子活动。我们会庆祝每一个中国传统节日，每天至少花一个小时共读中文绘本。在美国，中文绘本比较少，要么内容陈旧、语言拗口，要么翻译得牛头不对马嘴。女儿的上百本中文绘本，都

是我冒着“友尽”的风险，让亲朋好友一摞摞从国内扛过来的。

全世界都在学ABC，我为什么要费这么大劲儿让女儿学中文呢?

## 中文是世界的语言

从功利的角度说，多学一门语言，就多一种可能性。美国人一直都被全世界嘲笑为“只会说英语的民族”，但这几年完全不同了。中文是“未来的世界语言”（language of the future），这一点就连很多美国人也普遍认同。

我在纽约参观过一所沉浸式中文幼儿园[①]，其中近一半都是白人孩子。这两年因为经常带苏宝参加亲子活动，我接触了很多美国妈妈。我发现，收入和教育程度越高的美国家庭，越是重视孩子掌握外语和认识世界的能力。而越来越多这样的美国家庭认为，如果孩子只能选一门外语，非中文莫属。

## 文化能构建孩子的自我认同

我留学的时候，遇到很多前文中小C那样的孩子。他们很小就随父母来到美国，对自己的母体文化既感到陌生，又有着略带尴尬的好奇。他们周末被父母要求去中文班上课，但是一放学走出教室，孩子们之间交流的语言就立刻变成了英文。

我身边也有一些这样的朋友，他们有着类似的苦恼：在中国人眼里他们是美国人，在美国人眼里他们是中国人，到最后他们也不知道如何定义自己了。

记得一家英语早教机构曾经找到我，很自豪地说他们的学员英语比中文还好，在家可以全英文沟通，不说中文。我细想了一下，觉得这件事挺让人难过的。我在微信公众号分享过很多英语启蒙的方法，但我从不认为中国孩子的英语比母语（中文）还流利是值得庆祝的事情。文化背景是构建人类自我认同的要素，也是对自我认同的一种守护。这种自我认同，比前面提到的功利性目的重

① “immersion school”，全中文教学，目标是让孩子熟练掌握中文的听、说、读、写能力，使得他们对于中文的使用像母语一样流利。

要很多倍。也许有一天，我的女儿会用其他的文化背景来定义自己，那是一种选择，但至少她不会说“我很尴尬地卡在两种文化之间了”。

## 语言是文化传承的载体

学生时代，有一次我和同学去美国东部的阿卡迪亚国家公园（Acadia National Park）露营。那天是中秋，10月的缅因州已经很冷了。晚上，一群人围着篝火烤棉花糖，喝啤酒。几个男生用手机搜电台听，不知怎么搜到了国内的电台，电台里正在播李白的《关山月》：明月出天山，苍茫云海间。长风几万里，吹度玉门关。彼时，秋风瑟瑟，冷月高悬，篝火噼里啪啦地燃烧，海浪不断拍打着断崖。大家围坐在异国他乡的星空下，默默分享着一种共同的情愫。

现在想起来，我才意识到，那种情愫其实就是一种文化的连接。而这种文化连接的载体，是我们富含历史底蕴的语言以及我们对语言共同的理解。是的，英文无法诠释水墨画、方块字、传统节日、唐诗宋韵和二十四节气的美。再优雅的英文，也很难翻译出“月落乌啼霜满天”和“闲敲棋子落灯花”的意境。

记得我的一位语文老师曾说过：“我为什么要求你们背古诗词？也许你们现在还不能完全理解某句诗词的深意，但是随着阅历的增长，诗歌的深意也会和你们一起成长。年少时背过的诗词，就像朋友一样成为你的一部分。在将来人生的某个瞬间，你在异国听到‘日暮乡关何处是’，就会忽然懂得它的含义。你会觉得人生有这样的诗句做伴，真是幸运。但前提是你要读过、背过它们。”

我的努力，正是希望自己的孩子也能有这样的幸运。女儿2岁后，我们外出时，她都会在后座上对我说：“妈妈，我要听《三字经》。”家里来了美国小伙伴，她也会打开自己的故事机，给他们听中文儿歌，然后一本正经又略带自豪地解释说：“It's Chinese.”这段时间，她开始自己翻阅书架上的民国课本、《声律启蒙》和《千字文》，把它们颠来倒去地研究，对方块字一脸着迷。

现在的苏宝，还处在一个不求甚解的年纪。我并不知道她将来的中文水平会如何，但每当小小的她有模有样地念出“云对雨，雪对风，晚照对晴空”时，我的心都会被幸福照亮。

07

# 选对绘本，练出宝宝良好的英语语感

双语启蒙是个大话题。我的硕士专业是双语教育，从读书期间，我就累积了多篇关于双语启蒙的文章，还查阅了很多相关资料。当时的教授是双语教育国际教材的编写者、行业的权威，我幸运地跟着他学到了不少干货，这篇文章和大家聊聊如何通过绘本培养宝宝的英语语感。

## 培养英语语感，如何挑选合适的绘本

越来越多的父母希望通过亲子共读给孩子的英语打下扎实的基础，培养宝宝良好的英文语感，但在绘本选择和实际操作这两个问题上往往有些迷茫。

优秀的英文绘本有很多，它们各有特色，有些是文本朗朗上口，有些是故事引人入胜，有些是插图别出心裁，有些三者皆备。我认为，选择绘本不必追求完美，能促进宝宝某一两个方面的启蒙，就是好的绘本。喜欢“囤”绘本的父母，不妨给宝宝的书库按功能分成几个大类，比如阅读兴趣引导类（如互动性翻翻书）、双语启蒙类、艺术类、认知引导类等，在每个分类下精选几本好书。有条件的话，在此基础上再扩大绘本的量和覆盖面。

想通过阅读来培养宝宝优质的语感，选对绘本就成功了一半。那么，什么才是好语感的启蒙绘本呢？可以从以下两个方面来判断。

### ◆ 文本押韵

有研究表明，常常感受文字韵律的孩子，长大后识字阅读的能力更强，因为常听押韵故事、儿歌的孩子，在潜意识里会把类似发音的单词联系起来，逐渐形成自己的词汇认知体系。英文的特点之一在于，那些相互押韵的单词的拼写往往是类似的，这无意中给宝宝建立了将来词汇拼读的基础。

### ◆ 富有节奏

语感强的绘本不仅押韵，而且富有节奏。节奏让文本充满活力，让共读时光妙趣横生，宝宝会在无意中把学英语这件事和轻松愉快的活动联系起来。举个例子，苏宝最喜欢的英文绘本之一是卡尔爷爷的*Brown Bear, Brown Bear, What Do You See?*（《棕色的熊，棕色的熊，你看到了什么？》）。它的经典之处在于，每一句话的字数是一样的，而且以押韵的词收尾，读起来好像在念儿歌。

## 选好绘本后，该怎么读

对于这些优秀的好语感绘本，要怎么读才能最大化地用好它们，对宝宝进行语感启蒙呢？这里有3个关键点。

### ◆ 制造氛围

你家的亲子共读氛围是怎样的呢？对宝宝而言，阅读是轻松愉快的事情吗？我建议父母在亲子阅读时，尽量用夸张的表情和快乐、抑扬顿挫的语气来吸引宝宝的注意力，尤其是阅读那些语感很强的绘本时，更需要用语气来渲染和强调它的韵律。

在对苏宝早期阅读兴趣引导的阶段，我和苏爸常常手舞足蹈地把绘本里的故事“演”出来，让孩子觉得共读是件好玩的事情。

### ◆ 把握韵律

我很喜欢一本温暖的绘本《晚安，月亮》，这是一本几乎没有故事情节的小书，但它押韵的文字让大人也会产生莫名的感动。

一起来欣赏一下吧：

In the great green room
There was a telephone
And a red balloon
And a picture of–
The cow jumping over the moon
…
And two little kittens
And a pair of mittens
And a little toy house
And a young mouse
…

开篇的几句话中，“room”“moon”等几个词反复押韵，后面的“kittens”“mittens”和“house”“mouse”又各为一组押韵单词，如果大人在亲子共读时刻意强调和重读这些韵脚，就能强化宝宝对这类发音的敏感度，从而强化宝宝的语感。

苏宝特别喜欢这本书，睡前常常要求我读给她听。在一岁孩子简单的世界里，和妈妈共读一本重复着韵脚的睡前读本，是美好而充满安全感的事情。《晚安，月亮》也有中译本，但我建议有条件的话还是购买英文原版书，因为它的巧妙之处就在于文本的韵律，翻译成中文后，就失去了原有的精髓。

### ◆ 读出节拍

以*Brown Bear, Brown Bear, What Do You See?* 为例，在亲子共读时，如果父母能一边打着拍子一边读，就能刺激和引导宝宝去体会文本的节奏。每次苏宝让我读这本书的时候，还没开始读，她就开始自我陶醉地晃动身子了。

这本书出版后，卡尔爷爷又出版了其他几本类似的绘本，包括*Polar Bear, Polar Bear, What Do You Hear?*（《北极熊，北极熊，你看到了什么？》）和*Panda Bear, Panda Bear, What Do You See?*（《熊猫，熊猫，你看到了什么？》）。我和苏宝都是卡尔爷爷的忠实粉丝，家里有近20本老爷子的绘本，但在培养语感这个书单里，我并不推荐后面这两本书，原因很简单，它们的节奏感是破碎的。举个例子，英语好的父母可以先读读下面这段来自*Polar Bear, Polar Bear, What Do You Hear?*的文本（反例）。

Polar Bear，Polar Bear，what do you hear?

I hear a **lion** roaring in my ear.

Lion，Lion，what do you hear?

I hear a **hippopotamus** snorting in my ear.

Zebra，Zebra，what do you hear?

I hear a **boa constrictor** hissing in my ear.

文中黑体的部分改变了首句的字数，读起来有些别扭。

好语感的绘本，节奏是必需的吗？当然不是。我在后面书单中推荐的几本书都是铺叙性的文本，并没有儿歌般的节拍，但一样充满语感。但对于一开始已经有节奏的文本，后来节奏被打乱，就会让孩子产生困惑。我每次和苏宝读绘本之前，都会在文本上做一些标记，把绘本的节奏和韵脚划分出来，以便于阅读。

结合以上这些心得体会，参考美国亚马逊网站的童书排名和评价，下面列出我认为最适合培养宝宝英语语感的绘本书单。

## 适合培养宝宝英语语感的绘本书单

- *Goodnight Moon*

  适合年龄：1岁以上

- *Sandra Boynton* 系列

  *One, Two, Three*

  *Barnyard Dance*

  *Opposites*

  *Birthday Monsters*

  *Oh My Oh My Oh Dinosaur*

  *The Going to Bed Book*

  适合年龄：1岁以上

- *Brown Bear, Brown Bear, What do You See?*

  适合年龄：6个月以上

- *Madeline*

  适合年龄：2岁以上

- *Peek-a-who*

  适合年龄：6个月以上

- *The Gruffalo & The Gruffalo's Child*

  适合年龄：2岁以上

08

# 美国宝宝2岁时要会的25个单词

关于双语启蒙，有妈妈问：对宝宝进行英语启蒙有段时间了，到底怎么知道自己做得够不够？宝宝要输出多少英语，才算达到双语启蒙应有的程度呢？

双语启蒙的效果主要看两个方面：一是听得懂，二是说得出。如果宝宝开口说话后能说中文，也能说出个别英文单词，那就是双语意识的表现。

最近，美国布林茅尔学院（Bryn Mawr College）的教授研究公布了2岁孩子最早学会也是最常用的25个英语单词：

| | | | |
|---|---|---|---|
| Mommy | Daddy | baby | milk |
| juice | hello | bye-bye | yes |
| no | dog | cat | ball |
| nose | eye | banana | cookie |
| car | hot | thank you | bath |
| shoe | hat | book | more |
| all gone | | | |

分类后整理如下：

| 英语国家孩子最学会的25个常用词 | | | |
|---|---|---|---|
| 家庭和社会 | 动物和身体部位 | 食品和日常用品 | 其他 |
| Mommy | dog | milk | bath |
| Daddy | cat | juice | ball |
| baby | nose | banana | hot |
| hi/hello | eye | cookie | all gone |
| yes/no | | car | more |
| thank you | | shoe | |
| bye bye | | hat | |
| | | book | |

如果你打算对宝宝进行双语启蒙，而不知道如何开始，可以先尝试教宝宝以上这些单词。

其实，这些基础词汇在之前推荐的绘本里都能找到，比如，*Where is Baby's Belly Button*（《宝宝肚脐去哪儿了》）这本书里面涵盖了基本的身体部位以及"shoe""hat"等词语；*Good Night, Teddy*（《晚安，泰迪熊》）和*Baby Night-Night*（《宝贝，晚安》）里面包含了"Mommy""Daddy""bath""book"等词语。大家仔细读我推荐过的英语启蒙绘本，会发现这25个词在其中出现的频率非常高，每天坚持几遍读下来，宝宝自己就熟悉了。

最开始陪苏宝读英文绘本的时候，每一页我会只给她解释一个词的意思。比如，某本绘本里有"baby has a blue hat"这句话。我这样引导苏宝认识这些单词：首先，因为"baby"是个很常用的词，我会指着书上的小宝宝对她说"baby"，等她能听懂这个词后（听懂的标准：我说"baby"时，她会指书上的小宝宝），下一次再教她"hat"这个词的含义。由于颜色认知比普通的物体认知更难一些，我最后才教她认识"blue"这个词。

这样根据单词的难易程度，把绘本中的句子拆分开来，一点点教给宝宝，宝宝学起来就是循序渐进，也是容易消化的。

虽然这25个单词是专家总结出的常用词，但并不代表宝宝的英语启蒙就只限于这些词。比如，25个词中有“banana”，如果你家宝宝很喜欢吃苹果，那么先教“apple”反而更好。凡是和这25个词难易程度差不多的词，都可以作为英语启蒙的起点来认识。

每个宝宝的语言认知进度不一致，这篇文章分享的单词，是英语国家宝宝2岁时常用的词，但并不代表每个宝宝都必须2岁前就学会这些词，因为有些家庭的孩子2岁时还没开始进行英语启蒙。千万不要因为英语启蒙起步晚，就放弃对宝宝进行英语启蒙。有一些小学才开始学英语的孩子，通过练习，英语也达到了接近母语的水平。英语启蒙任何时候开始都不晚。

09

# 开发宝宝的语言能力，0～3岁这样做

语言启蒙的重要性是不言而喻的，宝宝早开口说话还有两个好处：一是宝宝会说话后会更好玩；二是家长不用再通过哭声来判断宝宝需要什么了。

0～3岁是宝宝语言启蒙最关键的时期，在此期间语言启蒙的里程碑有哪些？如何引导宝宝进行语言启蒙？这篇文章就来谈谈这些问题。

## 新生儿时期——建立良好的依恋关系

宝宝从刚出生开始，大脑就在不断地学习和接收信息。因此，宝宝的语言启蒙从刚出生就开始了。还不会说话的小宝宝表达需求的方式就是哭，用哭泣来告诉妈妈“我饿了”“我困了”或者“我不舒服”，这是他们最初的语言。这个时候，大人最需要做的，并不是急着去教宝宝听懂某个词，而是积极地回应宝宝的哭泣，让他知道自己是被爱着的。父母经常回应宝宝的哭泣，能够促进宝宝和父母之间建立良好的信任感，也能鼓励宝宝多表达自己的需求，为语言启蒙打下良好基础。

## 2～6个月——大量的语言输入

新生儿大部分时间都是在睡眠中度过的，随着月龄的增长，宝宝每天清醒的时间会越来越长，父母可以利用宝宝清醒的时间，尽量多和他说话。

刚满月的宝宝因为视力发育不成熟，能看到的距离不远。我在苏宝3个月之前，经常抱起她，让她近距离看到我的脸，然后注视着她的眼睛，对她唱歌、说话。虽然宝宝还无法用语言回应父母，但是这个阶段对宝宝说的话，实际上已经在他们的大脑里留下印记，成为将来语言输出的储备。

父母们不必纠结和宝宝说话的内容，或者是否需要给宝宝念童谣、唱儿歌等，因为任何内容的语言输入都能刺激宝宝对语言的兴趣。我因为全职带苏宝，白天家里就只有我和她，那时候面对一个只会咿咿呀呀回应我的宝宝，我说什么都有点儿自言自语的感觉。慢慢地，我学会和她聊天气、聊时尚、聊晚餐菜谱，甚至聊我学生时代的趣事，从一开始的“硬着头皮聊天”，到后来把她当成一个会倾听的朋友，不知不觉间带给她很多语言输入。后来才发现，想要培养“小话痨”，父母自己得先当个“话痨”。

## 6～12个月——鼓励宝宝输出，同时加大语言输入

苏宝从6个月会坐开始，视角从平面变得立体起来，她感到好奇的事情越来越多。这个时候的宝宝开始发出一些所谓的“儿语”，比如“ba”“ma”“da”等，但这时候宝宝还未必能把词汇的意思和自己发出的音节联系到一起，比如，当他们说“baba”的时候，并不一定是在叫爸爸。但这些看似简单的音节，是宝宝最初的语言输出。苏宝在5个月左右开始说“mama”，每次她发出这个音节，我都会积极地回应和鼓励她，让她意识到原来说话这么好玩，还能引起妈妈的注意和回应。

这个时期也是帮助宝宝建立词汇库的关键期。和苏宝在一起的时候，她的目光所及之处，我都会描述给她听，比如超市里水果、蔬菜的名称，一幅画里有哪些形状，路上汽车的颜色，等等。

此外，从苏宝出生开始，我和苏爸就坚持每天给她读绘本，从最开始的一次读几页，到现在的每天一两个小时。实际上，亲子共读这件事应该贯穿于孩子的整个童年，因为它除了能帮助宝宝早开口说话之外，还能促进亲子感情和宝宝认知的发育。

## 1～2岁——帮助宝宝描述他的感受

1岁的宝宝已经能听懂简单的指令了，但还不太会用语言表达自己。这时候，大人多问一些问题，可以很好地刺激宝宝的语言发育。比如，我在读绘本的时候，会问苏宝很多问题，比如黄色的小狗去哪儿了？树上有些什么？请你帮我翻页，好吗？

苏宝1岁的时候，我们去动物园时，她经常用手指着感兴趣的动物，这时候我就会问她，你是不是想看袋鼠，是不是想看孔雀？然后，我会在看袋鼠和孔雀的时候，重复这两个词，帮助她加深印象。

有时候，苏宝会叽里呱啦地讲谁也听不懂的“火星语”，或者说出的词汇很混淆，这些都是积极的语言输出过程。比如，可能是因为听大人说“盖被子”，她会把“被子”说成“盖子”，把“奶酪”说成“耐老”。我通常（先忍住狂笑的冲动）不会急着纠正她，以免打击她的积极性，而是把正确的表达重复给她听。

宝宝在想表达而说不出来的时候，还可能会沮丧、发脾气。这是因为他们正处于婴儿到幼儿的过渡阶段，过去常常以哭泣的方式来表达自己，而现在想用语言来表达自己，还有些不习惯。比如，苏宝想出去玩，大部分时候她都能告诉我“要出去”，但有时候她还是会用哭来表达。这时候，我会蹲下来看着她（和宝宝的视线处在一个高度说话），告诉她：“如果哭的话，妈妈不明白你需要什么。”等她情绪平静后，我会问：“你是不是想出去呢？你只要说‘我想出去’就可以了。”

## 2～3岁——鼓励宝宝用语言来表达需求

我身边有很多2岁的宝宝，什么都能听懂，但是说得非常少，偶尔会说一两个词。很多时候，宝宝不愿意开口并不是因为不会说，而是需要大人轻轻“推”一把，鼓励他们开口说话，来达到自己的目的。

比如，苏宝想吃柚子，她一边指着桌上的柚子，一边说“要这个”，表现得特别着急。我会在她身边蹲下来，问她："你是不是想说'我想吃柚子'？"她拼命点头，我说："那你可以告诉妈妈'我想吃柚子'。"苏宝看着我，一字一顿地说："我想吃柚子。"然后，顺利拿到柚子，屁颠屁颠地跑走了，留给我一个特别有成就感的小背影。

语言启蒙的效果在每个孩子身上是千差万别的，只要宝宝的认知发育正常，没有落后太多，父母就没必要过于焦虑宝宝"开口晚"的问题。我身边有很多孩子，都是一夜之间进入语言爆发期，大人才发现原来的担忧是多余的。

语言里程碑是一种大致的参考，而不是标准答案。如果让时间快进20年，在孩子成人后回顾现在，你会发现孩子8个月会叫"妈妈"和1岁会叫"妈妈"，并没有什么区别。父母做好自己力所能及的，耐心引导和鼓励孩子，接下来按照孩子的节奏来就行了。

10

# 如何给宝宝取个优质的英文名

曾经有好几个妈妈（还有新手奶爸）在后台问我：想给宝宝取个有意义又好记的英文名，能不能给点儿建议？

我的一个朋友在外企工作，公司有个热心的中国小伙子，人缘和业务能力都不错，只是取了个惊天地泣鬼神的英文名叫“X-man”，他第一次接待海外客户做自我介绍的时候，“雷”得对方瞬间石化。

虽然名字只是一个称呼，但如果取得不恰当，很容易造成尴尬。这篇文章就来聊一聊取英文名应该避开的“雷区”。

## 胡编乱造的名字

中国的语言文化博大精深，给宝宝取中文名时，可以找自己喜欢的汉字随机组合，所以中国人的名字有千变万化的组合。但是常用的英文名只有几百个，不是任何英语单词都能当名字的。比如，有人给自己取名叫“Peach”“Kitty”“Angel”“Friday”就有点儿尴尬了，总不可能自我介绍的时候说“你好，我叫水蜜桃”“我叫猫咪”“我叫天使”“我叫星期五”吧？

此外，在欧美国家，随机编名字有着从事“地下职业”的意味。比如，电视剧《纸牌屋》里那个无辜的小女孩Rachel，她出场的身份是性工作者，Doug问她叫什么名字的时候，她说“Sapphire（蓝宝石，是个化名）”，Doug问她真名叫什么，她才说Rachel。另外，“Cherry”“Candy”这类名字也有桃色意味，不建议使用。

## 带有宗教意味的名字

现在常见的很多英文名都在《圣经》中出现过，比如Adam（亚当），David（大卫），John（约翰），这些名字因为在英语国家使用频率很高，通常不会让人产生宗教意义的联想。但是有些英文名不太常见，而且宗教意味很强，就好比给孩子取名叫“释迦牟尼”一样，不是很妥当。

我以前在美国的大学做招生官时，有一次在国内面试学生，一个腼腆的男孩自我介绍说“my name is Jesus（我叫耶稣）”，吓得一起面试的美国老师差点儿从椅子上摔下来。其实Jesus这个名字在西班牙语里不算罕见，但是说自己的英文名叫Jesus，让人有怪怪的感觉。

另外，对于一些《圣经》里很古老的名字，比如“Elijah”“Isaiah”“Eze-kial”“Moses”“Jeremiah”等，如果家庭没有宗教背景的话，最好不要取这类名字。

## 和名人同名

美国人如果有自己特别喜欢的名人，取个相同的First Name很常见，因为英文名里重名很多。我的一个朋友很喜欢研究历史，是乔治·华盛顿的粉丝，就给自己的儿子取名叫George。但是有些名人的名字比较独特，美国人一般不会给孩子取这些名字，比如没有人给孩子取名叫“奥巴马”“罗斯福”“达·芬奇”等。

## 如何取合适的英文名

绕开上面这些“大坑”，大家可能会问，那宝宝的英文名到底该怎么取？

首先，起个传统的英文名没什么不好的。很多人都希望给孩子取个别出心裁、不容易重名的英文名，其实不常用的英文名要么是发音很难，要么老旧过时，一不小心还容易造成歧义、贬义，有较大的风险。所以，中规中矩的英文名是最踏实的选择。比如，贝嫂给宝贝女儿小七取名Harper，这是一个不算太普遍，但是很传统的淑女名字；美国历任总统的名字大多也很传统，比如John（肯尼迪）、Bill（克林顿）、Richard（尼克松），洛克菲勒的孩子们也都取的是John、Alice、Elizabeth这些传统的名字。

其次，可以取和宝宝中文名发音相近的英文名。比如，如果男孩名字中有“杰”，可以考虑英文名叫Jason；女孩名字中有“海”，可以考虑英文名叫Helen等。 我好朋友的女儿叫伊伊，英文名叫Zoe。还有一种情况，就是宝宝的中文名拼音能够用英语发音，这样就不需要取英文名，直接用汉语拼音就好。比如，我的一个同学叫倪娜，她的英文名就叫Nina，简单明了。美国4、5、6月出生的女孩，有时父母会直接给她们取名叫April、May、June，但是除了这3个月份名之外，其他月份名不常用作英文名。

最后，给大家推荐一些我觉得不错的英文名，既不烂俗又朗朗上口，男孩名和女孩名各5个，附有对应的含义，供大家参考。

| 女孩 | | 男孩 | |
|---|---|---|---|
| 英文名字 | 含义 | 英文名字 | 含义 |
| Audrey | 尊贵有力的 | Alex | 人类的卫士 |
| Chloe | 希腊的农作物女神 | Andrew | 勇敢的 |
| Harper | 竖琴家 | Charles | 有男人味的 |
| Hazel | 榛果 | Finn | 白色的，清澈的 |
| Zoe | 希伯来语“生命” | Max | 最优秀的（也可作女孩名） |

CHAPTER 02

# 认知和思维启蒙

孩子早期的科学思维启蒙，不一定要学到很多知识点，也不是为了让他们以后成为科学家，重要的是让他学会科学的思维方法，具备更强的学习和思考能力，给他们的世界带来更多可能性。

01

## 都说美国孩子数学差，为什么出了那么多科技精英

来美国之前，就听说这里的小孩数学很差，考试成绩经常被同班的亚洲孩子“甩几条街”。后来发现确实如此，很多初中生做的数学题，我们国家小学三年级的孩子就学过了。但美国学校里举办机器人大赛这类创新活动时，你会发现，那些思维缜密、动手能力超强、创意爆棚、研究出“逆天”黑科技的，很多都是“数学差”的美国孩子。

再看近几十年，用户体验接近完美的苹果手机，强大精确的谷歌搜索引擎，都是在美国本土孕育的，美国培养出那么多科技精英，其背后的原因是什么？

在接触了很多美国的孩子和老师后，我才逐渐意识到，美国的学校强调因材施教，在基础教育中，对数理化水平的要求不及中国，但科学是广义的，运算能力只是数学能力的一方面，会做题和会考试，并不代表拥有独立思考和创新的能力。美国出了那么多科技“大牛”，其核心竞争力在于从小培养孩子们的科学思维。方法比知识更重要。

科学思维是批判性思维的基石，孩子懂得使用科学思维，意味着能够用科学的方式来思考和解决问题。这对将来掌握任何一个领域的知识都是很有帮助的。孩子早期的科学思维启蒙，比想象中简单，从宝宝一岁左右就能开始，而且在家就能完成。科学思维的基础，可以粗略拆分为以下5种能力。

## 观察和表述

因为儿童天生的好奇心，带苏宝去公园的时候，如果发现蚂蚁、露水、地上掉落的橡果等，她都会停下来看看。记得多给孩子一些时间，让他们尽情地去观察陌生事物的形状、大小等。

去年夏天，我带苏宝参加了一个自然启蒙的夏令营，老师非常善于通过提"是什么"的问题来刺激孩子的观察能力。

苏宝一岁半时参加自然启蒙夏令营。比如，这朵花是什么颜色（视觉）？什么气味（嗅觉）？橡果摸起来是软的，还是硬的（触觉）？你能听见虫子的鸣叫吗（听觉）？

## 归类和比较

归类和比较的能力通常是联系在一起的。父母和孩子一起收拾房间的时候，可以教宝宝把玩具和绘本分开。外出的时候，可以教宝宝认识鸟和昆虫的分类，以及比较它们各自的特点（比如鸟通常有羽毛，昆虫通常是6只脚），也可以让宝宝对比两朵花的区别（颜色、气味、形状等）。

## 预测和提出假设

预测是一种运用已有知识对未来发生的事情进行测算的能力。推荐一个训练预测能力的小游戏：在小盒子里装上不同的小物品（比如小树枝、铃铛、纽扣等），让宝宝摇一摇，听听声音，先猜测里面是什么，再打开看看。下次再玩这个游戏时，宝宝就会学会根据上次的经验来判断和猜测。

苏宝很喜欢玩洗澡玩具，她6个月时，我们常玩的一个游戏是把她的塑料洗澡小鸭放在水底，一放开手小鸭就"呼"的一下浮起来，经常逗得她咯咯笑。她一岁的时候，有一次，我把另一个实心的塑料小鸭玩具给她玩，她很纳闷地发现这个小鸭竟然沉在水底，不会浮起来。

时间长了，苏宝逐渐意识到，有些比较重的小玩具是浮不起来的。后来她自己挑洗澡玩具时，就能够根据经验预测哪些玩具会浮起来，哪些不会。

## 采集数据

小朋友在接触新事物的时候，可以对他们提出有趣的问题。比如，有一天，我和苏宝在后院玩，她在地上捡落叶，我问她叶子掉进水里会不会浮起来？她觉得会。当然，最好的办法是做个实验来证明，而做实验的前提是采集数据。于是，我们采集了七八种不同的叶子（辨别哪些属于叶子，也是在练习归类），放在水里，发现它们都会浮起来。很简单的一个小游戏，就能训练宝宝采集数据的能力。

## 实验精神

以前说到实验，我脑子里出现的都是试管、酒精灯，以为对于小宝宝而言，做实验是很遥远的事情。后来，带苏宝去美国幼儿园上体验课时，看到老师为2～3岁小朋友准备的科学实验，心里是大写的服气。比如，有一个实验，是把食用色素滴入白醋里，调出不同的颜色，然后在一个盘子里铺一层小苏打。老师让孩子们先猜测把颜料倒进盘子里会发生什么，然后让小朋友自己试试看。

孩子们把调好的彩色水滴到小苏打粉上，因为酸碱接触起反应，小苏打开始不停地冒泡泡，孩子们都看得惊呆了，高兴得手舞足蹈。的确，两三岁的孩子不一定明白为什么这两种东西会起反应，但实验精神的关键，就是鼓励孩子有一颗想要“试试看”的好奇心。

爱因斯坦说过：玩耍是最高形式的研究（Play is the highest form of research）。科学首先要好玩，才能激发孩子更多的兴趣。

最后，再分享一个在家就能完成的感官瓶科学小实验。

需要准备的材料：

3个可以密封的玻璃瓶，水、油（可以用透明的婴儿油）、液体食用色素、油性色素（油性食用色素一般是用来给糖果着色的，网上搜一下就能找到）。

步骤：

1. 在玻璃瓶里分别倒入半瓶水，分别加入红、黄、蓝3种食用色素；

2. 在玻璃瓶里再分别倒入半瓶油，分别加入红、黄、蓝3种油性色素；

3. 让宝宝观察油水结合的反应，摇晃瓶子让颜色混合，观察产生了什么新的颜色。

孩子早期的科学思维启蒙，不一定要学到很多知识点，也不是为了让他们以后成为科学家，重要的是让他学会科学的思维方法，具备更强的学习和思考能力，给他们的世界带来更多可能性。

02

# 学会把话说清楚，宝宝入学后思维能力远超同龄人

“你怎么不动脑筋呢？”一些老师和家长在批评孩子的时候，经常把这句话挂在嘴边。“脑筋”到底是什么？会动脑筋的孩子，和别的孩子有什么不同？经常这样批评孩子的大人，可能自己都没完全弄明白。

其实，所谓脑筋，指的就是一个人的思维能力，包括对事物观察、判断和分析的能力。思维能力强的孩子，学习新事物很快，懂得理解、变通、举一反三。因此，从某种程度上来说，思维能力是学好任何学科的基础。

美国科学家认为，思维能力不是入学后等老师教会的，基础的思维能力训练，其实从宝宝出生就可以开始了。如果在宝宝0～5岁期间有意识地做一些思维训练，入学后孩子的学习成绩会比同龄人更好。

强大的思维能力和清晰的语言表达分不开，很多时候，说清楚、讲明白就是一种思维能力的体现。美国人很重视培养孩子的表达能力。

以下4个“说话”原则，是美国学校训练孩子思维时经常用到的，大家可以从宝宝会说话开始，试试下面这些引导方式。

### ◆ Be clear——说清晰

宝宝想表达某个意思时，多鼓励他描述自己到底想说什么。苏宝刚开始说话的时候，常常用“这个”“那个”来代替自己想说的。比如，她会指着绘本架上的绘本说：“我要这个。”我会反问她：“想看哪本？是什么颜色的书？”鼓励

她进一步去说："要看毛毛虫的书，绿色的。"

### ◆ Be accurate——说准确

美国学校很重视教孩子区分事实和观点，这个能力其实从小就可以训练。比如，"青蛙有4条腿"是事实，"青蛙的叫声很好听"是观点。多讲事实，用事实支撑观点，是思维清晰的基础。

苏宝有段时间经常把图书馆说成"学校"，把幼儿园说成"老师家"，当她出现这种混淆时，我会重述一遍她的表达，同时把准确的说法带进去。虽然不是刻意去否定和纠正她的说法，但她能听出区别，下次就更倾向于用准确的说法。

### ◆ Be logical——讲逻辑

逻辑能力不是天生的，而需要一点点训练和积累。孩子最初的逻辑能力，需要靠模仿大人的思维方式来获得。

平时给苏宝读绘本的时候，我会刻意用自己的语言强调书中故事的逻辑成分："因为毛毛虫吃了太多东西，所以它肚子疼了（读《好饿的毛毛虫》）。""因为小兔子太困，所以它睡着了（读《猜猜我有多爱你》）。"

如果苏宝自己得出了某个结论，我会鼓励她说出原因（比如，我不想穿外套，因为我不冷）。

### ◆ Be relevant——说到点子上

美国孩子在学校经常会参加小组讨论。因为小孩子的思维能力还在萌芽阶段，讨论时跑题是常有的事，老师会有意训练孩子尽量提供和话题相关的信息，这就是说到点子上的前提。

我们在图书馆听绘本故事时，老师拿出一本关于宠物的绘本，讲之前会问孩子们家里有没有养宠物，能不能描述自己的宠物。这时候，总会有孩子举手，讲完自己的狗后，就开始跑题，从狗说到遛狗、遛狗时去的公园，再说到公园里的秋千。这时，老师就会提醒他：我们今天聊的是宠物，和我们分享一下它叫什么名字、喜欢吃什么食物吧（这才是和话题相关的信息）。

不知大家有没有注意到，这4个原则的顺序其实有一定进阶性的。家长在使用这几个原则时，要结合宝宝实际的思维发展进度，灵活安排。比如，刚开始说简单词汇的宝宝（1～2岁），还不一定能达到“讲逻辑”的要求，对他而言更重要的是“说清楚”；对于2～3岁的宝宝，可以多鼓励他在说清楚的前提下，也要说准确；对于3～4岁后的宝宝，对话时大人可以多用有逻辑性的句子结构，并且鼓励孩子谈论某件事情时不要跑题。

我记得在知乎上看到过一个问题，大意是说：大家都是同一个老师教的，为什么毕业没多久，同学之间的差距那么大？有个回答给我印象挺深的：那是因为很多孩子的能力和见识并不是学校教出来的，而是早期的家庭教育已经给了他们很多积累，只是在标准化答案的学校里，难以看出孩子之间的区别，往往毕业后才会体现出这种区别来。

作为父母，我们不能一直陪着孩子，但幼年时期的这些积累，比如清晰的思维方式、健康的饮食习惯、良好的情绪性格，却可以一直伴随他们。我想，这就是家庭早教的意义所在吧。

03

# 培养宝宝的思考力，从读懂中西思维模式的差异开始

西方思维模式并非都比中国式思维先进，但西方孩子的逻辑能力和批判性思考能力，确实从小就比较强。除了他们在学校获得的练习，还和社会大环境有关。

中西方的哪些差异造成了人们思维模式的差异？这些思维差异是如何影响孩子的思考力的？了解这些差异，或许能帮我们在孩子的日常思维训练中做到有的放矢。

## 偶像 vs 自我

在纽约街头，经常遇到说唱艺人在投入地演出，哪怕美国总统路过，他们也不屑一顾，说他们“自大”一点儿也不过分。

我的一个朋友，在国内时是“学霸”级的人物，数理化经常考满分，还拿过奥林匹克竞赛奖牌，是学校万众瞩目的优秀生，老师们经常把他当作标准来教育其他孩子。他高二转学到美国后，发现竟然没有人在乎他的考分了。学校里的“风云人物”都各有特点，要么是玩乐队的高手，要么是体育健将，要么发明了“逆天”的黑科技。

更重要的是，很多美国同学并没有拿过什么奖，倒是各有不同的兴趣爱好，他们很少“觉得别人很厉害”，而是觉得“自己很厉害”。

### 在家如何练习：

人只有认可自己，才会勇于表达自己的观点。孩子之间是有千差万别的，多挖掘孩子的闪光点，不要在孩子面前羡慕“别人家的孩子”，让孩子重视自己的价值和独特性，培养他强烈的自我意识，对孩子的独立思考能力很有帮助，它能让孩子认识到，自己的观点很重要，从而做到不盲目崇拜权威。

## 直线 vs 曲线

中国人说话比较委婉，西方人则更直接。比如，中国人到邻居家做客，很口渴，但邻居没有给他倒水，他可能会说“今天天好热啊”之类的话，让邻居自己去猜。而美国人更可能直接向邻居要一杯水，并不会觉得尴尬。

这一点从中英文的差异上也能表现出来，中文写作经常是先举例子，最后总结和证明自己的观点，而英文写作入门课上就会强调，每一段话开头就要先阐明观点，然后再陈述理由，结构和目的非常明确。

### 在家如何练习：

中国的社会文化讲究与人相处要谦和，而西方人往往更具备主动和进攻性。适当的进攻性并不是坏事，和西方人沟通起来，有时会让人觉得不舒服，但时间长了你就会发现，这种直线式的沟通方式更轻松，不会让人云里雾里。父母在和孩子沟通的时候，要鼓励他尽量用清晰、准确、简明的语言来表达自己。

## 逻辑 vs 情感

中国人喜欢以情动人，西方人喜欢以理服人，不同的文化和价值观，本来没什么对错，连美国总统竞选演讲，也会同时用到情和理。但情感因为带有很多个人的主观色彩，在沟通中很难让每个人都认同；而逻辑则是自带普遍真理性的，逻辑思维强的人说话自然更有说服力。所谓思维训练，其实就是训练我们比较薄弱的方面，以达到在情感和逻辑两个方面都游刃有余。

## 在家如何练习：

美国学校经常用到的逻辑训练方法，就是教孩子区分事实和观点，并且用事实来支撑观点。很多小学老师会和孩子一起制作展示板，直观地区分事实和观点。

对于学龄前的宝宝，家长可以通过共读绘本来教孩子认识事实和观点的区别。比如，《好饿的毛毛虫》这本书讲毛毛虫吃了很多水果、甜食，最后还吃了一片叶子。给2岁的苏宝讲完这本绘本后，我用这样的磁贴（打印出来的贴纸也可以），让苏宝先把自己喜欢吃的选出来（这是观点）。

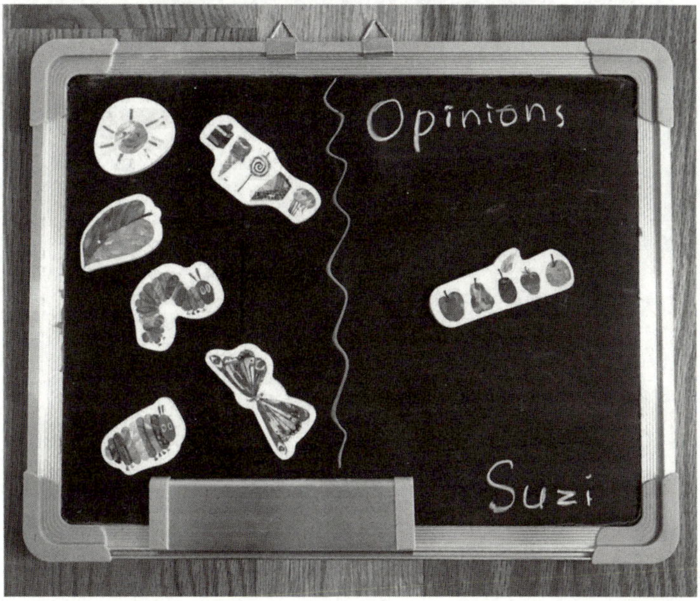

再让她把毛毛虫在书中实际吃过的东西找出来（这是事实）。

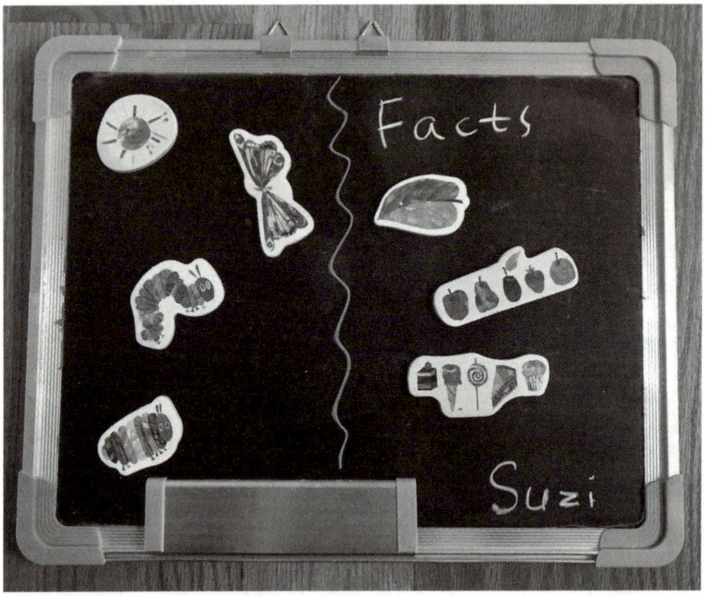


我们经常通过这个方法来锻炼记忆力，让绘本变成更有价值的工具。2岁的宝宝不一定能清晰地认识到这个游戏的目的，但是这种方式能让孩子对“事实”和“观点”有一个最基础的认识。

此外，强烈建议大家给宝宝选择一些非故事性（non-fiction）的绘本，比如百科、颜色、数字认知类的书。这些绘本所提供的是信息类的知识，也能积累孩子对“事实”的认知。

## 批判性思考 vs 标准答案

在美国上大学期间，我体会到最大的中西差异之一是，中国传统思维喜欢求同，而西方文化喜欢求异。

课堂上，老师提出一个讨论话题时，大部分中国学生不爱发言，因为怕说错。他们会默默记好笔记，以免错过知识点。美国同学则擅长批判性思维，喜欢提出自己的（尤其是不同的）观点，哪怕是再不成熟的理论，他们自我辩护起来都头头是道、理直气壮。

也许正是这种求异的心态，和大环境对批判思考的鼓励，才能让一个个看起来很弱小的想法，逐渐成长和成熟。

### 在家如何练习：

平时多鼓励孩子思考，尽量不要用“对”和“错”来评判孩子的看法，而是反问他为什么这么想。

美国学校训练孩子批判性思维最常用的方法，就是提出开放式问题。固化问题的答案通常是“yes”或“no”，但开放式问题没有标准答案，可以促进孩子多元化思考的能力。开放式问题往往包括的关键词是“what”“what if”“why”“how”，下面举几个开放式问题的例子：

- Tell me about what you saw.
  描述一下你看到了什么。
- What if… happens?
  如果……发生会怎样？
- How did you know that?
  你是怎么得出这个结论的呢？
- Why did you choose A over B?
  你为什么选择了A，而不是B呢？

当然，这些问题并不是任何年龄的宝宝都能回答，要根据宝宝的认知发展进度，来提出最适合宝宝的问题。

我相信，一个思维能力很强的人，一定具备非常多元的文化视角。希望通过这篇文章，给大家一个看待宝宝思维训练的新视角，以及我们日常生活中的思维模式是如何影响宝宝思考力的形成的。让我们一起打破局限，从单一走向丰富。

04

# 从幼儿园开始，培养有条理、思路清晰的孩子

一天，有个妈妈在后台给我留言，说她在儿子要不要穿开裆裤的问题上和婆婆起了争执，她和婆婆讲了很多关于开裆裤的危害，还特地转发一篇科普文章给她看。婆婆轻描淡写甩来一句话：“我儿子小时候都穿开裆裤，长大也没见有什么毛病，我孙儿咋就穿不得了？”这位妈妈又气又无语，不知道该怎么和婆婆沟通。

黑格尔曾经说过，中华文明是一种西方人很难了解的文明。很多时候，我们在家庭中遇到的矛盾，却来自逻辑错误，而家人之间相处的逻辑常常是不讲理的。

这就是为什么网络上有争议的话题，常常是大家吵了半天，却说不到点子上去；家人之间，尤其是和长辈的争执，有时会让人觉得很累。

有了宝宝后，很多家庭的年轻父母和老人在育儿方面常常产生分歧，而且在争论一件事时，因为一方或者双方“不讲理”争来争去，最后伤了感情也没争出结果。“不讲理”常见的行为包括非黑即白、 以偏概全、存在即合理、分不清事实和个人观点的区别等。

## 逻辑思维能力有什么用

我在哥伦比亚大学读书的时候，修过一门逻辑思维训练方面的课，最开始我以为这门课是本科以上的学生才修的，后来在参观美国中小学和幼儿园的时候，才发现美国孩子从幼儿园就开始接受逻辑方面的训练了。

孩子的逻辑思维能力和解决问题的能力密切相关。美国有研究表明，那些从小就开始接触思维训练的孩子，语言理解能力丰富、创造力强，逻辑训练还能帮助孩子提高智商。更重要的是，这些受过逻辑训练的孩子，在将来接受高等教育时更容易获得良好的成绩，在职场上也更容易成功。

在美国，幼儿园是从5岁开始上的，相当于中国的幼儿园中班（美国的早教叫作Pre-school，幼儿园叫Kindergarten）。孩子的抽象思维能力通常是在5岁左右开始萌芽的，所以美国孩子从这个时候开始接受逻辑能力训练。

## 美国的学校和家长是怎么做的

### ◆ 强调日常对话中的因果关系（Emphasize Cause and Effect）

明辨因果关系，是逻辑思维的基础能力之一。比如，去公园的时候，我会告诉苏宝，因为今天天气很热，所以你现在口渴了；因为你口渴了，所以你需要喝水。苏宝还小，并不一定能理解这里面的因果联系，但我觉得，家长在表达的过程中注重逻辑，会慢慢把自己变成思维更清晰的人，也会带给孩子潜移默化的影响。

美国小学的老师经常和孩子一起做“因果关系”讨论板，比如左边写“因”（因为宝宝脏了），右边写“果”（所以妈妈给他洗了个澡），条理很清晰。大家在家也可以试着用这种方式教孩子将自己的思路“画出来”。

### ◆ 通过提问来训练思路（Ask Good Questions）

绘本也是训练逻辑思维一个很好的载体，因为绘本故事中常常藏了很多基础的逻辑知识。读绘本的时候，可以多向孩子提问，强化孩子对绘本故事中逻辑联系的理解。

举个例子，卡尔爷爷有一本绘本叫*Papa, Please Get the Moon For Me*，

爸爸为女儿摘到了月亮，可是月亮太大，拿不进屋去。这时候，家长就可以问孩子，月亮进不去屋子的原因是什么呢？对于大一些的宝宝，还可以鼓励他用思辨的语言来描述这个故事。

### ◆ 教孩子区分事实和观点（Facts vs Opinions）

关于这一点，在前面的文章中已经专门讨论过，在此不再赘述。

文章开头提到的中式家庭的逻辑，其实很大程度上就是混淆了事实和观点。“糨糊逻辑”之所以让人痛苦，是因为它常常讲的是感情、观点，而不是道理、依据。然而，通过有意识地教育我们的下一代，这种状态是可以改变的。虽然在中国的小学课堂上逻辑思维还没有成为一个很重要的课题，但相信这篇文章会给父母们一些启发，可以在家有意识地培养孩子的逻辑能力，将其渗透到日常生活的点点滴滴中。

05

# 音乐启蒙，不是听听儿歌那么简单

音乐天赋和遗传基因有一定的关系，但是后天的环境熏陶也很重要。虽然不是所有父母都有音乐方面的天赋甚至是兴趣，但如果你从小为孩子打造良好的音乐启蒙环境，也许就能在孩子的内心埋下音乐的种子。

音乐启蒙何时开始？如何进行音乐启蒙？这是后台很多妈妈经常向我问起的话题。这篇文章就来聊聊音乐启蒙的重要性，以及一些实用的方法指南。

## 音乐对宝宝有哪些好处

音乐对宝宝的大脑是一种良性刺激。美国华盛顿大学的科学家研究发现，9个月的宝宝常听音乐，能促进大脑语言学习能力的发展。音乐中的陪伴是一种高质量陪伴，不管是睡前父母为宝宝哼唱摇篮曲，还是与孩子静静相拥，听一段优美的旋律，都能让宝宝感受到父母满满的爱。

加拿大的Trainor博士研究发现，父母和宝宝一起听音乐，能促进亲子关系的健康发育。还有研究表明，产后妈妈和宝宝一起欣赏音乐，可以刺激催产素的分泌，从而促进妈妈的乳汁分泌。

有很多医院还用“音乐疗法”来帮助早产宝宝增加体重。也有研究发现，愉快的音乐和歌声，能提高孩子在认知测试中的表现，还能提升孩子的创造力。

## 音乐启蒙什么时候开始，如何开始

孩子的音乐启蒙，从孕期就可以开始。有科学研究表明，子宫里35周的胎儿，就能分辨和记忆不同的声音，出生两个月的小宝宝，就对不同音乐的旋律有短暂的记忆。因此，我的建议是，音乐启蒙什么时候开始都不会早。

我怀苏宝的时候，还在忙碌地上班，每天挺着肚子往返家和单位几十千米，边开车边听一些喜欢的音乐。我并不赞成专门找一些胎教音乐来听，只要给宝宝听旋律动听的“真正的音乐”就可以了。

宝宝出生后，在白天醒着的时候，给宝宝放愉快的音乐，或看着宝宝的眼睛唱歌，都能把音乐变成宝宝日常生活的一部分。苏宝每天早上醒来时，我会拉开窗帘，让她听听轻快的音乐，晚上睡前，我们也会一起听古典音乐、讲故事。她一个半月时就建立起很好的起居生活规律，可能也和每天在固定时间听同一种类型的音乐有关。我还在亚马逊上买了个防水蓝牙小音箱，在苏宝洗澡时也放些音乐，以帮助她做睡前放松。

## 宝宝该听什么类型的音乐

对于这个问题，我的第一个建议是：听各种类型的音乐。

1993年，美国《自然》杂志发表过一篇文章，称大学生常听莫扎特的音乐能暂时提高智力，这篇报道被广为转载，后来造成“婴儿听莫扎特也会变聪明”的误传。实际上，并没有证据表明婴儿必须听古典音乐才有益，任何一种优美的音乐，都能起到刺激宝宝大脑、促进认知发育的作用。

家长可以多观察宝宝对哪种类型的音乐的反应明显（比如表情愉快、身子随旋律摇动等），也许这类音乐就是宝宝喜欢的风格。苏宝出生后，不仅听舒伯特、鲁宾斯坦和霍洛维茨演奏的肖邦，也听《百鸟朝凤》、英式摇滚和鲍勃·迪伦（Bob Dylan）的歌。目前苏宝似乎对各种流派的音乐都照单全收，特别是听到有节奏的音乐时，常常会自我陶醉地扭来扭去。

我的第二个建议是：给宝宝听真正的音乐。我并不反对音乐玩具，但不建议给宝宝听低质量玩具里声音嘶哑重复的儿歌。在网络普及的时代，用手机上的音乐APP，就可以轻松给宝宝建立一个歌单来听音乐。不过，无论何时，都不要给宝宝听震耳欲聋的音乐，过大的音量会对宝宝的耳膜造成永久性损伤。

## 这些工具，能让宝宝更有“乐”感

### ◆ 0岁：能发声的物品

从苏宝3个月开始，我就带她参加了社区图书馆的音乐课，老师会发放带有铃铛的手环（小月龄的宝宝可以戴在脚上），这样宝宝动起来的时候铃铛会发出声音，让宝宝很好奇。

家长也可以在宝宝的摇篮上方悬挂一些铃铛，宝宝小脚一蹬就可以发出声音。6个月后的宝宝，抓握能力增强，可以为他提供能够拿得动、敲击触摸时能发声的物品。

现在市面上有不少优质的音乐启蒙玩具可以选择，即便不专门购买这类玩具，锅碗瓢盆也是很棒的乐器。苏宝能够坐稳后，我做饭的时候，常常会给她几个木勺子和小盆，她自己敲得不亦乐乎。

### ◆ 1岁：引入迷你乐器和音乐道具

小鼓、三角铁、摇铃、小木琴、小键盘，都可以作为宝宝音乐启蒙的道具。宝宝在研究这些乐器如何发声的同时，也学习了不同的声音，训练了手眼协调和精细运动能力。

我们参加的音乐早教课上，常常用到一种叫“shaker”的音乐玩具，里面有沙子，让宝宝握在手里，随着音乐的节奏摇动。

### ◆ 2岁：让宝宝接触真实的乐器

我们社区的图书馆给孩子提供了一个音乐活动，叫Mini Mozart（小小莫扎特），会定期邀请钢琴家来为孩子现场演奏，中间穿插亲子游戏。这个活动强调让孩子听现场音乐，接触真实的乐器。如果家里有乐器，父母也可以为宝宝演奏。苏宝现在对我的钢琴就很感兴趣，常常踮起脚尖去按动琴键。

在苏宝的音乐早教课上，老师还会准备模拟或真实的乐器，让小朋友自己摸索和“演奏”，比如迷你小钢琴、小鼓、锣、竖琴等。

纽约的儿童博物馆有专门的音乐区，给孩子们提供接触各种乐器的机会。

## 儿歌别光听，还要“玩”起来

随着宝宝年龄的增长，一味被动输入音乐会让宝宝感到无聊，因此专家建议，不仅要给孩子听音乐，还应该在音乐中和他们互动。

苏宝音乐早教班的老师们都很有创意，常常把音乐和玩结合在一起。比如，一边唱歌一边做游戏，通过歌词教宝宝认识动物的叫声，教宝宝认识自己的身体，或者提高空间认知力，甚至把音乐和绘本结合在一起进行互动。

06

# 你不能陪伴孩子一生，但是音乐可以

读书的时候，有一次为做小组作业，我去图书馆查资料，无意中看到一个发生在“二战”时的小故事。1944年诺曼底登陆后，数万战士失去了生命。一个傍晚，美军埋伏在离奥马哈海滩不远的地方，他们知道黑暗中仍有一名孤独的德军狙击手，无时无刻不在试图瞄准他们。美军上尉Jack Tueller默默拿出他的小号，吹了一首悠扬的*Lili Marlene*（“二战”中两方阵营广为流传的一首德语歌曲）。接下来，周围是死亡般的寂静。虽然小号曲暴露了上尉的位置，但狙击手最终没有开枪。第二天，美军俘获了一个自己投降的德国士兵。

德国士兵只有19岁，他对上尉说：“我就是昨晚那个狙击手，我听着你吹奏的音乐，想起了我故乡的父母和我的未婚妻。我泪流满面，根本无力扣动扳机，我投降了。”那个夜晚，敌人和自己的区别不复存在，剩下的只是两位年轻的士兵，通过音乐，交流着疲惫的灵魂。

有了孩子以后，我经常回想起当年读过的这个故事。身为父母，我自然希望女儿一生不遇风浪，安安稳稳。但世事无常，我们无法陪伴孩子一生，除了物质，我们还能给孩子提供些什么？

我虽然不是音乐专业出身，但从学生时代起，就喜欢跑音乐会。在纽约，我最常去的地方之一就是卡耐基音乐厅，听肖邦、李斯特，听马泽尔最后一次在纽约指挥维也纳交响乐团演奏《蓝色多瑙河》。苏宝还在我肚子里的时候，就陪我听过无数次中央公园的夏季音乐会；在上下班的路上，陪我听*Tom Waits*（Bob

Dylan）；也曾陪我驻足在42街地铁站，听一个只有一条腿的大提琴手演奏巴赫一号组曲。

我在哥伦比亚大学时的一个教授，是茱莉亚音乐学院的校友，因为选修过他的音乐课，我毕业后一直和他保持着联系。苏宝出生以后，我和他聊过小宝宝应该听什么样的音乐，他的答案和后来我读过的育儿专著很一致：要听各种各样的音乐。几年来，我和苏宝不知不觉一起听了各种流派的音乐，包括流行、古典、摇滚、儿歌以及电影插曲等。

不知道是不是巧合，苏宝从出生开始，就对音乐的敏感度很高，每当听见音乐响起，她就会好奇地睁大眼睛，从不会在有音乐的时候哭闹。为了让苏宝一出生就养成良好的作息习惯，每天早上醒来，我都先拉开窗帘让阳光进来，然后给她听一些让人愉快的音乐。而睡前讲完绘本，我也一定会陪她听听舒缓沉静的古典乐曲。

音乐好像能让人忘记身边的一切，带你去很远的地方。无数个清晨和傍晚，我们一起在音乐里翻越高山，飞过云端，“看见”过城市、沙漠、星辰、大海……

我没做过音乐专业的学生，谈不上对音乐有多深的理解，但我觉得这就是音乐的美好，它不属于某个社会阶级，而是属于全人类——无论是战壕中孤独的士兵，失业的年轻演员，还是深夜痛哭的百万富豪。这些年在遇到低谷的时候、犹豫不决的时候，音乐总能安慰我。

很少有人的一生会一帆风顺，父母无法永远陪伴在孩子身边，但我希望能让孩子成为一个有音乐陪伴的人。人生起起伏伏，无论将来父母是否在身边，无论人生处在云端还是尘埃，我都希望孩子能一直具备感受美、欣赏美的能力。

我现在还记得一个下着细雨的初夏傍晚，我和4个月的苏宝一起躺在床上，看她轻轻扭动着脚指头，满脸沉静倾听音乐的样子，我偷偷地想：不盼朝夕短，唯愿岁月长。作为父母，陪孩子听音乐的过程，是一种高质量陪伴，也是自己重新梳理对音乐理解的过程。

那些苏宝听得特别专注的曲目，我会经常放给她听。以下是我们音乐启蒙的部分歌单（从左到右分别是曲名、作曲家、演奏者或演唱者、曲子类型）。

| 音乐启蒙部分歌单 | | | |
|---|---|---|---|
| 适合场景 | 曲名 | 作曲家/演唱者 | 曲子类型 |
| 清晨 | *Kaiser Walzer (op.437)* | Johann Strauss | 交响 |
| | *Violin Concerto No.3* | Mozart | 小提琴协奏 |
| | *Rainbow Connection* | Kermit the Frog | 儿歌 |
| | *Caterpillar Caterpillar* | Kira Willey | 儿歌 |
| | *Mr. Sun* | Charlie Hope | 儿歌 |
| | *Don't Think Twice It's All Right* | Bob Dylan | 乡村 |
| 傍晚 | *Piano Sonata, D 960* | Schubert | 钢琴 |
| | *Nocturne Op. 9 No.2 in E flat major* | Chopin | 钢琴 |
| | *Clair de Lune* | Claude Debussy | 钢琴 |
| | *La vie en rose* | Louis Armstrong | 爵士 |
| | *Playing Love* | Ennio Morricone | 《海上钢琴师》电影插曲 |
| | *Deborah's Theme* | Ennio Morricone | 《美国往事》电影插曲 |
| | *Dawn* | L'orchestra Cinematique | 《傲慢与偏见》电影插曲 |
| | *The Moon Song* | Scarlett Johansson | 《云端情人》电影插曲 |
| | *For the Love of a Princess* | James Horner | 《勇敢的心》电影插曲 |
| 旅途 | *I Walk the Line* | Johnny Cash | 乡村 |
| | *Jackson* | Johnny Cash & June Carter | 乡村 |
| | *Wagon Wheel* | Old Crow Medicine Show | 乡村 |
| | *All I Want Is You* | Barry Louis Polisar | 儿歌 |
| | *No More Monkeys* | Asheba | 儿歌 |
| | *If All of the Raindrops* | Laura Doherty | 儿歌 |
| | *Say Hey (I Love You)* | Kidz Bop Kids | 儿歌 |
| | *Vienna* | Billy Joel | 流行 |
| | *Johnny B.Goode* | Chuck Berry | 摇滚 |

这份歌单，只是一个参考，是我根据苏宝的喜好逐步摸索出来的。永远不要让别人告诉你，你的孩子该听什么样的音乐，你只需要做个观察者，那些让孩子眼里有光的音乐，就是适合他的。

孩子对音乐的感知力是天生的，但输入不一定立刻会有输出。也不要频繁地在歌曲之间切换，比如舒伯特的D960，请至少让孩子听到第四分钟再决定他是否喜欢。尊重一首曲子的完整性，本身也是对音乐的尊重。

07

# 美国幼儿园的艺术启蒙课，竟然不教画画

记得我小时候对国画感兴趣，爸爸给我报过一个班。第一节课上，老师在讲台上演示画法，下面的孩子都跟着模仿，然后老师端着一杯茶来回巡视，纠正孩子们哪里画得不好，哪里画得不对。国画课的教室在一个古色古香的四合院里，我因为无聊，和同学带上洗毛笔的小桶，溜到小院的池塘边去捞鱼，结果3个孩子连人带桶一起掉进了池塘。我的“国画梦”也就这么尴尬地结束了。现在想起来还觉得好笑，又有点儿可惜。

苏宝大概从一岁开始，对画画产生了兴趣，我们在纽约的幼儿园报了个亲子艺术启蒙课，班里主要是1～3岁的孩子。

第一次上课的时候，一进教室，我发现房间里除了洗手池和一面墙，什么都没有。老师简单介绍自己后，就给每个孩子发了围裙、颜料和笔刷，开始让他们在墙上自由涂抹。接下来的几个月，除了“涂墙”，老师还和孩子们一起用气球、塑料卡片、牙刷等工具作画，唯一没有“教”的，是如何画画。

现在回想我小时候上的国画班，或许老师所教的笔法对打好国画基础确实很重要，但是在我眼里，那更是一种专业技能的雕琢，对刚刚接触艺术的幼儿而言，并不一定是好的艺术启蒙。

以前我不了解幼儿画画发展的规律，以为艺术课的目的就是教孩子如何画画，但没想到这门“不教画画”的课，不仅成了苏宝的最爱，也刷新了我对艺术启蒙的三观。

## 乱涂乱画是很宝贵的事

我曾问苏宝的老师，在他看来，艺术启蒙的目的是什么，他说："To help kids appreciate and enjoy art, and express themselves through art.（让孩子学习欣赏和喜欢艺术，并且用艺术来表达自己。）"

对于学龄前的孩子，画画更多的是一种涂鸦。孩子从一开始随机画出点和线（1～2岁），到尝试画出不规则的形状（2～3岁），会经历一个漫长的"涂鸦期"。英文中涂鸦叫作"scribble"，能锻炼孩子的精细运动，能帮助孩子进行颜色认知，更是孩子艺术创作的萌芽，是非常重要的一种能力。

记得苏宝第一次用蜡笔的时候，胡乱在白纸上乱戳后，纸上出现了一些凌乱的点和线，她高兴得手舞足蹈。在手指画课上，苏宝发现两种不同的颜色碰撞，竟然变成了其他颜色，她脸上惊喜的表情我现在还记得。涂鸦带给孩子的惊喜，就是艺术启蒙和创造力的萌芽。我所理解的艺术启蒙，就是帮助孩子寻找这些惊喜的瞬间。

## 好作品没有标准答案

艺术的表达是多样的，这也是艺术启蒙过程中应该传递给孩子的信息。我们每次上艺术启蒙课时，老师都会给孩子们最大的自由，让他们用各种方式探索艺术，接触各种颜料和各种工具，比如水彩、刷子、粉笔、海绵、树叶、黏土、沙子等。

好作品没有标准答案，大人真正应该注重的，是孩子画画的过程而不是结果。至于孩子画得不像，是非常真实自然的事，家长不要在孩子画画时在旁边干扰，或者把"画得像"作为画画的目的。孩子的天性都是爱自由的，艺术启蒙阶段的自由探索很重要。曼哈顿儿童博物馆是苏宝最爱去的地方之一，因为那里有一个给孩子们不设限的"玩艺术"的空间。

在纽约幼儿园上艺术启蒙课的这段时间，给我印象最深的就是老师从不会干涉孩子的创作。这也让我意识到，家长在陪宝宝画画的时候，不需要一个劲儿地在旁边问，宝宝你画的是什么啊？更不要告诉他哪里画得不好，甚至帮他画。保护孩子的天马行空，鼓励他用自己的方式去创作，就是在保护宝宝的创造力。

## 参观艺术馆和博物馆

记得苏宝刚满月，我们逛博物馆时就会带上她。有人说，孩子这么小，哪里看得懂艺术作品。其实艺术作品并不是用来看懂的，而是用来感受的。我相信一个一路欣赏凡·高、毕加索而长大的孩子，会比一个每天看电视的孩子更有审美鉴赏力。

我还记得在纽约现代艺术博物馆，苏宝看到凡·高的《星空》时兴奋不已，叽里呱啦地讲“火星语”；而看到莫奈的《睡莲》时则完全变了个人，只是静静地看着，顺便拉了个屉屉……

这些经历在我眼里都是艺术启蒙的过程，也是父母和孩子一起欣赏艺术、感受美好的机会。

## 让艺术“创作”充满仪式感

苏宝第一次在纸上胡乱涂鸦的时候，画完把“作品”扔到一边，似乎不太在意。倒是我和苏爸兴高采烈，把这张“画”捡起来认真欣赏，还郑重其事地把它挂在了墙上。

正是这样无意间的感情流露，让苏宝意识到原来自己的创作是有价值的。我和苏爸都很尊重她的创作，会不厌其烦地把她的“作品”挂起来，隔段时间换一批新的。现在她每次“画”完画，都会屁颠屁颠地把“作品”拿过来给我看，满脸自豪。

孩子幼年时期所做的很多事情，看起来似乎是浪费时间，其实是在为以后的认知发展、阅读能力、艺术修养等打基础。在苏宝艺术启蒙的路上，我和苏爸一直是第一批为她喝彩的“粉丝”，潜移默化中，艺术成了一件非常认真又具有仪式感的事。

08

# 孩子画得不像，总爱乱画，要纠正吗

苏宝第一次上艺术启蒙课的时候，老师就和家长们定了一条“军规”：Never ever touch your children’s art.他的意思是说，孩子的艺术作品是属于他们自己的，家长可以做的是帮孩子穿围裙、洗手、给孩子递手工材料这类事情，但是切记：不要去代替孩子画画，哪怕他们画得不像也没关系。

接触美国艺术早教理念的时间长了后，我才发现这边学龄前的艺术启蒙，都鼓励孩子们创作涂鸦（messy art），说白了就是乱涂乱画。因为宝宝在涂鸦的过程中，会逐渐建立对颜色的认知，增强对手部肌肉的控制，认识运用素材的基本手法。

可能有妈妈会问，任由宝宝乱涂乱画应该持续到几岁？如果大人完全不引导，宝宝的艺术创作会不会一直停留在幼儿的水平？“适当引导”和“干涉宝宝的创作”是两个不同的概念，和宝宝不断磨合，根据宝宝的节奏一点点推进，把握一个孩子觉得最舒服的尺度就好。

苏宝2岁前基本是自由涂鸦，2岁后，她的创作开始有一些结构了。比如，她会一边在纸上画圈，一边告诉我这些是气球，并且要求我和她一起画。我会拿一张纸和同样的画笔，在苏宝旁边和她一起画。但我仍然告诉宝宝，那是她的作品，这是我的作品，我不会在她的纸上画。而孩子对比和观察别人创作的过程，也是学习的过程。

每次和苏宝的艺术启蒙老师聊天，她都会强调一个“过程”对比“结果”（Process vs Product）的概念。

比如，老师让小朋友们制作企鹅手工，大家用到了类似的素材，但是各有自己的特色，代表了每个小朋友的个性。它们都是好作品。

一天在网上看到一篇文章，一个美国妈妈提了一个问题：如果宝宝的艺术启蒙能从头来过，你希望告诉当时的自己什么？并征集了身边妈妈们的意见。在几十个答案中，我觉得这几个特别有共鸣：

“宝宝的艺术作品本来就该乱七八糟的，乱糟糟的才是最好的！过程比结果重要。”

“别担心孩子的最终作品是怎样的，孩子探索、想象和创造的这个过程，才是你想要的结果。”

“过程才是最重要的，如果孩子最终的作品和你预期中的不一样，那又怎么样呢？艺术本来就不该有规则。”

这几位妈妈都强调了“过程”的重要性，这也是家长陪宝宝艺术启蒙时最容易忽略的一点。而强调过程的艺术启蒙，比强调结果要难很多——在大人的指导下，孩子可以轻松做出符合大人标准的艺术品，而“强调过程”难就难在大人需要给孩子最大的空间去自由发挥，而且孩子最终的创作很可能是“四不像”。但是那些大人眼里“丑”的、可笑的、四不像的作品，却是孩子眼里的宝贝。

有一次，我和苏宝一起做“瓢虫”手工，需要把黑色的斑点贴到红色瓢虫的背上，素材包里有十几个斑点，我让苏宝自己决定要粘在哪里，结果她把所有的斑点都粘在了同一个位置。

成年人都知道瓢虫背上不止一个斑点，看着苏宝把斑点一个个叠起来，而不是均匀地分布在瓢虫背上，我的内心是崩溃的，一次次想出手阻止她，但又一次次地忍住了。最终苏宝独立完成了她的手工，她对这只一个斑点的“丑”瓢虫爱不释手，自豪地拿去向爸爸展示。

经过一段时间类似这样的“自控”训练后，我逐渐能用开放的视角看待苏宝的每一份作品，只有在她求助我的时候，我才参与到她的艺术创作中，其他时间都会任由她自己发挥。

宝宝的艺术启蒙不是比赛，家长不需要把“画得像”“做得美”作为评判标准，否则就会不知不觉扼杀孩子对艺术的兴趣。艺术启蒙最重要的一点，是让孩子在“创作”的过程中，享受和探索艺术的多种可能性。

09

# 看似简单的“过家家”，是美国幼儿园最重视的游戏之一

我曾带苏宝在纽约的幼儿园参加了一学期的亲子体验课。参加亲子课的都是3岁以下的宝宝，亲子课的目的是帮助孩子和家长熟悉学校的教学方式和环境，以便决定以后是否要申请入园。

第一次参观这所幼儿园的时候，我看到教室里有整套的玩具厨房，三四个孩子在“做饭”；还有个专门的娃娃区，娃娃的衣柜、鞋柜、餐桌一应俱全，两个小女孩在拿着迷你奶瓶和温度计，给娃娃测体温、梳头、喂奶瓶，照顾得有模有样。

陪我参观的园长在旁边解释说，他们给孩子提供了很多“过家家”的道具，因为“过家家”是幼儿园孩子认知发展中非常重要的一种游戏。

那天参观完幼儿园，我特地找园长聊了一会儿，她耐心地给我解答了很多疑问，还专门聊了“过家家”在美国幼儿园课程里的重要性。

## 认识世界，培养精细运动能力和想象力

孩子“过家家”的意识，会在18～24个月时出现，这是宝宝认知发育一个重要的里程碑。这个时候宝宝开始模仿大人的行为，比如打电话、打扫卫生、洗碗等。记得苏宝18个月的时候，有一次，她边吃蓝莓边喂给她的毛绒兔子吃，嘴里还模仿着“吧唧吧唧”的声音。这种模仿现实场景的自发玩耍行为，其实就是

"过家家"，英语里叫作"假装游戏"（pretend play）。

假装游戏体现了宝宝对世界运作方式的观察、理解和练习。比如，蓝莓是放在嘴里吃的，而且会发出"吧唧吧唧"的声音。"过家家"需要用到大量的精细运动，能很好地训练手眼协调能力。此外，我发现"过家家"在锻炼精细运动和语言认知的同时，也给了苏宝很大的想象空间，她觉得玩具兔子是会说话的，所以她一边喂兔子，一边角色扮演地说："好吃，好吃。"

### 大人这样引导：

宝宝一岁后，给她提供一些"过家家"的道具，比如切水果、切蔬菜的玩具等。我通常会在做饭的时候，鼓励苏宝用自己的道具和我一起"切菜、做饭"。如果宝宝表现出"过家家"意识的萌芽，记得多向宝宝提问题，比如，看到孩子喂小熊吃饭，大人可以问宝宝：你的小熊喜欢吃什么？这样可以引发孩子进一步思考，同时也锻炼了语言能力。

## 领导力、爱心和同理心的启蒙

在苏宝一岁半左右，我给她买了个布偶娃娃（不是芭比娃娃，芭比那种身材比例不真实、成人化的玩偶，不适合小宝宝）。她很喜欢"安排"娃娃做这做那，比如一起跳舞，一起排排坐，一起喝茶等。

有一次，苏宝的娃娃掉到了地上，她把娃娃捡起来抱在怀里柔声说："Don't worry, I got you.（别担心，我把你抱起来了。）" 这是我第一次观察到苏宝学会"照顾人"。我蹲下来问她，娃娃摔跤了吗？她摸着娃娃的脑袋说："摔疼了。"苏宝安慰娃娃的过程，和爸爸妈妈平时安慰她是一样的。

苏宝开始意识到，"其他人"和自己一样，摔跤了也会疼。这种行为其实是同理心的萌芽，是对人与人之间美好感情的一种认知。在这个过程中，苏宝逐渐发现，原来自己并不是弱小的婴儿，自己也可以照顾人、理解人，也可以做统筹和安排，这些体验也是建立自信心的过程。

### 大人这样引导：

大家千万不要觉得“过家家”是女孩的专属游戏，其实男孩参与“过家家”，也能很好地锻炼爱心和领导力，这些能力是无论男孩女孩都应该具备的。一岁半以后，每个孩子都应该有个照顾的对象，可以是布娃娃，或者某个孩子很喜欢的玩具。

我会在苏宝吃零食、做游戏的时候，有意识地问她，要不要邀请娃娃一起吃、一起玩呢？逐渐地，苏宝就会和她的“照顾对象”建立一种情感上的联系。后来我们读绘本的时候，苏宝都会把她喜欢的毛绒玩具拿出来放在身边，一起听故事。

## 认识社会秩序，学习与人相处

美国孩子很喜欢玩一种叫作Tea Party（假装喝茶）的游戏，2～4个孩子围坐在一起，用道具来喝茶、吃点心。苏宝也迷上了这个游戏，每次去幼儿园的时候，都会和小伙伴一起玩Tea Party。但是问题来了，参加游戏的都是两三岁的孩子，每个孩子都想拿茶壶来倒水，难免会出现争执。

苏宝的班里有个叫Chloe的2岁小女孩，每次玩这个游戏时，她都会把所有道具都揽到自己手里，非常抗拒分享。遇到这种情况，美国幼儿园老师通常会给孩子们一些时间，让他们自行解决。但解决不了的时候，老师就会介入。苏宝的课上有两个老师，她们会给孩子示范如何分享茶具，如何轮流玩。一学期下来，Chloe的进步很大，不仅不再抢玩具，还学会了主动分发茶具给其他小朋友。

### 大人这样引导：

宝宝2～3岁期间，会表现出和其他孩子一起“过家家”的兴趣，这是孩子学习人际互动很好的机会。大人一方面要提供丰富的道具（比如3个孩子玩，最好有3件茶具），另一方面要在孩子们互动的过程中留心观察，在孩子们之间出现摩擦无法解决的时候，及时介入并且利用这种摩擦，教孩子认识到分享、互动、合作是良好人际关系的起点。

## 学习解决问题，构建高级思考力

第一次参观苏宝幼儿园的时候，大班的教室里有一个卖柠檬汁的玩具小摊。当时有两个四五岁的孩子在扮演“摊主”的角色，男孩负责做柠檬汁，女孩负责“收钱”。“摊主”一边布置小摊，一边和伙伴商量该什么时候开卖，哪些水果该放在哪个篮子里面。过了一会儿，有几个孩子围过来排队“买”柠檬汁，“摊主”一本正经地给他们介绍自己的柠檬汁品类，还来了个“买一送一”的优惠。

虽然是很短暂的观察，我发现两个孩子在这个过程中很好地学习了如何做计划，如何统筹安排，如何理解和接纳与自己不同的意见。这些都是“过家家”游戏赋予孩子的宝贵能力。

### 大人这样引导：

3岁以后的孩子在玩“过家家”时，大人可以协助他设置情境，提出一些更为高级的问题。比如，玩具屋里的家具该如何布置？3个玩具和宝宝一起“过家家”，但是只有两份食物，该怎么分配？

“过家家”这种看似“小儿科”的游戏，以前从来没引起过我的注意，在真正体验了美国的幼儿园生活后，我才发现里面的学问比我想象中大得多。其实，成年社会里的很多行为，比如吃饭聚会、商业合作等，何尝不是“过家家”的一种进阶模式呢？宝宝在玩“过家家”的过程中，发展了思维能力，学会了同理、规则、合作，这些都是将来性格和思维构建所需的基石。

CHAPTER 03

# 情商培养和性格养成

宝宝社交能力的发展是个很漫长的过程，他们不是天生就有社交能力的。从0～1岁的独自玩耍，到2～3岁偶尔和其他孩子的互动，都是正常的社交表现，我们需要做的，是尊重每个孩子自己天生的气质和节奏，用科学的方法温和地引导，耐心示范，静待花开。

01

# 美式独处训练，到底在训练些什么

苏宝大约从8个月开始出现了分离焦虑，一刻不让妈妈离开视线，如果我的注意力不在她身上，她就会烦躁。一个人全职带娃，还要兼顾家务和苏宝的辅食，苏宝的这个变化给了我很大的压力。

后来很幸运地在朋友家读到一本书——早教界德高望重的玛格达·嘉宝（Magda Gerber）老奶奶的*Your Self-Confident Baby*，受益匪浅。这本书的核心观念是不要把幼儿当作无助的人，而是当作完整独立的人，从婴儿时期开始，就要尊重孩子的人格、能力和个人空间。我正是从那时开始，逐渐对美式独处训练有了认识。

## 学习独处对宝宝有多重要

如文章开头所说，其实我最开始关心宝宝独处这种能力，是带着一点儿私心的。但对宝宝认知发展有了更多了解后，我才知道从婴儿时期开始学习独处，能给孩子的思维能力和性格养成带来不可思议的力量。在独立玩耍时，哪怕只有2分钟，宝宝都是“玩”的主人，他们可以最大限度地自由探索，而不是在大人的帮助和指导下玩耍。

这个过程能够培养宝宝的创造力、独立思考能力和专注力。孩子的独立人格，其实很多时候就是从独处开始形成的。

## 什么时候开始引导宝宝独处

首先要强调一下，引导宝宝独处，并不代表要把宝宝独自留在房间里，或者不回应宝宝的需求，关键在于让宝宝做探索的主人，不该打扰时不打扰。宝宝自发、主动的独处，是不会破坏安全感的。因此，Gerber的书里也把“引导独处”定义为“uninterrupted play”（无打扰玩耍）。

0～6个月的宝宝，不需要独处训练。6个月内是应该对宝宝有求必应的阶段，大人要给宝宝创造足够的安全感。宝宝在8个月左右会产生自我意识，开始发现自己是独立的人。很多父母会发现，孩子在这个阶段第一次出现了短暂的专注力，比如，盯着布书上的图案认真看了十几秒。这其实就是宝宝独处能力的萌芽。当然，每个孩子发展的节奏不一样，宝宝没准备好独处，家长也不必强求，注意观察宝宝的信号再做判断就可以了。

当宝宝开始稳定地出现短暂的专注后，大人就可以有意识地通过“三步走”引导宝宝建立独处的能力。

## 如何训练宝宝独处

### ◆ 创造独处的空间

训练宝宝独处的前提是有个安全的、鼓励宝宝自由探索的环境，这一点和蒙台梭利的早教理念是不谋而合的。蒙台梭利幼儿房就是这样的空间。在这种空间里，宝宝会爬后，不需要大人协助就能拿到喜欢的玩具，翻开一本绘本或者上床休息。如果家里空间有限，家长也可以用围栏给宝宝隔离出一个自主活动的区域。对于稍大的宝宝，也可以在家创造一个他的专属小角落，在里面放上绘本、积木，作为他独处的空间。

### ◆ 设置独处的时间

苏宝添加辅食后几个月，对手指食物变得很感兴趣，吃着面前的一块胡萝卜，好像完全不被外界打扰。她每天午睡后，我会把她放在餐椅里，给她提供一个小小的Nibble Tray（啃盘）。她有一小段时间非常专注地研究自己的食物，尝尝这个，再捏捏那个，我则悄悄退到一边，看几页书。虽然有时她只能持续一两分钟，但逐渐地苏宝习惯了零食时间即独处时间，形成了规律。这种独处对她的专注力和自主进食能力都有一定的提升。

### ◆ 提供独处的辅助工具

独处训练很大程度上是对专注力的训练，安排好空间和时间后，家长需要给宝宝提供简单的辅助工具。重要的事情说3遍：看电视不算，看电视不算，看电视不算。引导宝宝独处主要是为了促进宝宝动手、动眼、动脑的能力，而看电视对大脑而言是一种被动的信息输入，虽然可能会让孩子安静一会儿，但并不代表对宝宝专注力的发展有好处。

效果比较好的辅助工具，是那些没有声光电刺激的“慢玩具”，比如贴纸、拼图、穿绳玩具、感官板、能发出不同声音的感官盒、训练精细运动能力的积木、互动性强的绘本、填色本，等等。当然，并不是说要一次性提供这么多素材，每次提供一两种玩具即可，避免宝宝选择时眼花缭乱。

宝宝开始研究某个玩具后，大人只需要静静在旁边陪着就可以了，然后逐渐与宝宝拉开距离。除非宝宝求助，否则大人不需要插手或者去教他们怎么玩。苏宝2岁后，可以专注翻看绘本15分钟左右，这时我甚至会离开房间一会儿，给她更多的空间。

最后我想说，培养孩子的独立人格和自由思考，大人的心态很重要。很多时候我们怪孩子太黏人，其实是因为他们的世界我们干预太多，错过了培养他们独立的机会。当然，家长的耐心也是不可或缺的，1～2岁的宝宝，哪怕独自玩耍3～5分钟，对宝宝来说都是很难得的进步，循序渐进就好。

独处是通往优秀的必经之路，学会独处，能给孩子带来意想不到的力量。想要孩子学会独处，先让他们做“玩”的主人。

02

# 如何读懂宝宝发脾气背后的情绪

苏宝快2岁时，曾经有过的睡眠、辅食等问题总算告一段落。我还没来得及庆祝，却发现她开始有了“Terrible Two”的苗头。英文里的“Terrible Two”，被翻译成“可怕的2岁”，顾名思义，这是个让父母们很抓狂的阶段。以前温顺的乖宝宝，到2岁左右忽然像变了一个人，喜欢说“不”，喜欢“无理取闹”，“一言不合”就大哭大闹，躺地打滚。

比如，有一天，苏宝该去上早教班了，她还在玩喜欢的玩具，我提醒几次该收拾好玩具出发了，她嘴里一直说“还玩”。我有点儿气恼，打断了她，开始给她穿衣服。苏宝先是一愣，然后一屁股坐在地上开始号啕大哭，一边哭，一边声泪俱下地讲“火星语”。如果不是快递员上门分散了她的注意力，估计能把中午吃的东西全部哭到吐出来。

其实，这种情况不是第一次出现，只是那段时间愈演愈烈。虽然对“可怕的2岁”早有耳闻，我还是很纳闷：以前通情达理的宝宝，脾气忽然变得这么大，背后真正的原因是什么？

学习育儿其实和学其他东西很类似，把难点写出来，系统分析一下原因，就很容易找到对策。我找来纸笔，总结了一下苏宝发脾气和哭闹的几种情况：

- **在做某件喜欢的事时被打断。**比如，想一直在公园玩滑滑梯，但是天黑了必须离开。

- **想独立完成一个任务，但实现不了。**比如，想把积木搭高，但是搭了几层就倒了。
- **想做的事不被允许。**比如，想去摸电源插座，大人说“不行”。
- **不想做的事被强迫做。**比如，不想刷牙，不想吃蔬菜，不想穿毛衣……
- **想表达某个意思，但表达不清。**

## 发脾气的背后是无力感

把思路理顺以后，我发现苏宝的“脾气”都来自一种矛盾心理，一种自己想要独立，但又无法独立的沮丧感。

2岁的宝宝，大运动、精细运动以及语言和认知能力都突飞猛进，比如可以自己行走、吃饭、搭积木，他开始意识到自己不再是一个弱小的婴儿，而是一个独立的“人”。但这时宝宝还不太有界限意识，不明白自己的能力是有限的，也不太明白哪些事不该做，他以为自己是全能的“小超人”。但当他发现很多事情做不到时，就会产生深深的无力感，从而生气、哭闹。如此看来，“无力感”是宝宝发脾气背后的情绪根源。

要帮助宝宝顺利地度过“可怕的2岁”，最关键的是理解宝宝的无力感，让宝宝有种充满力量的感受，具体做法有以下几种。

## 不要把宝宝当弱者对待

大家都还记得宝宝在襁褓中的样子吧，面对这样一个弱不禁风的婴儿，父母总是不自觉地想去保护他、照顾他，比如喂他喝奶、给他拍嗝、洗澡、穿衣、哄他睡觉等。我们对宝宝的照顾模式慢慢固定下来后，往往会忽略宝宝一直在成长这个事实。

一岁半以后的孩子，已经可以完成一些简单的小任务了，如果我们还像对待婴儿一样去包办他们的一切，宝宝就会产生很深的无力感。比如，苏宝能自主进食后，我偶尔心急，会拿起勺子开始往她嘴里塞食物，苏宝就抢过勺子大叫：

“我自己喂！”我才发现，自主进食对苏宝而言是一件非常有成就感的事，虽然她吃完后我需要打扫一下“残局”，但适时让宝宝把主动权掌握在自己手里，才是符合这个阶段孩子的心理发展的。

## 被尊重是宝宝力量感的来源

无力感的克星是“有力感”，它来自大人的尊重，而尊重意味着给宝宝“独立”和“做贡献”的机会。

苏宝喜欢拼拼图，我学会不插手、不干涉，而是及时肯定她的“成果”，遇到超过她认知程度的任务，需要我帮助的时候，我才出面。有段时间，我发现她喜欢在我吸尘的时候来“帮忙”，于是就给她准备了一套迷你清洁工具，邀请她也参与大扫除。

我也会请她帮我把衣物放进烘干机里，或者让她自己洗手和刷牙。虽然她刷完后我还要再帮她刷一遍，但让她自己刷就是一种尊重，宝宝能感受得到。此外，我还在家里做了一些小改动，以方便她自己做更多的事，比如，苏宝以前吃饭时是坐独立的餐椅，后来我在大人的餐桌座椅上安了个增高垫，让她和大人一起吃饭。

我也开始让苏宝拥有更多的选择权，比如请她决定是吃树莓还是蓝莓，穿黄色还是白色的衣服，出门是去游泳还是去动物园，请她决定先读哪一本绘本。

当然，尊重还体现在你从宝宝手里拿走某个物品的时候，要征得他的允许。这个年龄的宝宝开始有了物权意识，他会觉得他拿着的东西是自己的。试想，如果一个人一声不吭地端走了你手里的咖啡，你的反应肯定是“Excuse me?”，孩子其实也是一样的。

## 少否定，多转折

2岁的宝宝有一个特点，就是喜欢试探大人的底线。虽然尊重宝宝能化解宝宝这个阶段的不良情绪，但绝不意味着对宝宝的行为放任不管。其实，在宝宝3

岁以前建立良好的管教机制，会让孩子以后的成长更加轻松愉快。

苏宝自从会爬起，就开始对所有她不该碰的东西感到好奇，比如拉扯台灯的电线，摸墙上的插座，抓花盆里的土来吃，对此我的内心是崩溃的。有一天，我忽然发现自己连续好几次对苏宝说“别碰”“别拿”“那个不能摸”，正好那天我在看*What to Expect*系列的育儿书，里面有一个很好的建议：不要满口说“不”，当你阻止孩子一些行为的同时，最好给出另外的选择，或者肯定他的另一些行为，并且多用转折性的语言来描述。比如：

- 与其说“现在不能玩沙子”，不如说“我们吃完饭就去玩沙子吧”；
- 与其说“别碰墙上的插座”，不如说“宝宝，插座很危险，但咱们可以来玩这个感官板”。

其实，面对“可怕的2岁”，家长不需要挖空心思去改变宝宝的行为，更多的是调整自己的心态——不再把宝宝当作婴儿对待，不再思考我该如何阻止宝宝发脾气，或者我要如何“治”好“可怕的2岁”。因为很多时候宝宝不听话、发脾气，都是因为他内心充满矛盾和挣扎，他想独立的那颗心正在长大。归根结底，这是宝宝和家长成长的必经之路，我们一起耐心陪伴宝宝去经历这个过程吧。

03

# 宝宝害羞怕生，多接触人就会适应吗

很多人问过我“中国人靠关系，美国人讲业绩”（美国人不重视人际关系），这是不是真的？

在哥伦比亚大学读书的时候，参加任何一个讲座或者活动后，大家都会很自然地走到一起聊聊天，毕业生常常就在这样的场合认识了诺贝尔奖获得者、500强企业总裁，顺便把工作offer（录用信）也落实了。所以，其实美国职场的人际关系是很重要的。

因为意识到人际能力的重要性，我从苏宝3个月开始，几乎每天都带她去纽约的图书馆听绘本故事，希望她能在阅读启蒙之余，学会和别的小朋友互动。结果事与愿违，苏宝刚开始去图书馆的时候，很多时候只是静静地盯着其他小朋友看，似乎对“社交”没什么兴趣；一岁后，她和其他小朋友的互动明显增加了，但面对陌生人尤其是大人，还是会显得很矜持。

后来经过咨询和查阅资料我才明白，宝宝的社交能力，需要一个缓慢发展的过程。0～3岁的宝宝怕生并不一定是内向，可能是分离焦虑的正常表现。而且，如果宝宝是家里第一个孩子，由于没有兄弟姐妹之间的相处经验，在和别的小朋友互动时慢热也是很正常的。但有些时候大人太过焦虑宝宝怕生的问题，会采取一些所谓的“引导办法”，这对宝宝的性格塑造反而可能会起负面作用，比如以下几种。

## 扔进人堆

我一个朋友的宝宝不到2岁，对商场、超市这种人多的环境不太适应，特别害怕陌生人。奶奶看不下去了，说孙女接触的人太少，应该直接送到托管班去和别的孩子“打成一片”。小区大妈也在旁边附和：“对啊，你家宝宝就是很胆小，放人堆里适应下，过几天就好了！”还好朋友有主见，没有理会小区大妈，更没有把宝宝直接扔进托管班这种“一步到位”的方式。

在这件事上，我自己也是深有体会的。如果苏宝忽然进入一个有很多其他陌生孩子的环境，她会表现出震惊和怕生，需要很长时间才能慢热起来。后来每次去早教班的时候，我们会尽量提前10分钟到，和陆续到来的妈妈们聊聊天，而不是忽然进入一个拥挤的房间。这个过程很好地缓解了苏宝对陌生环境的焦虑。而且，外出的时候，我常常会带一个苏宝喜欢的安抚玩具，在陌生环境里能帮助安抚她的情绪，让她更有安全感和自信。

相对于把宝宝扔到人群里这种揠苗助长的办法，更有效的引导是一对一互动的方式。前面的文章提到过，美国的妈妈很喜欢带宝宝Play Date，即两三个妈妈带着年龄差不多的宝宝，一起喝下午茶或者去沙滩、公园，妈妈们聊天的同时，孩子们自己会慢慢玩到一起去。这种方式给宝宝带来的社交压力更小，比较适合天生矜持的宝宝。

## “叫叔叔！叫阿姨！”

亲戚家有个3岁的孩子，家里一来客人，大人就把孩子拉出来说：“快叫叔叔，快叫阿姨！来，表演个节目！”本来就对陌生人有恐惧心理的孩子，忽然成了焦点，就像一个从来没有上过台的人，忽然被无数聚光灯照耀，要面对台下无数观众，求宝宝的心理阴影面积……孩子后来很晚都没有学会主动叫“叔叔阿姨”，更不要说表演节目了，反而一听到门铃响，就想躲起来。

虽然我没有像亲戚这样极端，但以前我们外出的时候，碰到人我总是首先教苏宝和人打招呼，她对这种不厌其烦的“强迫社交”，总是显得有些尴尬甚至反感。

苏宝一岁半的时候，分离焦虑达到了顶峰，外出的时候对接近她的陌生人（特别是大个子、大嗓门的男性）很恐惧，常常“一言不合”就哭起来。这个问题困扰了我很久。后来有一次，我带苏宝去看儿科医生，这位儿科医生从苏宝出生开始就定期给她体检，但是因为平均3～6个月才体检一次，所以下次去的时候，苏宝又不记得她了。那天，苏宝一进儿科医生的办公室，明显表现得紧张起来，立刻抱住我的腿。儿医笑着跟她打了个招呼，没有给她过多关注，而是转过脸和我聊起天来。这位儿科医生去过中国，还会说几句中文，我们很有共同话题，聊得特别开心。这时候，我发现躲在我身后的苏宝好奇地盯着儿医看，一会儿又看看我，显然对我们的互动很有兴趣。过了不久，她竟然探出头来和儿医玩起了躲猫猫，很快就变得大方起来。经过这次，我才发现，原来自己以前的做法是错的，或者说顺序是错的。

其实，大人主动和其他人交流，会给宝宝传递一个信号：这个陌生人是爸爸妈妈的朋友，他对我们没有敌意，不会威胁到我。现在我带苏宝去早教班、图书馆、超市的时候，不再把苏宝当作焦点或者催促她和别人打招呼，而是自己先主动和陌生家长打招呼、拉家常。当大人保持这样正常的交流方式，孩子就会很自然地开始观察和模仿，经常是我和其他妈妈刚聊上几句，苏宝就开始和对方的孩子玩起来。父母大方开朗，真的是宝宝最好的社交启蒙。

宝宝社交能力的发展是个很漫长的过程，他们不是天生就有社交能力的。从0～1岁的独自玩耍，到2～3岁偶尔和其他孩子的互动，都是正常的社交表现，我们需要做的，是尊重每个孩子自己天生的气质和节奏，用科学的方法温和地引导，耐心示范，静待花开。

04

# 著名的“棉花糖实验”没有告诉你的那些事

一天，好友群里有个妈妈转发了一篇文章，是有关小朋友自控力的“棉花糖实验”。其实棉花糖实验我很早就已经听过，现在再细看这个故事，有了更多的思考。

## 棉花糖实验回顾

20世纪六七十年代，美国斯坦福大学教授沃尔特·米歇尔（Walter Mischel）找来600多个4岁的孩子做了一个实验：在每个孩子面前放一块棉花糖，并且告诉他们，如果不立刻吃这块糖，过一会儿他们就可以再得到一块糖作为奖励。

大人离开房间后，有的孩子立刻就吃掉了糖，有的孩子坚持了几分钟后吃掉了糖。15分钟后，实验人员回到房间，大约有1/3的孩子坚持住没吃糖，在这个过程中他们通过唱歌、蒙住自己的眼睛或踢桌子来分散自己的注意力。

实验人员跟踪了这些孩子后来的发展轨迹，发现那1/3忍住没吃糖的孩子，长大后的人际关系和学习成绩，都比那些没忍住的孩子更优秀。

根据这一系列实验，米歇尔得出结论：那些善于“延迟满足”（Delayed Gratification）的孩子，自控力更强，长大后也更容易成功。

## 有效的自律，来自聪明的思维习惯

很多关于棉花糖实验的介绍，到上文就戛然而止了，其实这个著名的实验还有下文，也可能是更重要的一部分。米歇尔教授提出：为什么有的孩子更加自律？他做了一系列后续研究发现，要想在一件事上获得成功，仅仅靠意志力强大还不够，更重要的是进行有策略的自我管理和刻意练习。

米歇尔教授结合认知领域的知识，提出了一个叫作“Hot-and-Cool”的思维体系，其中“hot”代表那些让我们头脑发热的诱惑，而“cool”代表用冷静思考，甚至改变自己的视角来化解这些诱惑。面对不良诱惑（比如懒惰、贪吃、拖延等），学会用理性的方式把“hot”变成“cool”，能帮助自己更有效地提高意志力。

举个例子，如果你面前放了一块美味的巧克力，与其眼巴巴地瞪着巧克力和自己较劲（hot），不如在头脑中把巧克力想象成一块石头，然后你的大脑会告诉自己：我不能吃石头（cool）。

实验证明，这种改变视角的方式，能有效提高自控力，这就是“cool the hot”的过程。用好方法能事半功倍，比单纯的忍耐更加有效。

读完棉花糖实验鲜为人知的续集后，我受到很大的启发，虽然现在苏宝只有2岁，很难向她解释“Hot-and-Cool”，但我自己可以先用起来，成长的妈妈会带动成长的家。

## 实验中没吃糖的孩子，就一定能成功吗

多年前，我看过一本畅销书《哈佛女孩》，书中描写母亲为了锻炼刘亦婷的意志力，让她捏冰块，坚持数分钟，直到年幼的刘亦婷觉得“有小针在手上跳舞”为止。现在看来，这种做法基本上属于变相虐童，却被很多家长视为教育典范。事实上，自控力并不是由毫无意义的延迟满足训练生成的。聪明的自律，意味着用科学的方式来刺激良好的行为，而不是对抗、控制和禁锢不良行为。

花了一周时间深挖棉花糖实验的资料后，我还得到了另一种启示：要培养孩

子的竞争力，既需要讲究方法和策略，也需要和真实世界的生存法则挂钩。未来几十年的竞争，不只是“忍住”那么简单，而是复杂、多元的。我希望能给孩子传递的信息是：仅仅下笨功夫，不见得就能成功。

社会不是给你棉花糖的那个温柔的实验人员，也不是言出必行、信守承诺的父母，延迟满足并不一定能让你得到两个棉花糖，说不定等你恍然大悟时，一个棉花糖都没了。真正的高水平自我管理，意味着有方法抗拒对自己不利的诱惑，有魄力去把握“该出手时就出手”的机遇，并且有智慧去判断两者的不同。

05

# 具有良好沟通能力的孩子，将来不会过得太差

有一次我带苏宝出去玩，在机场候机的时候，旁边坐着一对年轻情侣，我正好听到了他们聊天的过程。

女孩的职业可能是收银员，她对男朋友说："最近这份工作好累，每天要站几个小时，脚都要肿了。"

男孩边看手机边说："哦，那你怎么办？"

女孩笑着说："回家后你可以帮我按摩脚啊。"

男孩一脸诧异地抬起头说："可是我不知道怎么按摩啊。"

这时，我觉得自己遇到了"然后就没有然后了"系列的真人版。

其实，所谓能把天给聊死，通常是指一个人缺乏倾听、理解、回应他人想法的能力，说白了就是缺乏沟通能力的表现。相反，你身边一定有特别会沟通的人，说话总是让人很舒服，也很好理解。会沟通的人，会让人很愿意帮助他，这类人无论是在学校和老师、同学相处，还是在职场上和同事或上司交流，总是游刃有余。

美国的家长和学校从学龄前开始，就非常重视孩子的沟通能力，它不仅是孩子将来良好人际关系的基石，还能增强孩子的领导力、信心、思维能力，以及在公开场合发言的信心。

在给苏宝选幼儿园的时候，我去听了一所学校的公开课，这所学校包括了从幼儿园到高中的所有年级。带我们参观的教学主任Lori是早教专业出身，有三十

几年美国私校的教学经验，她一直很耐心地解答我们的问题。参观完幼儿园，Lori又带我们参观了小学一、二年级的课堂，我注意到教室里到处都是贴画，内容包括：学会倾听，尊重别人的想法，参加讨论时大胆说出自己的思考等。

我对Lori说："你们很重视小朋友的沟通能力啊。"她笑着说，其实我们的早教理念认为，沟通能力从婴儿时期就可以开始培养了。关于沟通能力的养成，我那天和Lori聊了近半个小时，回家后又查了一些资料，感觉收获满满。

如何从0岁开始培养一个具有良好沟通能力的宝宝？这篇文章就把自己学到最精华的部分和大家分享一下。

## 0岁：倾听和回应宝宝的需要

一个人懂得爱，是因为他得到过爱。会沟通的孩子，背后一定有懂得接纳、尊重孩子需求的大人。如果一个人在集体活动中一言不发，可能是因为害怕说出自己的想法后，会被拒绝。从婴儿时期开始，孩子就应该获得一种强烈的被在乎的感觉。

苏宝刚出生时，她的儿科医生就建议我们经常和宝宝进行皮肤接触和眼神交流，用微笑回应她的微笑（这些都是肢体语言的启蒙）。在宝宝困了、饿了、不舒服的时候，温柔地代替她"说"出这些感受，然后照顾好她。这些做法都会让宝宝知道，自己的情绪和需求是被感知、被接纳的，这种被接纳感能够触发宝宝对"沟通"的渴望。

## 1岁后：多给宝宝创造"假装游戏"的机会

前面介绍过一篇关于"过家家"的文章，其实"过家家"的核心，就是美国早教理念中的"假装游戏"。假装游戏可以让孩子自由表达情绪和想法，也能让孩子通过角色扮演，"代表"别人来参与沟通。

Tea Party是苏宝18个月以后很喜欢玩的一种"过家家"游戏，她会把自己的玩具集合在小桌前，给它们倒茶、分点心。苏宝2岁后，玩"过家家"时经常这样自问自答：

“小熊，你要吃饼干吗？”

“给你饼干。”

“你吃饱了吗？”

“给你纸巾擦嘴。”

和玩具互动，其实就是孩子自己安排的一场虚拟对话，在一人扮演多个角色的过程中，孩子会主动去思考“别人”的感受，非常有利于培养孩子的同理心。

## 2岁后：学会表达自己的感受

宝宝2岁时自我意识爆发，开始意识到更复杂的情绪，比如快乐、气愤、内疚、兴奋等。2岁也是培养情商的关键期。在这个阶段，家长要鼓励宝宝把自己的感受表达出来，帮助宝宝更理解自己和其他人的感受。

亲子阅读能很好地协助宝宝学习与人沟通，有人物对话和故事情节的绘本，可以教宝宝学习和观察沟通是如何进行的。

2岁的宝宝对绘本内容的理解力提高了，这时，可以引入一些教宝宝认识情绪、管理情绪的绘本，并且鼓励宝宝把自己的情绪说出来。

比如*Llama Llama*（《拉玛拉玛》）系列绘本，从一只小羊驼的视角，教宝宝学习如何分享、如何遵守规则、如何处理分离焦虑等，是非常真实和全面的一套情绪管理绘本。

苏宝还很喜欢看安东尼·布朗的*How Do You Feel?*（《你感受如何？》）。绘本的主角是一只小猴子，每一页都描述了一种情绪或感受，比如自信、无聊、害羞等。有一天，苏宝喝水的时候，有几次故意吐在了自己身上，被我批评后，她委屈地说：“I feel guilty，like that monkey.（我像那只猴子一样感到难为情。）”我想了半天才明白，原来她指的是书中的其中一页，那一页提到“and sometimes I feel guilty”（有时我会觉得难为情）。

小朋友对绘本的理解能力真的是惊人的，绘本对小朋友沟通能力的启发，也出乎了我的想象。

## 3～5岁：教宝宝倾听和轮流发言

轮流发言（Turn-talking）是美国孩子在幼儿园中班开始学习的技能。很多小朋友在3岁后会有一个语言输出的爆发期，其表现就是变成一刻不停的“小话痨”。培养孩子进行有效沟通，需要教他们学会表达自己，也要学会倾听别人。

我一个朋友的3岁宝宝，特别喜欢打断大人说话。朋友为了不伤害宝宝的表达欲，又教会她尊重别人，用了一个很巧妙的方法：她们约定，女儿想要插话时，握一下妈妈的手指，妈妈就会想办法给她机会发言。这是她们之间的“暗号”。

美国的老师经常让小朋友们围坐在一起，进行小组讨论，三四岁的小朋友有些很害羞，不愿意发言，另一些则会滔滔不绝。这个过程中，老师会鼓励孩子们轮流发言。具体的做法是老师会用一个玩具，用击鼓传花的形式，让拿到玩具的小朋友发言，然后再传给下一个小朋友，这样每个人都能参与进来。

## 小学后：用好“T.H.I.N.K”原则

“T.H.I.N.K”是美国从小学到高中培养孩子沟通能力的一个常见方法，老师会用它鼓励孩子们在沟通时注意5个原则：true（事实）、helpful（有用）、inspiring（能启发别人）、necessary（有必要）、kind（友好）。

这个方法教会孩子先想一想再开口说话，让他们有意识地审视自己沟通的内容，久而久之，有效沟通就会成为自然而然的事。其实，一些企业在做领导力培训的时候，也会用到“T.H.I.N.K”原则，因为它对成年人同样适用。

和思维训练、性格养成等一样，沟通能力也是一种软实力，是情商的体现，它不一定能用考试成绩来量化。我花这么多工夫去学习沟通能力的培养，是因为它会对孩子的人生产生长远的影响，也能让我们成为更好的父母。

我相信，一个懂得“好好说话”的孩子，将来不会过得太差。

06

# 自我修复力是父母给孩子最好的礼物

进入夏天后，纽约近9点才天黑，我和苏宝的户外运动时间也比过去更长了，除了上图书馆，我们还花很多时间去游泳池和公园。我们附近的公园有几条长长的“trails”，不知道这个词怎么翻译准确，就是林间小路吧。常常碰到有人跑步、遛狗，还有全家人一起在trail上骑自行车的。

有一天，我推着苏宝出来散步，遇到一对美国夫妇带着3个小孩在骑车，两个哥哥大约七八岁，后面跟了个三四岁的小妹妹。可能因为刚学骑车不久，小姑娘忽然加速，然后就从车上摔下来了。因为他们骑的是泥路，这一跤摔了个名副其实的“狗啃泥”。我心里一沉，心想娃摔疼了吧，这一家人今天大概不能再骑车了。

小姑娘坐在地上瘪着嘴，爸爸下车走过来，没有马上扶起她，而是蹲下来检查了她的膝盖，发现只是擦破一点儿皮后，就对女儿说：“It’s no big deal, you can get up, sweetheart, you can do it.（没事，你能行的，自己爬起来吧。）”妈妈也在旁边鼓励她。小姑娘有点儿不乐意地自己爬起来，指着膝盖说摔疼了，爸爸蹲下来说：“你看，这条路坑坑洼洼的，刚才你骑太快，摔跤是你自己造成的，接下来我们小心一些吧。”然后，爸爸给了她一个拥抱。

小姑娘还带着泥印的脸上绽放出一个微笑，爬上她炫酷的粉色Hello Kitty自行车，歪歪扭扭地骑走了，剩下我在一边目瞪口呆。

我在一篇关于“原生家庭”的文章里（见本书第七章），提到一个概念叫作

“自我修复力”（resilience），指的是一个人遇到困难、挫折等负面事件时的反弹能力。我们在生活中常常会遇到不同的孩子面对挫折有不同的反应，一些愈挫愈勇，一些则一蹶不振。他们之间的区别，就在于有没有自我修复力。

最早接触“自我修复力”这个概念，是在哥伦比亚大学读书时，学院的教授乔治·A.博南诺（George A.Bonanno）是专门研究自我修复力的心理学家，他出版了一本书叫《悲伤的另一面》。书中写道，人在遭遇严重逆境的时候，自我修复力能起到神奇的自我保护作用。Bonanno提出，人并不是因为遇到挫折而被打败，真正打败我们的，是面对挫折时我们的想法和反应。

记得怀孕的时候，苏爸就常常对着我的肚子说：“小妞，快来和爸比一起在这个Big Dad World里升级打怪吧！”在这个坏事常常会随机发生的世界，从小就让孩子拥有强大的内心，比一味地保护更长远和实际。

自我修复力又叫作“挫折商”，是美国学校和家长培养孩子强大内心的重要一课。自我修复力有两个神奇的特点：一是每个人都有与生俱来的自我修复力（只是好多人不知道，并且在成长的过程中慢慢损耗掉了）；二是如果自我修复力不足，可以通过系统的训练重新获得。这种系统训练，可以从孩子上幼儿园之前就开始。培养自我修复力的核心，是孩子的认知风格（Cognitive Style），也就是看待和处理问题的方式是积极还是消极。

根据我的观察和总结，美国学校和家长常常会用到以下6种培养自我修复力的方式。

## 允许孩子失败

当孩子还是我们怀里的小婴儿时，我们就是他的全世界，我们可以无条件地保护孩子、为孩子挡住一切风风雨雨。然而，眨眼间孩子就会离开我们的怀抱，从在我们的监督下自主探索，到离开家独自面对大千世界。

苏宝会走路后，磕碰多了；和其他孩子接触更多，摩擦也多了。我更加深刻体会到，我们无法永远保护孩子，他总有一天会遇到挫折和失败。现在苏宝遭遇的“失败”可能只是走路摔跤、打不开一个瓶盖，或者遇到不愿和她玩的小朋友，将来也许还会遇到考试不及格、工作不顺利甚至失恋等更大的失败。孩子有一颗脆弱的“玻璃心”，很多时候是家长惯出来的。与其这样，不如从小就放心地让孩子去经历失败、拥抱失败，告诉他失败没什么可怕的，然后陪他从失败中成长。

对于稍大的孩子，美国家长常常会带他们登山、远足，鼓励他们参与喜欢的体育运动。运动中的成与败，可以给孩子提供很好的锻炼机会。

## 允许孩子表达负面情绪

“不许哭，再哭就不要你了。”你身边有这样的家长吗？认识和接纳负面情绪，是击败负面情绪的第一步。其实，哪怕几个月大的婴儿，都有着非常丰富的内心世界，他们也会经历愉快、惊讶、沮丧、恐惧等情绪。苏宝一岁多时，如果要求得不到满足，她就会哭闹。这时候，我会帮助她理解自己的情绪，告诉她：“你现在很难过。”让她明白负面情绪的产生和吃饭睡觉一样正常，是每天都要面对的。

有时，孩子表现出消极情绪的时候（比如哭闹、沮丧），大人的情绪也会受到影响。为了逃避这种影响，大人有时会选择强行堵住孩子情绪的出口，比如呵斥孩子“不许哭”。其实这样等于给了孩子一个很坏的心理暗示：我不能难过，如果我难过了，就是世界末日。将来孩子遇到难过的事情（比如考试成绩很差、输掉球赛）时，很可能会强迫自己压抑负面情绪，直到某天爆发出来，造成更严重的后果。

## 培养孩子解决问题的能力

人生中，逆境难以避免，而且经常随机出现，如果一个孩子不仅内心强大，还会解决问题，那么他打怪的装备就升级了，被逆境击败的可能性就又小了一些。

美国学校和家长很强调从小培养孩子的动手能力和独立解决问题的能力。家长过多的干预，反而会阻碍孩子的学习和探索。鼓励宝宝自主进食、在孩子学习新技能时提供有节制的帮助，都是培养孩子解决问题能力的入门课。

比如，苏宝堆积木的时候如果积木重心不稳，堆到第七八块时她的“塔”就倒了，她会很生气地把积木都推开，表示放弃。这时，我会在她身边坐下来，告诉她刚才发生了什么，然后表示我们可以一起来解决这个问题。我一边告诉她，把大的放在下面，小的放上面，就不容易倒了，一边做示范。多试几次，苏宝就会重新参与进来，用新的方式去堆积木。她一旦掌握了方法，我就会在旁边静静观察，不再打扰她。通过这样的过程，她解决问题的能力和精细运动能力又有了一些进步。

## 教孩子对自己的行为负责

有一次，我到国内出差，高铁上一个三四岁的孩子满车乱跑，忽然被座位绊倒了，同行的老人把孩子拉起来，拼命地打骂那个座位，告诉孙子是座位不对……

我常常看到一些文章写孩子摔跤后大人不应该扶，要让孩子变得更坚强。其实，摔跤后扶不扶并不重要，关键在于怎么引导孩子分析摔跤的原因，以及看待摔跤这件事。

苏宝一岁多时，摔跤是家常便饭。只要没有摔伤，我就会一边鼓励她自己爬起来，一边和她讲刚才摔跤是因为跑太快，或者绊到了玩具等，不过没关系，下次小心一些就行了。后来再摔倒时，只要不太疼，她都会自己爬起来，拍拍屁股，嘴里还念念有词“摔跤了，慢慢走”，我则在一边偷乐。

除了让孩子学会对自己的行为后果负责，家长在日常生活中还可以教孩子承担一些家务。我在给苏宝找幼儿园时，参观过一所蒙台梭利幼儿园，看到教室的矮桌上有几盆绿植。园长告诉我，这是班上孩子们的负责对象。蒙氏幼儿园是混龄教育，班上最小的孩子才3岁，也会参与给植物浇水。可见，责任心是很小就可以培养起来的。而且有研究表明，从小责任心强的孩子，长大后学业成绩和事业成就比不负责的孩子高出一大截；更重要的是，他们在遇到困难的时候，不会像那些从没学过负责的孩子一样无所适从。

## 过度表扬会养出宝宝的“玻璃心”

中国的家长常常在反思，我们过去的教育模式是不是给孩子的鼓励太少了，所以才造成孩子不自信；同时，美国社会也在反思他们给孩子的赞扬是不是太多了，反而让孩子越来越经不起挫折。

美国是个强调正面鼓励的社会，在公共场合，常常会看到孩子完成一点儿小事，家长就会夸张地表扬“你真棒”。但近年有心理学家研究发现，如果孩子成天浸泡在毫无内容的表扬里，不仅对他的自信心没什么好处，反而会让他过度依赖空洞的赞美，一旦没有了赞美，就容易受到打击。

要知道，成年人的现实世界里，可没有那么多人会像父母一样动不动就表扬你。我的心得是，赞扬孩子要有策略，如果孩子做了一件值得赞美的事情，别光夸他很棒，要记得这个公式：强调孩子做的事情本身→复述在此过程中孩子哪里做得好→总结并赞美。举个例子，不要说：“你太聪明了！”而是说：“你自己修好了自行车，真是个独立、会想办法的孩子。”

## 言传身教最重要

有些父母会想，为什么我读了那么多育儿书，还是养出了个“熊孩子”？答案很简单，因为你用书里的套路去要求孩子，却没有用同样的方式要求自己。孩子是天生的观察者，如果爹妈有颗“玻璃心”，就先别急着教孩子变成“钢铁侠”，先整理好自己，再去教孩子。

在家庭环境中，抱怨、负能量、压力会传染，乐观、正能量、幽默感也会传染。父母在遇到困难时处理问题的方式，会潜移默化地塑造孩子面对逆境的态度。如果父母面对困难时抱怨连天，灰心丧气，孩子很容易复制这种思维模式；反之，如果父母遇到问题时以积极的态度去面对，孩子也会通过观察这种经历，获得坚毅和乐观的品质。美国很多有基督教背景的家庭（占总人口70%以上），还会教孩子通过祷告来认识自己的渺小、宇宙及未知的浩大，从而释放和化解负能量。

其实，文章开头美国小姑娘的“跌跤事件”中，父母的处理方式就很好地囊括了以上几种技巧——从告诉孩子她摔跤了（接纳负面情绪，允许孩子失败，教孩子对行为后果负责），到告诉孩子摔跤的原因以及怎么防止再摔（引入解决问题的能力）。归根结底，父母的内心强大，才是对孩子最好的言传身教。

07

# “我不行”vs“再试试”，如何打造孩子的阳光性格

我曾遇到过一个正能量爆棚的“小男神”Aden，Aden有个2岁的妹妹，妈妈经常带两兄妹去图书馆玩，因为妹妹和苏宝差不多大，两家一来二去就熟悉了。Aden全家都是名校毕业，他爸爸是律师事务所合伙人，爷爷也是律师事务所合伙人，妈妈辞职前是一家知名公司的咨询顾问。

每次遇到Aden，他都会大大方方地打招呼，还主动把自己的玩具给苏宝玩。不过，苏宝很高冷，不怎么搭理“男神”的一腔热情……还好男神并没有心灰意冷，转身就把玩具送给别的小朋友玩了。

Aden在图书馆很受欢迎，很多人都叫得出他的名字，让整个图书馆老师和家长为之倾倒的，是他的好性格。

有一次，Aden妈妈邀请我去喝下午茶，顺便聊聊育儿经。Aden特别喜欢乐高积木，经常能全神贯注地搭上半个小时，他家有一个让我叹为观止的大型乐高桌。我问他在搭什么，他说Battleship（战舰），但是搭了很久都是“四不像”。后来，司机来接他去练习棒球，他的战舰还没能搭成功，不像战舰，倒有点儿像一座没完工的楼房。

我想大部分父母在这种情况下会说：“孩子，你搭得已经够好了。”Aden妈妈没这么说，她只是说：“你努力了。”Aden想了一下说：“No big deal, I’ll just keep trying.（没什么大不了，我再努力尝试就是了。）”然后，他高高兴兴地出门了，给我留下“一大碗”正能量。

如果要用一个词形容Aden，我想可以用“阳光”吧。如何定义“阳光”？我认为阳光孩子的共同特点是能积极看待生活中的大事小事，无论好坏，都不会被轻易打败，喜欢把挑战和困难当作成长的机会。

## 什么是成长型思维模式

相信每个家长都希望自己的孩子能这样乐天又坚韧。那么，这种阳光的性格是怎么形成的?

苏宝有一次也是搭积木，试了很久也搭不到她想要的高度，最后她很生气地把积木一推，坐在地上大哭起来。当时我有些不知所措，不知道该如何引导她面对这个“挫折”。后来和Aden妈妈聊天的时候，她告诉我，她一直在有意识地引导两个孩子养成“成长型思维模式”（Growth Mindset）。

其实，我在学生时代也接触过这个概念，成长型思维模式最早是由斯坦福教授卡罗尔·德韦克（Carol Dweck）提出的。她在其著作《看见成长的自己》里，专门有一章是讨论父母和老师该如何帮助孩子培养乐观的心态。最早看她的书，因为没有孩子，所以快速略过了“养育成长型思维小孩”那部分的内容。写这篇文章的时候，我又特地把《看见成长的自己》和塞利格曼的积极心理学系列（也是培养正向思维的佳作）翻出来读了一遍，收获很大。

成长型思维的定义是，用发展的眼光去看待自己的能力。具备成长型思维能力的孩子，往往会意识到，天赋不是最重要的，努力、坚毅、会管理时间等品质才是成功的关键。

具备成长型思维的小朋友会这样看世界：

- 我只要坚持练习棒球，就可以不断进步；
- 攀岩有难度，但好好玩啊，我喜欢自我挑战；
- 我不会编程，但只要我想学，就能学会；
- 犯错是好的，因为我可以从中学习；
- 积木没搭好，可能是我方法不对，再找找原因吧。

成长型思维的反面是僵固型思维（Fixed Mindset），两者的区别见下表：

| 僵固型思维 | 成长型思维 |
| --- | --- |
| ● 僵固型思维认为才智是先天决定的。 | ● 成长型思维相信才智是可以发展和强化的。 |
| ● 僵固型思维认为如果需要付出太多努力去完成一件事，就说明自己不够聪明。 | ● 成长型思维认为，不断努力，就可以不断提高。 |
| ● 僵固型思维认为失败和困难会显得自己无能，所以会拼命避免失败。 | ● 成长型思维认为失败和错误在所难免，所以最好是直面和克服，从中吸取教训。 |

想培养成长型思维的孩子，可以试试以下的方法。

## 说话方式能改变思维模式

我在哥伦比亚大学教育学院读书的时候，有一次访问美国的小学，教室墙上的一张海报吸引了我的注意，海报的大标题叫作“Change Your Words, Change Your Mindset.（换种说法，换种思维。）”

举个例子，凯文输掉了足球比赛，他可以对自己说：“我真差劲，我天生不适合踢球！”也可以选择说：“我抓紧时间练习，下次上场就能表现得更好了。”

后来才知道，很多学校都有类似的海报，用来鼓励孩子用正向思维来看待问题。

我们每天都会说话，语言是大脑想法的一种输出形式，但语言同时也在影响和塑造着我们的思维模式。一个成天对自己说“我不行”的人，不太可能达成自己的目标。要教孩子为自己注入正能量，心理学家的建议是教他们改变说话的方式，用成长型思维去看待生活中的每一件小事。

学龄前的宝宝，大脑像海绵吸水一样地在吸收信息和模仿大人。家长平时聊天时，要有意识地用积极的态度去描述一件事，长久下去就能创造一种正向家庭氛围，塑造孩子的思维习惯，让孩子在耳濡目染中受益。

## 夸孩子聪明，不如夸孩子努力

有趣的是，僵固性思维的表达，不一定都是负面的，一个成天觉得自己特别聪明的孩子，也有形成僵固型思维的危险。因为“聪明”是一种先天能力，过度强调聪明，会让孩子觉得自己成功的原因是聪明。如果有一天失败了，就意味着自己“不聪明”，努力也没用，还不如放弃。因此，德韦克在书中建议，如果孩子做成了一件事，赞扬他时要强调他努力的过程，而不是他先天有什么过人之处。

记得苏宝很小的时候，每完成一个简单的任务，比如翻身、独自坐稳、第一次在小木琴上敲出声音，我都会赞扬她“好棒”“好聪明”，后来，我看到美国的学者做了一个有趣的研究：他们找了一批1～3岁的宝宝，记录母亲和他们之间的互动过程。一些母亲经常赞扬孩子的努力过程（比如，宝宝真有耐心），另一些母亲则倾向于赞美孩子的先天才智（比如，宝宝你棒极了）。5年后，专家们重新采访了这些孩子，发现那些经常被表扬“努力”的孩子，比被表扬“聪明”的孩子，更乐于接受挑战，也更具备成长型思维模式。

美国社会多年来一直推崇正面教育，经常过度赞扬孩子，这些年越来越多的研究发现，这种空洞无物的赞美对孩子没什么好处，也在逐渐引发美国家长们的反思。值得一提的是，要培养成长型思维，不是夸孩子努力就够了，还要及时帮助孩子找对努力的策略和方向，瞎努力无法达成目标，只会让孩子更沮丧。

当然，方法有没有效果，还要看父母是否能以身作则。成长型思维与其说是教出来的，不如说是示范出来的。假如父母一方面在用各种策略教孩子形成成长型思维，另一方面自己遇到一点儿难事就怨天尤人、轻易放弃，那么再多方法也没用。这就如同成天玩手机的父母，教不出爱看书的孩子。

08

# 如何正确地和小女孩聊天

2015年2月，一年一度的超级碗（Superbowl）橄榄球赛正进行得如火如荼。超级碗在美国人心目中是神一样的存在，多年来都是全美收视率最高的电视节目。在超级碗开场前和中场休息的时候，会有很多音乐巨星（比如碧昂斯、麦当娜）出场演出，Superbowl简直是美国人民的“春节联欢晚会”。

每年的Superbowl Sunday，全国人民都早早准备好炸鸡和啤酒，和过节一样兴奋。因为超级碗是美国收视率最高的节目，每年超级碗的广告也都是平时在电视上看不到的特别版，30秒广告费达几百万美元，常常有大片的效果。

我对橄榄球没什么兴趣，倒是喜欢看超级碗的广告。那时候我怀孕39周，在家备产，和苏爸窝在沙发里边吃爆米花边看球。然后，电视屏幕上出现了这样一个广告：面试官问了受访的孩子们一个问题：“What does it mean to run like a girl?（像女孩一样跑步，是什么样子？）”

3天后，苏宝出生了，是个小女孩。我想，每对父母都会对自己的孩子一见钟情吧。苏宝出生时珠圆玉润，助产士看了第一眼就说，好美的孩子。

此后，几乎每天都会遇到有人夸苏宝漂亮，我也习以为常，觉得夸别人家小女孩漂亮，是天经地义的开场白。到美国小伙伴家做客，我也喜欢第一句话就夸对方的女儿很漂亮，直到遇到了C妈。

## 夸小女孩漂亮时，我们在说什么

C妈曾经做过企业高管，有3个孩子，大女儿Caroline 5岁，小女儿和苏宝同岁，还有个9岁的儿子。两个女儿都是深棕色头发、蓝眼睛，颜值逆天，尤其是Caroline，像平面广告里走出来的孩子一样，而且还真的有个美国品牌想找她做童装模特，但是被她妈妈拒绝了。

有一次，我去C妈家做客，Caroline在画画，我见到她很自然地说了句："你好，漂亮的小姑娘。"她羞涩地笑着说了句"谢谢"。后来，我和C妈去后院露台聊天的时候，她忽然很郑重地对我说："谢谢你夸奖Caroline漂亮，但是我现在尽量让朋友们别夸她漂亮。"我很惊讶，问她为什么。她说，作为3个孩子的妈妈，她发现每次有朋友来家里，都会赞扬自己的两个女儿可爱、美丽，这些都是表扬她们外貌的词汇，但朋友们和儿子聊天时，评价却往往是有趣、智慧、坚毅这些有关他性格和品质的词汇。

她对我说："每次有人表扬我女儿漂亮，我都会心里一紧，因为这样的赞美好像在告诉我女儿，她的外貌是别人注意到的第一件事，也是最重要的事。我希望能改变这种情况，让女儿意识到，自己的存在不能用漂亮来定义，更重要的是品格。"

C妈的一席话，让我想起一个好友的女儿，她9岁就想节食，最大的兴趣爱好就是拿妈妈的手机自拍，然后从几十张差不多的照片里挑最美的出来分享给同学们看。而这时候，她的同龄男孩们正在学编程、设计机器人，在橄榄球场上挥汗如雨。

还有另一个美国朋友A和我聊天时，抱怨说女儿和她吵架了。A的先生是个著名律师，给很多明星富豪打过官司，因此他们的女儿从小是和"大人物"的孩子一起读私校长大的。女儿16岁生日时，爸爸给她买了一辆跑车作为礼物，想给女儿一个惊喜，结果她满脸不高兴地回绝了。她想要的生日礼物是隆胸，因为她在学校最好的朋友16岁的生日礼物就是这个。她的父母没答应这件事，听说后来女儿和他们闹了很久才消停。当时我自己还没有孩子，听到这样的事也只是安慰了朋友，并没有细想。如今有了苏宝，我才忽然意识到，我到底希望自己的女儿成长为什么样的女孩？我该好好思考一下这个问题了。

## 社会对女孩的期望是什么

我小学时是个“假小子”，经常和男孩们打成一片。我们搞过最离谱的一个恶作剧，是把水杯放在教室门上方，老师一开门就被泼了满头水。

之后，我和另外4个男生都被叫到了训导处。等候挨批的时候，男孩们咯咯地偷笑，在老师面前强装正经，老师狠狠批评了他们4个人，但也有种“并不意外，你们又干坏事了”的意味在里面。当老师看到旁边还站着一个小女孩（我）的时候，并没有骂我，只是叹口气，很失望地说：“女孩子家家的文静点儿，不行吗？也好意思闯祸。”那天，我心里想，原来男孩是可以闯祸、冒险、犯错的，而女孩应该做的是乖巧、安静、完美吗？但这样到底是不是好事？

我们的社会对女孩的传统印象是怎样的？文静、数学差、喜欢粉红色。男孩呢？淘气、勇敢、有领导力。这些刻板印象，从某种意义上来说就是社会对女孩的期待。国际经济合作与发展组织（OECD）曾经做过调查，英国有40%的女孩觉得自己在数学方面没有天分，而只有23%的男孩这么认为。一个男孩考试考砸后，大人可能会骂“瞧你那点儿出息”，老师会狠狠督促他们用功；但女孩考砸后，有的老师会表现出更多宽容，因为他们根本不期待女孩有多优秀。如果女孩很漂亮但是成绩很差，旁观者可能会说“没事，嫁得好就行了”。

男孩们在一次又一次的淘气和闯祸中，历练了冒险和探索的精神，获得了领导能力，我们的社会面带微笑地认可这种“闯劲儿”。而挨骂较少的女孩们，表面上获得了更多学校和社会的宽容，实际上遭遇的是一种放弃，潜台词是：女孩子闯什么祸，规规矩矩的不好吗？

我有一个朋友快生宝宝了，已经知道是个女孩，我在给宝宝挑礼物的时候，逛到一家网店，店里在出售婴儿房挂画，画中的文字是对孩子的期待。

其中给男孩的画上写着：去爬树、打棒球、骑车、探索、踩水洼、抓鱼吧……而给女孩的画上写着：你是个公主、记得多微笑、玩过家家、试穿各种衣服、相信童话……

过家家、试衣服没什么不好的，但为什么女孩就只能做这些呢？爬树、抓鱼不也挺好的吗？看完这两幅图，我果断买了一套小火车，送给朋友即将出生的女儿。

## 下次和小女孩聊天时，试试这些开场白

斯坦福教授卡罗尔·德韦克曾经描述过一个有趣的实验：心理学家找来一群四年级学生，让他们解答一些根本没有答案的“死题”，最后的结果当然是谁也没做出来。当问到男孩们为什么答不上来的时候，他们说“我没用心”或者“我为什么非要做这道题”，而女孩们的答案则是“我不太聪明”或者“我做题不行”。

我想，这个现象从某种程度解释了为什么伟大的科学家、诺贝尔奖获得者、企业高管以男性居多，因为女孩从四年级的时候就告诉自己“我不行”。

事实上，父母和孩子说话的方式，或多或少可以改变这个现状。就像前文提到的，我以前遇到邻家小女孩的时候，会发自内心地夸她很漂亮，但有了上面这些思考后，我开始试着用一种全新的方式来和身边的小女孩聊天。如果你家有小女孩，或者遇到亲戚朋友的女儿，下次你也可以试试这样和她们聊天。

真正了解她们是谁：

- 你几岁了？5岁啊，我5岁的时候可喜欢跳舞了，你呢？
- 你喜欢看书吗？你最喜欢哪一本？啊，那本书我小时候也看过！
- 你的裙子是红色的，你喜欢红色吗？（而不是赞扬她的裙子美丽。）

邀请她们发表观点：

- 今天晚餐该吃什么呢？你来建议吧。
- 你搭的积木很有趣，能告诉我你搭的是什么吗？
- 你最喜欢什么玩具？飞机？我也喜欢飞机！水枪？好酷啊！

- 哪部动画片最好看？
- 你最喜欢去哪儿玩，给我推荐几个地方吧。

聊身边的事：

- 天气不错！你喜欢雨天还是晴天？
- 今天学校里有什么新鲜事吗？
- 你最喜欢哪个博物馆？
- 快过圣诞节了，我该给朋友选个什么礼物呢？你能给我一些建议吗？

在和苏宝聊天时，我们也会有意塑造聊天的“内容”：不过多强调她的外貌，而是创造更多有趣的对话。我在对她描述别的孩子或者绘本中的人物时，也会多强调他们性格的闪光点，而不是外在形象。比如，玛德琳很勇敢，艾米很善良，小汤米花了20分钟来挖沙坑，他很有耐心。

现在苏宝喜欢玩挖土机和吊车，苏爸就给她找来各种各样建筑工地主题的绘本；她很喜欢火车，上个月我们就带她去火车博物馆，她在那些上百年的蒸汽机中欢快地跑了一个下午。我们想向孩子传递的信息是，你可以喜欢布娃娃和玩具屋，也完全可以喜欢卡车、飞机和恐龙化石；别人不能规定你喜欢什么，更不能定义你；真正定义你的，是你的性格、梦想、兴趣爱好和你对世界的热情。

我希望苏宝能一直爱看书，爱微笑，虽然膝盖上还有跑步时摔出的擦痕，但丝毫不能阻挡她的冒险精神；她可以犯错，可以闯祸，可以永远用充满好奇和自信的眼睛打量世界，勇往直前。

09

# 怕生=内向？自己玩=不合群？宝宝被冤枉得好苦

宝宝8个月了，在早教班里好像对别的孩子没什么兴趣，正常吗？

宝宝14个月，特别害怕陌生人，是不是太内向了？

宝宝2岁半，在家话特别多，出门就胆小如鼠，也不肯叫人，怎么办？

……

新手爸妈们都很关心宝宝的社交能力，我收到的留言中，上面3个问题很具代表性。

我曾以为，社交能力就是和其他人互动。从苏宝3个月开始，我们就几乎每天都去图书馆听故事、玩音乐，那时我满心期待苏宝会立刻进入角色，和其他孩子打成一片，没想到她有很长一段时间都只是静静看着老师和其他孩子，毫无参与感，这让我有点儿泄气。

苏宝6个月体检的时候，我焦虑地告诉儿医：宝宝怕生，对其他小朋友好像没什么兴趣，总是自己玩自己的。儿医笑着告诉我，这正好说明她的发育很正常。后来我详细和儿科医生聊完才发现，在小宝宝的世界里，社交技能的发育分好几个阶段，他们要到一定的年龄才会和其他孩子互动。我们常常把宝宝怕生或者独自玩耍理解为害羞、内向，其实是一种误会。

就像大运动、精细运动、进食水平都有发育里程碑一样，宝宝的社交能力发展也是有里程碑的，而这些里程碑，和我们想象中有很大区别。

## 0～1岁：认识自己的存在

宝宝刚出生时，对世界的印象是陌生而混沌的，他将来建立人际关系能力的前提是先认识自己。宝宝在第一年，大部分时候是通过和父母的接触以及照养者传递的信息来认识到自己的存在，并逐渐建立起“自我”的意识。1岁以下的宝宝，在探索自己周围的世界时，表现形式是独自玩耍。

记得苏宝三四个月的时候，常常会盯着自己的小手看半天，或者好奇镜子里看到的影像。他们感兴趣的更多是小床上的摇铃、一块软积木或一本布书，而不是“交朋友”。宝宝在这个阶段总是偏好和自己熟悉的人在一起，会对陌生人产生恐惧，尤其在9个月左右时达到巅峰。

### 0～1岁社交能力里程碑：

- **1～3个月：** 被父母安抚时表现平静，开始用微笑回应照养者；
- **4～6个月：** 和父母建立亲密的依恋关系，并认识他们的声音，有不同面部情绪；
- **8～10个月：** 害怕陌生人，意识到人与人之间可以互动，能和父母玩躲猫猫的游戏；
- **9～12个月：** 开始出现分离焦虑，偶尔会把自己的玩具无意识地“分享”给其他孩子。

### 爸爸妈妈这样做：

健康的亲子关系，有利于宝宝形成健全的人格，这是他们将来社交能力的基石。父母应该从宝宝出生开始，就给予他强烈的被在乎、被爱着的感受。观察宝宝的需求（比如饥饿、疲倦、需要安抚等），并且第一时间回应他的需求。

给予宝宝大量的拥抱和肢体接触，以帮助宝宝建立安全感。经常和宝宝说话、读绘本，用大量的语言输入建立宝宝的语言基础。可以带宝宝去公共场合，但是不需要强迫宝宝和人互动，让宝宝理解“自己的家以外还有个很大的世界”

就够了。

## 1～2岁：对其他孩子感兴趣

1岁后，宝宝逐渐开始认识到自己是独立的，和其他人有所不同。这个阶段宝宝的观察力会逐渐增强，会对“其他孩子在做什么”萌发兴趣，也会观察大人之间的互动，建立起对“社交”的初步理解。但是这个阶段的孩子还不会和其他孩子有很多交流，处于独自玩耍为主的阶段。

### 1～2岁社交能力里程碑：

- **12～18个月：** 对不熟悉的大人仍然会警惕或害怕，对其他孩子的行为表现出兴趣；
- **18～20个月：** 仍然是独自玩耍为主，有时会寻求大人的帮助，或者要求大人一起玩；
- **20～24个月：** 开始去拿其他孩子的玩具；物权意识萌芽，自己的玩具被拿走后会不高兴。

### 爸爸妈妈这样做：

继续呵护宝宝的安全感，不需要强迫宝宝和陌生人互动。父母可以在生活中潜移默化地教宝宝认识人与人之间是如何交流、互动的。比如，带宝宝在小区散步时，和邻居聊聊天，这时候你会发现宝宝很认真地在观察你们。还可以开始创造机会让宝宝接触同龄人，让宝宝适应新的面孔，认识到“人是社群动物”这个事实。

## 2～3岁：社交萌芽，偶尔互动

从2岁左右，宝宝对其他孩子的兴趣更强了，开始从独自玩耍过渡到平行玩耍，即和其他孩子在同一个空间里各玩各的，偶尔会有一些交集。

苏宝一岁半时，我们去海边的时候，遇到几个三四岁的小朋友在玩沙，她会跑过去看他们玩，偶尔会冒出一句“Hi”，然后就拿起铲子蹲在她的“朋友”身边挖起沙来。整个过程中他们并没有太多互动，更多的是平行玩耍和模仿学习。3岁以后，才开始有真正的联合玩耍（比如，和其他孩子传递一个球）和互动玩耍（分享、合作）。

### 2～3岁社交里程碑：

- 开始懂得轮流玩和分享的意思；
- 善于观察其他孩子的行为，并进行模仿；
- 能表现出同理心，比如其他孩子哭泣时，自己的情绪会受影响。

### 爸爸妈妈这样做：

虽然平行玩耍是这个年龄阶段社交发展的特点，大人可以鼓励孩子多观察其他孩子之间的互动，创造机会让宝宝参与。如果宝宝不愿意，也不要强求，可以同人群保持一定的距离，向宝宝描述其他孩子在做什么，甚至描述他们的情绪（比如，Amy很难过，因为她的积木被Lisa拿走了）。

等宝宝达到舒适的心理状态后，再鼓励宝宝上前互动。在参与互动的过程中，大人适当介入，给宝宝示范如何分享、如何轮流玩一个玩具，如何温柔地对待其他孩子（比如，轻轻地触摸，而不是抓住对方头发）。

很多时候，我们都会不自觉地用大人的视角和标准来看待宝宝的发展，比如宝宝怕生，就给宝宝贴上“不合群”“内向”的标签。作为新手妈妈，我也犯过这样的错误，直到和苏宝在纽约的儿医沟通后，才对宝宝的社交能力发展有了比较全面的认识。我们更应该关心的，不是如何让宝宝变得更符合我们的要求（比如更合群、更大方、爱社交），而是尊重他们每个阶段的发展规律，并适时进行引导。

认识这些里程碑，是为了更好地理解宝宝的行为，并不意味着家长就不需要引导宝宝的社交能力发展。其实，不同的孩子在3～4岁时表现出的社交能力有很大区别，原因是在此之前父母是否有意识、有方法地进行了引导。

10

# 妈妈，我的床底下有怪兽

苏宝有一次睡觉的时候，我和她道完晚安，正要关灯，她忽然拉住我的手说：“妈妈，不要关灯，我不要怪兽。”我有点儿吃惊，不知道她从哪儿知道“怪兽”这个概念的。搜肠刮肚地想了一遍，才想起她前几天看过的绘本里有只喷火的龙，她可能有些害怕。

## 告诉宝宝世界上没有怪兽，有用吗

当时我的第一反应是告诉苏宝，世界上没有怪兽。转念一想，我自己小时候也有一段时间怕鬼，大人每次都会告诉我，世界上没有鬼，但一点儿安慰作用都没有。

很多孩子在2岁左右会出现想象力的萌芽，他们会把看到的和理解的事物在大脑里经过加工，并进行想象。比如，他们在绘本中认识了怪物，可能会进一步想象怪物藏在自己的房间里。学龄前的小朋友很可能还分不清想象和事实的关系，在他们的世界里，怪兽就是个事实，越是回避，它越会不停地干扰我们。

当孩子害怕怪兽向大人求助时，其实是在寻找一种同盟，他们潜意识里希望你能理解他的恐惧，这甚至比帮助他消除这种恐惧更重要。如果大人这时告诉他世界上没有怪兽，其实是否定了他的情绪。这就好比当他们说“妈妈我肚子疼”的时候，你回答说“你肚子不疼”（然而并没有任何作用）。

## 与其否定怪兽存在，不如先认同孩子的恐惧

对于类似苏宝的这种情况，我身边的妈妈普遍会用到一个方法：和宝宝一起检查房间的每个角落，确认怪兽不在这里，再一起检查门窗是不是关好了，然后告诉宝宝，这是我们的家，爸爸妈妈不会允许怪兽进来的。

这个方法只对部分孩子有用，一些孩子可能还是不放心，怕爸爸妈妈一不小心就把怪兽放进来了。但至少，这样认真地对待孩子的恐惧，相当于把自己变成了宝宝的“盟友”，向他传递了这样两个信息：

- 你的恐惧是被承认和接纳的；
- 爸爸妈妈是你的“盟友”，我们可以一起来面对恐惧。

在认同孩子恐惧的前提下，以下的小方法，我亲测有效，希望起到抛砖引玉的作用。

苏宝对我说她害怕怪兽的时候，我在她床边坐下，问她怪兽是什么颜色的。她说是绿色的。我又问：怪兽喜欢吃什么？她想了一会儿说，喜欢吃蓝莓。我说：“哦，原来它和你一样啊（蓝莓正好是苏宝很喜欢的水果）！”苏宝咯咯地笑了，我压低声音对她说：“你知道吗？怪兽还喜欢吃三文鱼、爆米花和巧克力（这些都是苏宝喜欢吃的）。”

苏宝半信半疑地看着我，我又借题发挥说：“不过，他现在没有吃东西。他的妈妈给他讲了绘本，喝了牛奶，换了尿不湿，现在他抱着他的小兔子睡觉了（这是苏宝的睡前程序，小兔子是苏宝的安抚玩具）。”苏宝恍然大悟地说：“原来他是个宝宝。”

接下来，她躺下翻了几个身，放心地睡了。

对于稍大一些的孩子，可以引导孩子把怪兽描述出来，甚至画出来，越详细越好，可以给恐惧一个出口。在和孩子一起描述怪物的过程中，试着赋予想象中的“怪兽”以人格，把怪兽变成我们的同类。苏宝意识到怪兽也需要听绘本，也需要喝牛奶，原来是很柔软、需要爱的一只怪兽，就对怪兽不那么害怕了。

## 把未知的恶，变成已知的善

小朋友对怪兽的恐惧，通常和黑暗联系在一起，因为黑暗里充满了未知，会让他们的想象无限扩张。既然让人害怕的是未知，如果能把未知的恶变成已知的善，就能让孩子对怪兽产生“好感”，帮助孩子认识和应对恐惧情绪。

我努力回想自己是什么时候开始不怕鬼的，应该是看过动画片《鬼马小精灵》后，我发现原来鬼的能力是有限的，它们也会烦恼、害羞，就和普通人一样。

美国的孩子很熟悉《芝麻街》（*Sesame Street*），里面的主角都是“怪物”，但它们的性格各有不同，有好奇的Elmo，喜欢唱唱跳跳的Zoe，还有爱吃饼干的Cookie Monster，这些毛茸茸的友善怪物，能让小朋友增加不少对怪物的好感。

皮克斯动画多年前还出了一部经典电影叫《怪物电力公司》（*Monsters Inc*），讲的是一群“好怪物”努力保护主角小女孩的故事，特别温情动人，推荐给大家。

除了动画片，大家还可以给宝宝看一些可爱怪兽、友好怪兽的绘本，释放宝宝对怪兽的负面想象，把未知的“坏怪物”，用友好怪物的形象来代替。

### 有关怪兽的绘本推荐

- 《走开，绿色大怪物！》（*Go Away, Big Green Monster!*）

  作者：Ed Emberley

  适合年龄：1岁以上

  这是一本以怪物为主角的洞洞书，画风幽默，充满创意。第一次知道这本书是带苏宝去图书馆听绘本时，随着老师翻动书页，并描述怪物的五官形象，怪物一点点出现，随着孩子们对怪物说“走开”，怪物又一页一页地消失了，原来怪物是否存在的命运，掌握在小读者的手里。

- **《怕黑的猫头鹰》**（*The Owl Who Was Afraid of the Dark*）

作者：Jill Tomlinson

适合年龄：2岁以上

书中的主角小猫头鹰很怕黑，不敢和爸爸妈妈一起出去打猎，妈妈带它经历了孩子们最爱在晚上做的事情：看焰火、露营、庆祝圣诞夜、用望远镜看星星。小猫头鹰发现，原来黑夜是那么迷人，从此不再害怕夜晚了。

- **《快睡觉吧，怪物！》**（*Go to Sleep, Monster!*）

作者：Kevin Cornell

适合年龄：3岁以上

书中的主角小男孩睡不着，因为他害怕床底下的怪物。后来他发现，原来床底下的怪物也害怕得睡不着，它说自己床底下也有怪物，大家一起一层层往下找，最后找到了最底下那层的怪物，它正在孤独和难过呢，最后还是小朋友把它哄睡了。

- **《我需要我的怪物》**（*I Need My Monster*）

作者：Amanda Noll

适合年龄：4岁以上

书中的主人公是一个小女孩，她拥有一只叫Gabe的怪物。有一天，Gabe竟不辞而别去钓鱼了，她特别想念自己的怪物，想得睡不着觉。这时，她发现一些其他的怪物来“应聘”代替Gabe，不过它们都太可爱了，不够“吓人”，无法达到小女孩的要求，她拒绝了这些怪物的申请。最后她的Gabe终于回来了，她安心地睡着了。

看完这本书的小朋友，相信都会和书中的小女孩一样，意识到怪物原来不可怕，完全颠覆了传统中我们对怪物的理解。建议4岁以上的小朋友阅读这本绘本，因为书中的对话比较复杂，需要一些抽象思维能力才能理解。

我们自己也曾经是孩子，也经历过怕怪物的阶段。教宝宝应对恐惧，是一门技术活儿。认可和接纳宝宝的情绪，不乱贴“胆小”的标签，让孩子感受到自己的力量，才能帮助他们拥有更强大的内心。愿每个宝宝在未来人生的“升级打怪”中，都能做个勇敢、自信的人。

CHAPTER 04

# 习惯培养

不要小看两三岁孩子的身体和头脑，他们的学习能力其实很强，只要给他们机会，他们掌握新技能的速度超乎成年人的想象。很多时候，大人希望给孩子提供“帮助”，其实是一种打扰，久而久之孩子就会依赖大人帮他做，而不是自己做。

01

# 收拾玩具这件小事，是宝宝自我管理的第一课

有妈妈问过我，带苏宝去图书馆听绘本故事时，具体的过程是怎样的？其实，这个30～45分钟的亲子活动并不是一本接一本地听绘本，毕竟小宝宝们的耐心很有限，老师会在唱儿歌、讲故事、互动游戏中不断切换频道，一场典型的故事会有以下这些环节：

- story reading（读绘本）；
- rhymes（唱儿歌）；
- toy time（玩玩具、自由互动）；
- story reading（读绘本）；
- clean up（收拾玩具）；
- goodbye song（唱“再见”歌）。

我们社区方圆10分钟车程内，有好几家图书馆，每个图书馆的绘本故事会，都有clean up（收拾玩具）这个环节。1岁以下的宝宝，会在爸爸妈妈的引导下把玩具放进大收纳箱；已经会走路的宝宝，多参与几次绘本故事会后，一听到老师唱*clean up*这首歌，就知道把玩过的玩具从地上捡起来，跑去老师身边，把玩具放进指定的大箱子里，干得不亦乐乎。

虽然并不是每一个美国家庭都重视收纳和整理，但我拜访过的大部分美国家庭，给人第一印象都是整洁有序的。我有个关系很好的美国邻居，是3个孩子的妈妈，小女儿和苏宝同岁。我去她家玩的时候，她5岁的大女儿有时会在楼下画画、做手工或者看书，离开前，都会在妈妈的提醒下，自主把绘本、蜡笔等分类收纳好。

在美国的管理咨询行业工作这些年，我面试过很多人，也为很多同事做过年终评价。在美国的职场上，如果上司说你是个非常“organized”（这个词可以翻译成“统筹力”）的人，那真的是很高的评价，因为这是一项很多人知道但很少人能把握好的能力。比如，小A办公桌上的文件总是分门别类很整齐，他清楚自己一周的安排是什么，知道优先去完成重要的任务，工作报告的思路和逻辑很清晰，就可以说他是个有统筹力的人；相反，小Z丢三落四，家中的袜子、毛衣、短裤全部乱塞在一个抽屉里，经常忘了回重要的工作邮件，开会总迟到，这就是缺乏统筹力的表现。

统筹力在职场上的好处这么多，它自然是美国学校很重视的一种能力。统筹力除了意味着孩子能合理收纳自己的物品，还包括上学后能管理好自己的各科家庭作业，为体育运动和兴趣爱好合理分配时间等。早教专家研究表明，有统筹力的孩子，学习成绩往往更优秀，将来事业上也更容易获得成功。

那么，统筹力从哪里来？宝宝收拾玩具这件小事，就是很好的统筹力启蒙。因为在收拾的过程中，宝宝学会了物品的分门别类，认识到有序的美，也学会了负责和自律。在日常生活中，有很多细节可以帮助宝宝养成整理收纳的习惯，试试下面这些建议吧。

## 家庭价值观要统一

在决心教宝宝收拾之前，家长要先审视自己是否能坚持收纳整理。如果你一边要求宝宝收拾玩具，另一边自己的臭袜子还扔在沙发上，是很难有说服力的。父母的以身作则，是最好的教养。

从苏宝三四个月大开始，我收纳衣物、整理储物柜里的食物时，都会有意识地让她看见。对于月龄较小、还没有能力收拾玩具的宝宝，父母每次和宝宝玩完玩具、看完绘本后，可以一边帮助宝宝收拾，一边告诉宝宝自己在做什么，潜移默化地给宝宝灌输“用完东西要收好”的概念。

## 一次不要让宝宝收拾太久

越小的宝宝注意力保持时间越短，很难持久地做一件事，如果要让宝宝花一个小时收拾玩具，不仅不现实，还容易挫伤宝宝的兴趣，让他泄气。

因此，在培养宝宝收拾物品的能力时，最好是大人做“主力”，给宝宝一些简单易操作的任务。比如，我会负责把绘本放回书柜上（稍难），让苏宝把玩具放回收纳盒里，保证她实际参与收纳的时间不超过10分钟。

## 一次只玩一个玩具

同时提供太多玩具给宝宝，会影响宝宝的认知和注意力发展。和宝宝玩的时候，家长可以尝试一边玩一边收拾，以免最后宝宝淹没在玩具的海洋里。我和苏宝一起读绘本的时候，读完后发现她的注意力转移到另外的绘本上，就会坚持把读过这本书放回书架上，再看下一本，这是一种整理能力的启蒙，也是对书的尊重。

我们去图书馆的时候，儿童区有个玩具柜，供孩子们自由取玩具用。我经常看到有小朋友三心二意，玩10秒钟拼图后，又想去拿积木。其中一个妈妈的做法，是我认为最棒的引导方法，她对孩子说：“宝贝，咱们一次只能玩一个玩具，如果你想要玩其他的，请先把这个收好，再去拿下一个。”

## 在游戏中学会收纳

宝宝1岁后，家长可以试着引入一些好玩的游戏或儿歌，鼓励宝宝参与收纳。我们在图书馆的时候，一到clean up time（收拾玩具时间），老师就把收纳箱拿出来，放在教室中间，带孩子们唱一首儿歌，鼓励孩子们收拾玩具。这首歌很有魔性，小朋友们一听到就知道该收拾玩具了，都积极地动起来，往箱子里放玩具。

宝宝大些后，你们还可以各自划定一块“地盘”，看谁收拾得更快，说不定宝宝会抢着和你比赛。当然，如果宝宝主动参与了收纳，要记得肯定和鼓励宝宝的行为，给宝宝以动力。

## 贴标签，学分类

苏宝的玩具我目前是按功能来分类的，比如乐器类、积木类、毛绒玩具各放一个盒子，拼图用架子整理起来。

苏宝一岁半时，还不完全懂得分类的意义，但已经对哪种东西放在哪个盒子里有记忆了。比如，她能准确地找到切水果的玩具是放在书架下面第二个布盒子里的。

孩子3岁后，可以引入更高级别的收纳技巧：除了游戏过后收拾好玩具，还可以鼓励宝宝参与玩具和绘本的分门别类、贴标签。孩子学分类其实并不需要识字，把这类物品用图形标签贴出来就可以了。等孩子再大一些（上小学后），再用文字标签来分类。对绘本的分类也是同样的道理，可以按主题分类，也可以按书名开头的字母来分。

我参观过的很多美国小学的图书馆，喜欢按绘本的难度来分类，字母越大，代表绘本的难度越高，便于孩子们自主阅读和培养分类意识。这也是一种可以参考的分类标准。

每个孩子对收纳这件事的接受程度和速度不同，家长要根据孩子的具体情况来具体对待。比如，2岁左右的宝宝处于叛逆期，很可能回答说“我偏不要收拾”。如果孩子真的很抗拒收纳，也不要强迫孩子，家长可以先分析下原因，在日常生活中多以身作则，潜移默化地影响也是很好的教育方式。

02

# 适时给娃的玩具来场“断舍离”

我有个好友——美国妈妈Amy，因为两家宝宝同岁，我们又同在管理咨询行业工作过，所以有很多共同语言，常常带娃一起Play Date。有一次去她家，走进宝宝的活动室后，我大吃一惊，这个曾经充斥着各种玩具的近20平方米的空间，忽然变得整洁了很多，只有少部分玩具和一些绘本。我问她：“宝宝的玩具去哪儿了？”她很自豪地告诉我，她对娃的玩具来了一场“断舍离”。这件事给了我很大的启发。

很多家长对如何给宝宝选择玩具比较迷茫，希望我推荐一些值得买的玩具。其实我自己在这个问题上也走过一些弯路。经过这几年的实践和研究，积累了一些经验。这篇文章就结合早教理论和自己的心得，在玩具的选择方面给大家提供一个新的视角作为参考。

## 玩具的定义是什么

很多人对什么是玩具有误解，认为玩具店里买来的才算玩具，字典上对玩具的定义是“给孩子玩耍的物品”，这个概念很广，如果能给孩子启发，锅碗瓢盆、纸箱子都可以算玩具。

## 为什么玩具不是越多越好

在这个处处充满商机的社会，玩具厂家会用各种吸引人的广告来刺激家长和孩子的购买欲。小宝宝的注意力很脆弱，如果玩具太多，很容易让他们眼花缭乱。

美国的儿童发展学专家指出，玩具过多容易阻碍孩子的认知发展。如果5岁以下的孩子玩具过多，他们就无法把足够的注意力分给某一个玩具，并从中得到启发。玩具过多，他们会不自觉地对所有玩具浅尝辄止。

苏宝10个月时，我曾做过一个实验，先是在她的周围放8～10件玩具让她自由玩，她在每件玩具上持续的注意力不到1分钟，东摸摸西看看，不停地转换目标。然后，我把玩具收起来，只拿出两个玩具放在她身边，她的选择余地变小后，反而开始用心研究起玩具来，进入了相对深入探索的状态。

德国一家早教机构做过一个尝试，把孩子们的玩具都拿走，只剩下桌椅和几块毯子。神奇的事情发生了，孩子们并没有因为失去玩具而焦虑，反而开始利用身边的东西自主玩起了游戏（比如，用毯子和桌子搭帐篷），甚至开始了角色扮演游戏。在这个实验期间，孩子们的注意力、动手能力、团队合作精神和创造性都有所提高。

精简玩具的好处还有：

- 只给孩子最值得玩的玩具；
- 教会孩子爱护和珍惜玩具；
- 在自主探索中培养孩子的创造力；
- 给孩子一个更整洁的生活环境；
- 给了孩子更多机会社交。

## 主动玩具和被动玩具

在给苏宝选玩具时，因为不了解好玩具的特点，我们一开始也走了一些弯路。我很喜欢“买买买”，囤过不少外观花哨但功能非常单一的玩具。后来发现，那些“买错”的玩具，很多是用来吸引大人眼球的，宝宝不一定喜欢。

在过去100年中，受全世界孩子喜欢的经典玩具总是那么几样：球、积木、串珠、拼图、磁铁、橡皮泥等。如果玩具过多、过杂，反而会制约孩子的认知发展。在总结了经验后，每次给苏宝选购新玩具时，我都会先问自己这个问题：是宝宝玩玩具（主动），还是玩具玩宝宝（被动）？比如，那种按下按钮就会响起音乐的塑料盒子，一开始会吸引孩子的注意力，但当孩子发现这个玩具唯一的功能就是按下按钮发出声音后，很快就厌烦了。这种玩具就是被动玩具。如果一个玩具能够因为宝宝的主动探索而产生不同的玩法和结果，就属于主动玩具，像上面提到的经典玩具都属于主动玩具。

## 怎样管理宝宝的玩具库

首先，要控制数量，选择少而精的适龄玩具。在买玩具的时候可以参考这3个原则：第一，设计简单；第二，玩法多样；第三，随着宝宝年龄增长，玩法会变化。

其次，要合理收纳。苏宝出生没多久，我和苏爸就感慨：这么小一个人儿，怎么有这么多东西啊，护肤品、尿布、衣服、绘本、玩具，无处不在。有宝宝的家庭，收纳是门大学问。我对苏宝的物品分了几个大类，绘本集体用书柜收纳，每周换一批；对于玩具，只在她的活动室摆放3～5件常用的玩具，其余的收起来，长大一些后那些已经不适合她年龄的婴儿玩具，我们直接打包后放进了地下室储藏。

现在苏宝的活动室非常清爽，她对各个玩具的利用率也很高。我们每天都会有toy-free hours（完全没有玩具的互动时间），用来培养她对阅读、社交和户外活动的兴趣。

最后想说，我并不排斥玩具，只是不希望孩子对玩具产生依赖，或者让过多的玩具阻碍孩子的成长。找到质与量之间的平衡，是一门学问，父母把握好这种平衡，就能给孩子带来更高质量的早教启蒙。

03

# 在蒙台梭利幼儿园，为什么看不到装电池的玩具

为给苏宝选择幼儿园，我陆续参观了十几家纽约的幼儿园，还带她上了3个不同幼儿园的亲子体验学期课，经过比较，我还是比较认同蒙氏幼儿园的理念，比如，培养孩子极强的秩序感，对幼儿独立性的尊重，“少即是多”的极简理念等。

蒙台梭利幼儿园的玩具也很独特。每次陪苏宝去蒙氏幼儿园上体验课时，小朋友都会有自由时间来独立操作教具，我也能借这个机会和蒙氏幼儿园的老师沟通和取经。几个月下来，我对蒙氏玩具的理念有了比较全面的了解。

## 少即是多

第一次走进蒙氏幼儿园的教室，我发现这里没有玩具收纳箱，只有两排木制置物架，上面放着为数不多的几样玩具。老师通常会每个星期换一些新的玩具“上架”，但总数控制得非常好。蒙氏幼儿园的玩具是非常精简的，因为过多的选择会让小朋友的注意力难以集中。

以前我总是把苏宝的玩具收纳箱放在她的房间，但很快我发现，满满一箱玩具显得很混乱，而且很多玩具都被压在箱底，很难找到需要的东西，后来收纳箱就被我们搬到地下室了，每周只拿几个玩具出来，让苏宝在有限的选择中学会欣赏每种选择。

## 天然材质

蒙氏理念很强调让孩子接触天然材质的教具。蒙台梭利的教具大部分是木制的，很少有塑料玩具，即使有，也绝不是廉价的一次性塑料玩具。记得第一次到蒙氏幼儿园参观的时候，园长就告诉我，木制教具通常是精心打磨的，更像一件真正的工具。

蒙氏幼儿园里很少看到乱扔物品的孩子。孩子们在使用木制教具的过程中，能感受到它的质感和分量，以及老师对自己的信任，因此他们很少摔坏玩具。在这个过程中，他们也能学会尊重物品、尊重自己。

## 真实的玩具

孩子的世界应该从一开始就是真实的，而不是大人幻想出来的Baby World（婴儿世界）。因此，蒙氏幼儿园里并不存在玩具（toys）的概念，小朋友使用的物品都被称为教具（Montessori Materials）。教室里为数不多的玩偶，通常都和生活中真实的原型很接近。没有眼睛巨大的洋娃娃、身体比例严重失真的芭比娃娃，或者彩色的玩具狗这类“卡通”玩具。我们参加体验课的教室里，有个洗漱台，旁边放了一个真实造型的婴儿玩偶，幼儿园的孩子们可以用水给这个婴儿洗澡，让孩子们学习“照顾他人”。

蒙氏理念也很强调让孩子接触真实世界的素材，很多教具甚至可以DIY。在苏宝的教室里，小朋友练习分类的教具，用的是各种颜色的豆子。

## 慢玩具

带苏宝在蒙氏幼儿园上体验课期间，我发现教室里没有需要装电池的玩具。苏宝的蒙氏老师一向比较反对“声光电”玩具，而更推崇低能量的“慢玩具”，比如学习几何图形的小钉板、培养耐心的串珠、练习精细运动的“硬币盒”等。

在这个连成年人都难以集中精力的快节奏世界里，沉静和专注是一种非常可贵的品质。很多电子玩具有各种按钮，孩子在随机触碰按钮的过程中，会不断切换音乐，连一首完整的歌都无法听完。这看似是在给孩子注入大量的信息，实际上会让他们目不暇接，甚至造成混乱。而那种需要孩子花时间去慢慢探索的玩具，对孩子的性格养成会更有帮助。

## 主动玩具和独立玩具

前文介绍过主动玩具的概念，最基础的例子就是积木，一套简单的几何造型积木，可以由孩子自主搭建很多不同的造型。

而独立玩具的特点是鼓励孩子进行自我探索。苏宝的蒙氏老师经常说，一个好的独立玩具是可以自我纠正（Self-Correcting）的。比如，蒙氏教具中的插座圆柱体、形状手抓板等，孩子在独立使用这些玩具时，能意识到怎样是可行的、怎样是不行的，并进行自动纠正。

当然，这并不是说所有带电池的玩具都没有价值，有一些设计很棒的益智玩具也会用到电池。这篇文章想要传达的是，在面对声光电玩具的海洋时，可以为大家提供一个给宝宝选玩具的思路。

蒙氏理念刷新了我对苏宝玩具选择的三观，也让我意识到培养“天然、极简、有用”的审美，其实是可以从幼儿开始的。有这种审美的孩子，不需要等到成年后再学习“断舍离”，因为他们选择的物品往往已经是有序、有节制、有价值的。接触这种价值观念，对作为成年人的我也是一种成长。

04

# 培养有条理的宝宝，请抓住孩子的秩序敏感期

在和苏宝的蒙氏老师聊天时，我提起苏宝好像有点儿强迫症，比如早上起床的时候，必须先给她喝水，再穿衣服鞋子，如果没喝水就先穿衣服，分分钟和我大吵大闹；在家玩积木时，苏宝喜欢把它们整齐地排列在一起，如果被不小心移动了，一秒钟就会发飙。

我问老师：为什么2岁的宝宝变得像是得了“强迫症”？老师笑着说，其实这是典型的秩序敏感期来了。

## 什么是秩序敏感期

蒙台梭利根据宝宝成长过程中的特点，细分了几个不同的敏感期，比如感官敏感期（0～5岁）、数字敏感期（4～5岁半）、语言敏感期（0～6岁）、社会规范敏感期（2～6岁），等等。蒙氏理念中经常强调敏感期，因为它们能帮大人更好地认识和理解孩子的行为。

其中，秩序敏感期从出生就开始了，在18个月～3岁的宝宝身上表现得最明显。秩序敏感期是宝宝建立秩序感的关键时期，如果他身边熟悉事物的秩序被打乱，他就会焦躁不安。一些非常细微的变化，比如宝宝刷牙和穿衣的顺序变了，这种“鸡毛蒜皮”的小事，大人很容易忽略，但在宝宝眼里却非常重要。所以宝宝并不是莫名其妙地发脾气，很多时候所谓“可怕的2岁”，其实是宝宝眼里的秩序被打乱后出现的过激反应。

秩序敏感期的宝宝非常渴望“一致性”，因为一致性意味着安全感。家长可以利用这个阶段，创造稳定的环境和生活规律，来培养宝宝的条理性。

## 如何利用秩序敏感期培养有条理的宝宝

### ◆ 保持外在秩序的整洁

第一次参观蒙台梭利幼儿园的时候，教室里井井有条的秩序感让我印象很深刻。每一次孩子们玩好一个玩具，老师一定会鼓励他们把玩具收好。每天放学后，老师还会花一些时间检查教室，确认所有物品都摆放回原位。

一开始，我以为这只是为了给孩子创建一个整洁的环境，后来和老师聊过之后才知道，这样做是为了满足孩子内心对秩序感的强烈需要，也可以进一步培养孩子的条理性。

收拾玩具这件事特别能培养宝宝的条理性，1岁的宝宝就可以参与，具体做法大家可以参考本书前面的一篇文章：《收拾玩具这件小事，是宝宝自我管理的第一课》。

除此之外，保持宝宝生活环境的稳定性也很重要。比如，在家里为宝宝设置好固定的吃饭、睡觉、玩耍、阅读的空间，对于宝宝房间里的家具摆放位置，尽量不要频繁变动。

### ◆ 保持内在秩序的稳定

宝宝的内在秩序包括他的生活规律和社会关系两方面。

从苏宝出生开始，儿医就不厌其烦地强调宝宝作息规律的重要性，不仅是为了让宝宝更健康，更是为了从小培养孩子的安全感和条理性。

1岁前，我对苏宝一直采用的是E.A.S.Y（吃–玩–睡–妈妈自己的时间）这个儿医推荐的作息规律，这样她每天都会在差不多的时间做固定的事情。生活是有条理、可以预期的，能很好地减少宝宝的焦虑感。

1岁后，我把苏宝白天活动的时间分成了几块，有固定的先后顺序。比如，上午去图书馆、参加早教班，中午午休，下午户外运动。出门前，苏宝喜欢先背上小书包、再穿鞋子；出门后，在路上吃小零食；晚上睡前则是先洗澡，再刷牙和讲绘本。我们每天都尽量保持这个顺序。

带她外出旅行时，白天的活动会和家里不同，但我们会尽量保持同样的作息顺序。可能是因为内在秩序有一定的稳定性，苏宝出行时通常对新环境适应得比较快。

宝宝的社会关系也是内在秩序的一部分，这个主要指他身边的人（照料者）。好友曾经向我诉苦，说家里每次换阿姨，宝宝都会出现哭闹、频繁夜醒等情况。在我家，每天早上是苏爸叫苏宝起床，然后陪她读半小时绘本。有一次，苏爸出差，我去叫苏宝起床，她醒来先是一愣，然后大哭着要爸爸，坚决不要妈妈。这些都是因为宝宝的内在秩序被打乱而产生了焦虑感。

如果条件允许，家里照顾宝宝的人要尽量固定下来。如果有老人带孩子，可以把老人参与的时段也固定下来，比如，在固定时段由老人带孩子去小区玩，晚上睡前则由爸爸妈妈读绘本等。

当然，保持内外秩序的稳定，是一个相对的概念。宝宝在逐渐成长，当他经历了这个阶段，内在的秩序建立和稳定后，就不会再这么有“强迫症”了。如果遇到搬家、送宝宝入园、生二胎等情况时，宝宝精确的内外秩序多少会遇到一些扰乱，这是无可避免的，但大原则是：有条件时，尽量保持有条不紊；不得不打乱秩序时，提前陪宝宝做好心理准备，教宝宝逐渐适应生活中的变化。

05

# 为什么蒙台梭利幼儿园的孩子更加独立

虽然传统的美国幼儿园也很强调培养孩子的独立性，但我真心觉得蒙氏幼儿园把这件事做到了极致。从第一次参加学校的Open House体验蒙氏课堂开始，我就体会到这里的孩子的气质很不一样。

蒙氏教室给人的印象是“真正属于孩子的空间”。教室里的所有教具都符合小朋友的身高，没有孩子自己取不到的玩具，连艺术品都是放在离地板只有不到一米的地方，正好能和孩子们的视线平行。

我参观的3～6岁混龄班，教室里的孩子比较分散，有的在翻图画书，有的在做手工，还有两个孩子在给一小盆植物浇水（后来才知道，照顾这盆植物，那一周属于这两个孩子的任务）。教室里的两个老师更多的是观察和协助的角色，对孩子们的工作介入得不多。

有两个3岁左右的孩子在独立用透明量杯学习倒水。其中一个孩子倒水时手还不太稳，洒了一些出来，老师并没有把量杯拿走或者告诉他该怎么做，而是鼓励他自己继续尝试。等两个孩子练习得差不多了，老师才说：“刚才你们倒得很棒，比昨天进步了哦。现在地上有点儿湿，我们一起来打扫吧。”两个孩子轻车熟路地拿来了抹布，和老师一起把地擦干了，然后收拾好刚才倒水的工具，才去玩其他的玩具。

在蒙氏幼儿园这段时间，苏宝的老师几乎每节课都会见缝插针地给我科普蒙氏教育的理念，其中最核心的一句话叫作：帮助我自己做（Help me to do it by myself）。注意，并不是“教我怎么做”，而是“帮我自己做”。我想，这也是蒙氏幼儿园的孩子更独立的核心原因。

一个学会独立的孩子，才能长大成为心智成熟的大人。因为独立意味着不需要依靠其他人，意味着力量和自信。这种“我自己可以做”的心态，带来的正能量是非常珍贵的。

蒙台梭利的教育理念并不是要教给孩子多少知识（尽管基本的识数、认字也很重要），更重要的是培养孩子的独立自主，让他们从小就有强烈的自信心和动手能力。

苏宝的第一节体验课上，老师就鼓励她给一个玩具娃娃“洗澡”。我们没有带换洗衣服去学校，让一个2岁的孩子给娃娃洗澡，我还是有点儿紧张的，教室外面的温度是−10℃，我怕弄湿了衣服没法换。老师看穿了我的担忧，她拿来一个防水的围裙给苏宝戴上，帮她把袖子卷起来，笑着说，相信她吧。苏宝用海绵蘸水给娃娃洗了澡，最后衣服并没有弄湿。

和苏宝在蒙台梭利幼儿园上亲子体验课的这段时间，我学会了放手，在保证她安全的前提下，不拦着她去尝试，不干涉她的“工作”。苏宝的年龄正好是自我意识的爆发期，对独立自主有很强的渴望，蒙氏教育的理念，确实很适合她这个阶段。其实，从某种意义上说，蒙氏教育适合孩子成长的每个阶段。

苏宝曾在蒙氏幼儿园用水给娃娃“洗澡”、在小厨房做菜、自己找绘本阅读、研究数学区的木制玩具。让人惊讶的是，一个2岁孩子能独立完成的事情，比我想象中多得多。比如，她可以自己卷起袖子，用肥皂洗手并擦干；自己整理和收拾玩具，大人需要做的，仅仅是确保水槽边有一个防滑的小凳子，她能自己站上去；房间里有玩具收纳的容器，她自己能打开。

不要小看两三岁孩子的身体和头脑，他们的学习能力其实很强，只要给他们机会，他们掌握新技能的速度超乎成年人的想象。很多时候，大人希望给孩子提供“帮助”，其实是一种打扰，久而久之孩子就会依赖大人帮他做，而不是自己做。

06

# 当我们说“别弄坏了”，给孩子传递的是怎样的信息

第一次带苏宝去参观蒙台梭利幼儿园时，我发现蒙氏教室里塑料玩具很少，大部分教具是木制的、小而美的东西。苏宝爱玩的“硬币筒”（锻炼精细运动能力的教具）也是木制的，颜色还是学校的老师手工漆上去的。

苏宝的老师和我解释说，蒙台梭利幼儿园的老师和孩子把学校的教具称为“works”，而不是“toys”。孩子把一件质量良好、打磨光洁的物品拿在手里，能感受到它的分量和价值。蒙氏教具大多是经久耐用的木制物品，而不是一次性廉价塑料玩具，这是大人交给孩子的一份责任。

## 为什么蒙台梭利幼儿园不说“别乱碰”

很多大人经常说“孩子总是不小心”，或者禁止孩子接触一切可能弄坏的物品。我和苏宝在蒙台梭利幼儿园上体验课期间，我从没听见老师说过“当心”“别乱碰”这样的话，教室里所有教具都是孩子触手可及的，而且每个孩子都对使用工具有种天然的自信。

“当心”“别弄坏了”这样的话，既没有尊重孩子的独立，也没有教会孩子怎么使用和爱护物品，它唯一的作用是，给孩子传递一种负能量：“你不行。”“你很可能会弄坏物品。”……如果一个孩子总是故意损坏物品，可能是他从小没有得到足够的机会去学习如何使用、爱护和尊重物品。

蒙台梭利理念认为，谨慎是多数孩子的天性，孩子损坏物品的频率，比大人想象中小得多。大人在孩子面前小心地拿起、放下一件有价值的东西，有意识地示范给孩子看，孩子就会不知不觉地模仿这种行为，逐渐学会如何使用物品，不需要大人不停地干扰和提醒。做比说更重要。

## 蒙台梭利幼儿园如何培养孩子使用工具

其实，蒙台梭利幼儿园的孩子都是普通的孩子，他们也会把水倒洒在地板上，他们玩过的玩具也可能很凌乱。对此，老师做了两件事。

### ◆ 充分的保护和防范

苏宝在幼儿园最喜欢的游戏是“玩水”，比如，用海绵蘸水给玩具娃娃洗澡。老师每次看到有孩子参与这个游戏，都会及时给他们戴上防水的围裙。孩子们在学习用量杯倒水的时候，老师会在桌子上放一个大托盘，接住洒出来的水。此外，教室里的家具和陈设也全都是安全的，不会出现尖锐、危险的物品。

### ◆ 把犯错变成解决问题的机会

假如孩子把水弄洒了，老师会说“我们一起来把地板擦干吧”；如果玩具凌乱地扔在地上，老师会鼓励孩子们一起来把它们分类放好；吃点心的时候，苏宝成了小花猫，老师会耐心地教她自己洗手，并且自己用纸巾擦手和擦嘴。这些“错误”，总是能被老师变成解决问题和学习新技能的机会，这也是蒙氏教育中最巧妙的地方之一。

一天，上完亲子体验课我们离开时，正好是午餐时间。我看到混龄班3～6岁小朋友使用的餐具竟然不是常见的塑料餐具，而是陶瓷的盘子、金属刀叉和玻璃水杯。我当时的第一反应是，不怕摔坏吗？苏宝的老师看出了我的惊奇，笑着告诉我：“Believe it or not, we only had 1 broken glass since school started.（信不信由你，全校孩子这学期总共只摔坏过1个杯子。）”

我想起以前，如果苏宝端着玻璃杯喝水，我会小心地帮她扶着杯子。那天上完课回家后，我把苏宝的塑料餐具也换成了陶瓷的。我给她示范了如何使用她的新餐具，并且表示我相信她会爱护好自己的餐具。这么久以来，苏宝还真的没有摔坏过碗。我想，即使摔坏，我也会学习蒙氏老师的做法，把这个过程变成孩子学习解决问题的机会。

这篇文章并不是建议大家都摒弃塑料制品，对于刚添加辅食的宝宝来说，耐摔的餐具更实用；对于设计得好的塑料玩具，我还会继续买下去。但我也会给苏宝提供更多机会，在保证她安全的前提下，让她学习独立使用工具和完成任务。比起小心翼翼，我更欣赏胆大、心细。蒙氏幼儿园课堂教给孩子的这些东西，对大人而言也是一种自我成长。

CHAPTER 05

# 亲子共读

我常想，鼓励孩子爱上读书，并不是一件伟大的事情，因为阅读是很多人生活的常态，只是在互联网时代被逐渐淡忘了而已。我并不奢望通过书让孩子成为很厉害的人，阅读也无法帮我达成这个目标，我只希望好书能给她一个认识世界的窗口，让她成为一个有书陪伴的幸福的普通人。

01

# 如何选择宝宝的第一本书

在我看来，“阅读启蒙”和“学会看书”是两码事儿。启蒙即开发蒙昧的意思，来日方长，不必急于求成。1岁以下的宝宝，只要能多接触书就够了，剩下的就让他自己慢慢探索。孩子的天性都是好奇的，父母需要做的是给孩子多提供接触书的机会，之后往往会达到“无心插柳柳成荫”的效果。

关于阅读启蒙究竟应该几岁开始，一直众说纷纭。我认为，真正的阅读启蒙应该从出生就开始，越早越好，黄金期是1岁以前。如果从出生开始，宝宝就是在一个和书经常接触的环境中成长的，书对他而言就和妈妈的气味一样熟悉，在成长的过程中，阅读很容易成为自然而然的一件事。因此，我对阅读启蒙的定义是“让宝宝认识到书的存在”，就和空气一样自然。

要让宝宝爱上看书，第一本书的选择是很有讲究的。对于0～1岁的宝宝，什么才是好的绘本？哪些绘本最适合用于阅读启蒙？

我仔细研究了美国亚马逊网上评价最好的启蒙类绘本，并和数十名同龄美国妈妈深入交流后，结合苏宝双语阅读启蒙的经验，总结了优秀启蒙绘本的4个特点。

## 能感觉

在宝宝学习抽象思维能力前，常常用嘴和手去感知这个世界。从4个月左右开始，宝宝会把自己的手指或者能抓住的玩具都塞进嘴里，这表明宝宝的“口欲期”开始了，这个时期常常会持续到1岁以后。同时，宝宝的触觉也在飞速发展。这时候不妨准备一些布书，一边给宝宝阅读，一边鼓励宝宝用手和嘴去探索“书”。

布书材料柔软，不会伤到宝宝。有些布书的内页带有响纸，在宝宝触摸的过程中会发出不同的声音，也可以刺激宝宝通过听觉来认识书的存在。

## 能互动

宝宝6个月以后逐渐会坐了，小手也更加灵活，翻翻书会成为他的最爱。什么是翻翻书？顾名思义，就是书页上有小机关可以翻开的。

宝宝能用小手翻开小卡片，往往能带来很大的成就感，也让宝宝对看书更有兴趣。苏宝最喜欢小动物题材的翻翻书，和她共读时，每次她主动翻开一个卡片，我就会模仿卡片里面藏着的动物叫声，常常把她逗得哈哈大笑，迫不及待要去翻看下一页。

## 图简单

新生儿的视力很弱，妈妈抱着的时候，他只能看到妈妈的脸那么远的距离。而且在两个月以前，宝宝眼里的颜色构成是很简单的，不太能辨别不同颜色之间的区别。因此，小月龄宝宝的启蒙读物并不需要颜色非常艳丽，相反，那些线条分明，构图简单，甚至是黑白的图案更能刺激宝宝视神经的发育。

小月龄的宝宝通常对一幅图的形状、深度、大小等没什么概念，因此太复杂的绘图对宝宝的阅读启蒙不会有什么帮助。宝宝4个月以后，对颜色的辨识能力逐渐增强，才会对色彩鲜明的图片产生兴趣。

## 文押韵

我把绘本的内容放在最后来说，是因为我认为启蒙绘本的故事情节不是最重要的。我推荐的启蒙书单里的书，很多都只有寥寥几句话甚至有些是无字书。如果绘本有文字也不是坏事，重要的是文字是否具有韵律。

1岁以下的宝宝常常不能理解较复杂的句子和故事情节，父母阅读英文绘本更多的是给宝宝一种语感的启蒙，这和念儿歌的好处是一个道理。苏宝最喜欢的绘本之一是*Brown Bear, Brown Bear, What Do You See?*，这是美国家长都非常熟悉的一本佳作。

这本绘本其实并没有什么故事情节，只是几种动物简单地重复“What Do You See”“Looking at Me”这两个短句，但读起来抑扬顿挫、朗朗上口，很能吸引宝宝。

现在网络上书单不少，但看过后总觉得缺一些什么，比如精确定位给“启蒙”这个群体的书单，我没能找到满意的。于是，我结合以上这4个判断标准，用心打造了“10本最佳英文绘本启蒙书单”和推荐理由，希望对大家有帮助。

## 10本最佳英文启蒙绘本推荐（适合1岁以下开始读）

- *Good Night, Teddy*

  推荐理由：互动性很强的布书，立体感强，设计吸引人。

- *Giraffe and Friends*

  推荐理由：绘图简单有趣，每一页都藏有响纸或铃铛，宝宝触摸时会发出声音，刺激宝宝的探索欲。

- *Brown Bear, Brown Bear, What Do You See?*

  推荐理由：绘图简约而充满艺术感，读起来朗朗上口。

- *The Very Hungry Caterpillar*

  推荐理由：设计处处体现创意，从小到大的翻翻页妙趣横生，这本绘本在美国家喻户晓。

- *Baby Faces*

推荐理由：手感和平装书几乎一样，能启蒙宝宝对真书的感受，而且任宝宝撕咬都不会坏，脏了还能机洗和烘干。

- *Mama And Baby*

推荐理由：和*Baby Faces*属于同一个系列，是一本绘图简单而充满艺术感的无字书，推荐理由同上。

- *Dear Zoo*

推荐理由：构图简单，翻翻卡片能衍生出很多玩法。比如，宝宝翻开一个卡片，大人就模仿动物的叫声，苏宝特别喜欢这个游戏，觉得很有成就感。

- *Open the Barn Door*

推荐理由：只有巴掌那么大，很袖珍，宝宝的小手翻起来不吃力，适合旅行的时候随身带着。

- *Zoom, Zoom, Baby!*

推荐理由：色彩鲜明，每一页都有能翻开的卡片，互动性强，大人可以一边阅读，一边让宝宝自己翻开卡片，并解释卡片里的动物是什么。

- *Where Is Baby's Belly Button?*

推荐理由：翻翻书里的经典之作，每一页上小朋友的表情很容易引起宝宝的兴趣。宝宝大些后，可以用来教宝宝认识自己的身体。

02

# 如何挑选适合自己孩子的绘本

我从小爱读书，父母也很重视对我阅读习惯的培养，但20世纪90年代的小城市资源还比较匮乏，我上幼儿园之前，家里的图画书总共只有十几本，但每一本都很经典，每天睡前爸爸都会给我读这些为数不多的书。其中有几本我特别喜欢的，到现在还能背出来。

现在的小朋友们面临的情况和我们小时候正好相反，市面上有太多绘本，而且每年还在以成百上千的速度出版新书，要挑出真正值得购买的绘本，是个技术活儿，这让爱“剁手”的妈妈们都有了选书困难症。

我从怀孕开始，看到宝宝书单就兴奋，立刻买买买，很快家里的绘本就堆积如山。但后来发现，很多绘本孩子根本不感兴趣。践行了快3年的亲子阅读后，我对绘本的选择也有了一些心得，希望能借此文帮助大家少走弯路，少花冤枉钱。

## 绘本并不是越多越好

我曾在微信公众号分享过我对玩具的看法，宝宝的玩具并不是越多越好。认知专家对宝宝的注意力做过研究，发现一次提供多种玩具（对小月龄宝宝，绘本也算玩具），宝宝眼花缭乱，根本无法从玩具中受益。

绘本也是同样的道理。我和苏宝读绘本的时候，通常会给她提供3～4本让她来选。读的时候，把另外的几本先收起来，避免她三心二意。此外，有一些已经不再适合苏宝年龄的新生儿绘本，我已经把它们打包放进了地下室。

## 真没那么多“家喻户晓”的绘本

现在市面上绘本太多，各大商家都非常卖力地推销自己出售的童书，绘本介绍里动不动就是“风靡世界”“顶级大师”“家喻户晓”“欧美孩子最爱”这样的措辞。

事实上，哪有那么多风靡世界、家喻户晓的绘本？绘本界真正的顶级大师，基本上两只手就能数得过来。

有些营销广告中号称美国家喻户晓的绘本，作为一个在美国生活了多年的人表示，没听说过啊。另一些在某个国家比较知名的绘本，在其他国家可能并不流行。比如《我爸爸》，书是好书，很多国内和英国的朋友都给我推荐过，苏宝也很喜欢看，但是在美国的儿童书店里，我真的没有怎么看到过这本书。

自从我开始关注亲子阅读以来，对身边美国孩子的图书库最大的感觉就是多元化。美国孩子的阅读量是非常惊人的，图书馆成千上万的绘本可以随便借、随便看，经常有妈妈和孩子拖着拉杆箱来还书。虽然《好饿的毛毛虫》《棕色的熊》《晚安，月亮》等这些经久不衰的绘本在美国确实有很多孩子都读过，但除了这一小部分经典绘本外，每个孩子看的书都非常不同。而且，就算是家喻户晓的绘本，也不一定就合你家宝宝的胃口。

## 好绘本的共同点

### ◆ 适龄

新生宝宝视网膜发育还不完善，对颜色对比强烈的书非常感兴趣，可以试着买一些黑白颜色的启蒙书或黑白卡。此外，布书和触摸书也是1岁以下宝宝很好的选择，能在刺激宝宝感官能力的同时，进行阅读启蒙。

对于1～3岁的宝宝，布书和触摸书可以继续看。有了自主阅读兴趣的宝宝，可以多提供厚纸板书给他们看，这类书不容易撕坏，能给宝宝更多自主探索的空间。

对于3岁以上的孩子，已经可以过渡到普通平装绘本了，而且这个年龄的孩子已经能明确告诉爸爸妈妈自己喜欢看哪本书，家长也可以根据孩子的喜好，选择他们感兴趣的绘本。

### ◆ 互动性强

互动性强是优质启蒙绘本的共同点。比如，随着宝宝打开一个翻翻页或者洞洞页，故事情节会有所发展；触摸书中不同的部位，有不同的手感或者发出响声。

不过，互动性不一定来自书的装帧设计，有一些绘本自身不带任何机关，但是故事情节、画风能让宝宝的参与感和代入感很强。比如，苏宝最近特别喜欢的绘本《鼠小弟》，没有任何翻翻页，故事情节非常简单，绘图甚至有点黑白的感觉，但是每个故事都有一种让人想参与进去，和鼠小弟做朋友的冲动，这就是互动性强的表现。

## 喜不喜欢，娃说了算

说到底，孩子的兴趣点才是王道。如果你是亲子阅读的新手爸妈，先别急着囤书，可以试着购买或者借阅绘画风格不同、故事主题不同的绘本（有代表性的，每种先买1～2本就可以了），带着实验精神和宝宝分享这些绘本，注意观察宝宝的反应，逐渐就能摸索出他的兴趣点。

比如，苏宝有段时间特别喜欢（生活中的）火车，我投其所好准备了各种火车和交通工具的绘本，发现她能自己看很久。陪孩子读绘本的时间越长，你就越容易摸索出娃的兴趣点，当然这个兴趣点是随年龄变化的。

值得一提的是，如果宝宝反反复复让家长读同一本书，是很正常的表现，是阅读兴趣发展的一个里程碑，这个时候要尽量满足宝宝的要求。经过一段时间后，你可能会发现，宝宝对书的兴趣逐渐进入了稳定发展的阶段。

不要盲目囤书，不要迷信任何一本书、任何一份书单，包括我列的书单。即使是一些非常权威的亲子阅读专家推荐的书单，如果其中某几本你的宝宝不喜欢，也很正常。每个孩子的天生气质不同，父母应该多从孩子的独特个性和兴趣点出发，去选择适合他的绘本。愿每个宝宝都能邂逅自己最爱的好书。

03

# 你家宝宝的书架上都有哪些类型的书

在美国上学的时候，因为专业的缘故，我常跟着教授去参观美国的中小学教室。美国很多小学都有自己的图书馆，每个教室里还自带一个规模不小的阅读区。

美国小学阅读区的图书，通常分为故事类（fiction）和非故事类（non-fiction）两类。后来有了苏宝，带她去儿童图书馆时发现绘本区也是这样分类的。最让我吃惊的是，有一次我带苏宝去参观一家幼儿园，发现教室里已经出现了“非故事书”的阅读区。

## 什么是“非故事书”

从广义上说，只要书的内容基于真实的人和事，就算是非故事书，比如《好饿的毛毛虫》属于“故事书”，《毛毛虫如何变成蝴蝶》就属于“非故事书”了。科普书、地理书、历史传记等，都属于非故事书。

## 为什么孩子不能只看故事书

众所周知，美国的很多大学都是宽进严出，美国权威教育网站的一篇文章指出，很多高中生没有做好大学入学的准备，根源就在于他们缺乏对复杂文章的理解力。这篇文章强调，哪怕是幼儿园的孩子，也应该开始培养“信息类阅读”的能力。美国从小学开始就很重视阅读和写作能力，我邻居家上小学三年级的孩子，就已经在阅读《美国国家地理》杂志中关于海洋生物的文章了。这是一种获取信息的能力，对孩子在学校里的成绩表现，以及将来在职场上的发展都会很有帮助。

刚开始给苏宝进行阅读启蒙的时候，我们更倾向于选择故事类绘本，因为故事书的内容生动有趣，容易理解，更能吸引宝宝的注意。当她的阅读兴趣比较稳定后，我就开始有意识地让她接触一些信息类的非故事书。目前我们的阅读比例大概是故事书占60%，非故事书占40%。

## 哪些“非故事书”适合小朋友

大家千万不要觉得“非故事书”一定是晦涩难懂的，它可以是描述河流生命周期的科普绘本，可以是分享油画佳作的艺术绘本，也可以是教小宝宝认识形状和颜色的启蒙绘本。因此，小宝宝读“非故事书”是完全没问题的，关键在于选对书。

学龄前的宝宝，最重要的还是阅读兴趣的培养，所以我肯定不会推荐学龄前的宝宝去读《拿破仑自传》。我对6岁以下宝宝“非故事类”绘本的挑书原则是，图画简单易懂，文字描述不宜过多，尽量选择宝宝生活中经常接触的话题，或者根据宝宝不同时期的兴趣选择相应的绘本。

我从苏宝这几年来读过的非故事类绘本里，挑选了一部分推荐给大家。

### 非故事类绘本推荐

- **《我的第一套英文字母书》（*My First ABC*）**

  建议年龄：出生开始

  作者：DK Publishing

  简介：英国DK出版社有很多科普类的书，我的书桌上现在就放着它家出的

《旅游指南》。DK的童书也做得非常出色，比如这套颜色认知绘本，是翻翻书的设计，每一页都能带来很强烈的视觉感受。当然，颜色、字母和形状认知的绘本非常多，大家不一定要“迷信”某一本，根据宝宝的喜好来选择就可以了。

- **《吃掉字母表》（*Eating the Alphabet*）**

建议年龄：2岁以上

作者：Lois Ehlert（洛伊丝·埃特）

简介：这本书的名字叫《吃掉字母表》，每一页都介绍了一个字母，配图很鲜艳，很吸引宝宝的眼球。每一页介绍一个字母后，文字是这个字母对应的一种或者几种蔬果，比如“C”对应的是“corn”“celery”。建议年龄我写了2岁以上，是因为书里有部分单词比较难，需要宝宝有一定的英文基础，比如broccoli（西蓝花），tangerine（柑橘）。

- **《我的第一套美国国家地理动物百科》（*National Geographic Little Kids First Big Book of Animals*）**

建议年龄：3岁以上

作者：Catherine D. Hughes

简介：对于《美国国家地理》杂志，大家应该都不陌生。它家不仅出青少年和成年人的科普书，也有专门给小小孩看的系列。比如，这本动物启蒙书涵盖了很多动物的真实照片，以及动物简单习性的介绍，很适合用来给学龄前宝宝做入门读物。

以上书单涵盖了基础认知类绘本、科学类绘本和艺术类绘本，这个书单的意义并不是建议大家一定要买某一本书，而是帮助父母打开思路，多给宝宝看类似的信息类绘本，从学龄前就开始培养孩子阅读“非故事书”类的习惯，为孩子将来的认识发展打下基础。

04

# 那些关于月亮的绘本，你家宝宝读过了吗

中秋节是中国的传统节日，对孩子成长有特殊意义。分享几本我和苏宝一直爱看的，和月亮有关的绘本。

其实，按主题分享书单，也是美国这边儿童图书馆的传统。我和苏宝爱去的几家图书馆，都有一个特定的区域，展示10～20本当季的主题绘本，比如关于四季、交通工具或者野生动物的绘本，隔段时间换一批。

盛夏，主题就是关于大海和沙滩的。也有以某个作者为主题的，比如艾瑞·卡尔爷爷的绘本专题周。当然中国春节的时候，还会展示以春节为主题的英文绘本。

言归正传，来看看我为大家准备的“月亮绘本”书单吧。

## “月亮绘本”推荐

- 《晚安，小鸡球球》

作者：入山智

建议年龄：6个月以上

虽然原作者是日本画家，“小鸡球球系列”的中译本是苏宝的中文启蒙绘本之一，主人公球球是只软萌的黄色小鸡，画风和故事都非常温馨。《晚安，

小鸡球球》这本书本身不是描述月亮的，讲的是天黑了小鸡球球睡不着，一个人去野外探险的过程，但每隔几页就会出现天上黄澄澄的大月亮。

小鸡球球在探险的过程中遇见了猫咪，猫咪带着球球去池塘边捞月亮，却不小心把水里的月亮搅碎，成了一片片的。整本书充满童趣又不失新颖。小鸡和猫走在原野上，月亮照在身上那一页，有种难以言喻的美。

苏宝第一次学会中文的“月亮”这个词，就是从这本书里学到的。

### ● “你好世界”系列之《太阳系》（*Hello World! Solar System*）

作者：Jill McDonald（吉尔·麦克唐纳德）

建议年龄：6个月以上

这本书是我和苏宝逛图书馆的时候偶遇的。和前面提到的英文绘本相比，这本书的知名度不算太高，但是很有趣，是一本讲天文知识的绘本。它用粗线条剪贴画的画风和极少的文字，把太阳系的主要行星（当然也包括月亮）展现给孩子，趣味性很强。

其实，我们在图书馆看到介绍天文基础知识的书并不少，但大部分都是平装，这本书的好处在于它是硬纸板书，不怕撕，1岁的宝宝也可以看。虽然不一定能看懂，但是阅读启蒙的目的不是让宝宝看懂，而是让宝宝产生兴趣。

### ● 《晚安，月亮》（*Goodnight Moon*）

作者：Margret Wise Brown（玛格丽特·怀兹·布朗）

建议年龄：6个月以上

《晚安，月亮》可能是美国最家喻户晓的童书之一了，我推荐过很多次，也在“小小苏电台”分享过。从20世纪40年代出版到现在，这本书一直没退出过美国童书的畅销榜。

这本书没有太多故事情节，主题就是一只小兔子睡前和身边的东西挨个说晚安。每一页里的光线都比前一页暗一些，连大人读都会有种神奇的疗愈感。如果你只能买一本童书，就买这本吧，因为它可以从1岁看到99岁。这本书开头是这样的：

In the great green **room**

There was a telephone

And a red **balloon**

And a picture of-

The cow jumping over the moon

英文的诗歌和绘本也是非常讲究韵律的，上面加粗的字体，就像中国古诗里的“床前明月光，疑是地上霜。举头望明月，低头思故乡”里的韵脚一样，特别适合培养宝宝的语感。这本书大家最好买英文原版书，因为中文翻译过后，还是会丢失一点点感觉。

- 《爸爸，月亮来了》

作者：魏捷

建议年龄：2岁以上

这本书我曾在微信公众号的“中国风绘本系列”里推荐过。现在中国的原创童书真的是越来越优秀了。这本书讲的是一个小女孩在中秋之夜，和妈妈在阳台上眺望远方的爸爸。她请月亮捎一张明信片送给爸爸，月亮穿过城市的高楼、森林、田野、果园，最终把思念准时带到了爸爸手里。

无论从绘图还是故事情节来看，这都是一本质量很高的原创作品，读这本书能感受到作者对中秋这个传统节日的用心诠释。我们一家人在美国生活，身边中国传统节日的氛围和国内比还是比较淡的，因此非常喜欢这样的绘本，是对苏宝进行中国传统节日文化启蒙很好的方式。

- 《月亮找到了》（*Red Knit Cap Girl*）

作者：Naoko Stoop（奈绪子）

建议年龄：1岁以上

红绒帽女孩是一个和小动物们一起住在森林里的女孩，她最大的心愿就是和月亮聊聊天，猫头鹰告诉她会有办法的。于是，在森林动物的帮助下，她爬上树梢，贴近溪面，踏上了追寻月亮的奇幻征程。这本书的绘图是在木纹上完成的，每一页都有淡淡的木纹背景，是一本独特而温暖的小书。

- 《带着月亮去散步》（*I Took the Moon for a Walk*）

作者：Carolyn Curtis（卡罗琳·克缇斯）

建议年龄：2岁以上

I took the Moon for a walk last night

It followed behind like a still summer kite

Though there wasn't a string or a tail in sight

when I took the Moon for a walk

天黑以后，全世界都睡着了，只剩下一个想和月亮一起历险的男孩。他牵着月亮走过小桥、山坡、带着露水的草地，在美丽的夜空下散步。这又是一本文字韵律和插图都非常美的英文绘本。

● **《爸爸，我要月亮》**（*Papa, Please Get the Moon for Me*）

作者：Eric Carle（艾瑞·卡尔）

建议年龄：2岁以上

这本书是卡尔爷爷最经典的作品之一，很适合女孩读，也适合那些心甘情愿为女儿摘月亮的爸爸们。它讲的是小女孩莫妮卡想和月亮玩，爸爸想办法为她摘月亮的故事。这本书的画风是卡尔爷爷一贯的拼贴风格，视觉感受非常特别。卡尔爷爷的许多书中都带有特殊的折页机关，宝宝可以边读边玩，这本书也不例外，比如爸爸搬来梯子"登月"的情节，打开折页后眼前会出现好长的一部"天梯"，眼前的爸爸真的爬到了月亮上。

05

# 如何为宝宝建立小而精的家庭图书馆

一个周末，我整理了苏宝的3个绘本架，发现从苏宝出生到现在，我竟然给她买过五六百本绘本，家里都放不下了，这还不包括每周从图书馆借回来那些。这几百本绘本中，大约只有1/3是苏宝反复看、反复用过的。我还发现一些利用率不高的绘本，其中一大部分是在苏宝1岁前买的。

1岁前的亲子阅读，算是一个“摸石头过河”的过程，1岁后我买的绘本几乎本本经典，利用率很高。可能是冤枉钱花得多，也就越买越聪明了吧。这篇文章就和大家聊聊如何在选绘本的过程中有所取舍，把钱花在刀刃上。

## 经典绘本自有其经典的道理

如果你不知道宝宝的第一批绘本该如何选，或者没时间细细研究，直接买经典绘本是比较安全的。经典绘本通常是那种出版多年，反复重印，在全世界知名度很高的绘本。最简单的例子就是*Goodnight Moon*，这是一本70多年前出版的绘本，到现在还经常登上《纽约时报》的专栏，美国的小孩几乎人手一本，这种绘本是可以闭眼收的。

要提醒大家的是，经典绘本不等于那些很多微信公众号开团的绘本。其实之前的文章里也和大家分享过，现在网上很多宣传力度极大的绘本，在美国根本没听说过，偏要用“风靡美国、家喻户晓”这样的介绍博取眼球，其实美国亚马逊网上就一两个评价而且还是中差评。虽然知道这样心直口快容易得罪人，但为了大家少踩坑，我还是要说出来。

## 别迷信任何一份书单

相信很多妈妈和我一样，刚开始给孩子买绘本的时候毫无头绪，都是从参考网上的书单开始的。“剁手”次数多了，我开始发现，有些所谓的“网红绘本”，孩子根本不感兴趣，没看过两遍就被压箱底了。

不要迷信任何一本书，也不要迷信任何一份书单，书单的作用只是参考，网上很火的绘本，不一定就能引起你家宝宝的注意。比如《猜猜我有多爱你》这本绘本，我身边很多妈妈表示宝宝很喜欢（苏宝也喜欢），但也有妈妈说句子太长，每次没能读完，宝宝就跑了，所以不太适合年龄过小的宝宝。

## 绘本的比例要均衡

学龄前宝宝的绘本，粗略可以分为以下5类：

- 阅读兴趣启蒙类；
- 认知类；
- 语言启蒙类；
- 性格习惯养成类；
- 故事类。

其中，阅读兴趣启蒙类主要是指宝宝的第一本书，比如出生就可以看的布书、暗藏机关的洞洞书等。这类书互动性很强，容易激发宝宝最初的阅读兴趣，就像我给大家推荐过多次的《晚安，小泰迪》。

语言启蒙类可以是中文或英文启蒙读物（或者你家宝宝在学的其他语言），这类书以文字韵律优美、朗朗上口为特色，比如卡尔爷爷的*Brown Bear*，

*Brown Bear, What do You See?* 和Boynton的无厘头绘本系列等，都能给宝宝很好的英文语感启蒙。稍大一点儿的宝宝（2岁左右），可以引入情绪管理、性格养成方面的绘本，鼓励宝宝刷牙、如厕、吃饭，也可以用到习惯养成类的绘本。

当然，有少部分优秀绘本涵盖了以上5类中的两类甚至三类，是不可多得的。

给宝宝挑书之前，可以先看看家里已有的绘本，再参考以上5个大致分类决定是否有必要购买。比如，家里已经有十几本经典童话绘本了，而其他几类只有一两本，买绘本时就要考虑多向其他类型倾斜，保证宝宝的绘本是全面均衡的。

## 最易被忽略的重要种类——“非故事书”

童书按功能也可以分为故事书和非故事书（fiction & non-fiction）两大类。故事书顾名思义，很好懂，非故事书则指的是信息类的书，比如认知小百科、人物传记、科普书等，都属于非故事书。

美国学校近几年热议的一个话题是孩子阅读“非故事书”的能力，它直接关系着孩子获取复杂信息的技巧，这种能力和孩子将来的学习成绩息息相关。

这篇文章给大家提供的是一个总体思路，在绘本质量参差不齐的今天，也许能做个参考。亲子共读能让孩子长远受益，选绘本也是个“试错”的过程，有些绘本即使宝宝刚开始不感兴趣，也别急着扔掉或者送人，给宝宝一些时间，再加上父母的一些耐心和选书的技巧，相信宝宝会越来越喜欢亲子阅读的。

06

# 陪宝宝泡1000小时图书馆，会发生什么

常有人问我，美国学龄前孩子的日常活动是怎么安排的？有没有像传说中为了幼儿园面试去报各种特长班？不得不承认，纽约一些精英幼儿园竞争确实激烈，我有个朋友为了让孩子“考上”曼哈顿的一所贵族幼儿园，把华尔街的工作都辞了，在家陪孩子“备考”。

然而，美国中产阶级（占美国人口50%以上）群体对孩子的幼教心态还是比较放松的。我认识的一个美国全职妈妈，先生是普华永道高管（混得并不差），但他们没有给3岁的宝宝报过任何兴趣班，只是每天带他去图书馆而已。这篇文章就和大家聊聊我所认识的美国中产阶级，是怎么陪5岁以下孩子打发时间的。

做全职妈妈后，我报了个瑜伽班，叫作Mommy & Baby yoga，私人教练会定期带妈妈做产后恢复的锻炼，其间穿插一些亲子游戏。这个班人少，时间一长，班上的妈妈们都成了好友。班里和我关系很好的两个美国妈妈，一个是藤校毕业的律师，一个是幼教老师。一次聊天说带娃Play Date，她们不约而同地提到一起带娃去图书馆，因为她俩小时候都是“图书馆长大的孩子”。

当时我看了下身边刚3个月的苏宝，怎么也无法把“去图书馆”这件事和眼前这个连坐都不会坐的小人联系在一起。两个美国妈妈告诉我，她们从宝宝6周起就开始上图书馆了。而且我们社区方圆15分钟车程内，有好几家提供早教亲子活动的公立图书馆。

美国大部分公立图书馆都免费为社区孩子们提供“Story Time”（绘本故事

会）。我们很快加入了美国妈妈们的“图书馆”大队，几乎每天都去听故事，几家图书馆轮流参加，一周日程忽然变得满满的。

图书馆的故事会现场常常被围得水泄不通，其中很多“听众”是像苏宝这样的“爬行动物”。幼儿故事会一般持续半小时，先由老师读1～2本绘本，然后分发纱巾、铃铛等道具，教孩子们在互动中唱儿歌，之后再读2～3本绘本，最后做一些亲子游戏。平时好动的孩子，在图书馆大多都能静静地听老师读绘本。

我认识的不少美国家长是通过图书馆来富养孩子的。富养是一个老生常谈的词，却常常被误解。我所理解的富养孩子，并非指为他提供富足的物质条件（尽管物质也很重要），而是尽可能给他陪伴和资源。所谓富养，“富”在丰富。

有孩子以前，我并不了解泡图书馆是美国孩子日常生活重要的一部分。直到亲自参与后，我才发现美国父母对孩子的阅读启蒙如此重视。在图书馆，随处可见父母和孩子依偎在一起分享一本好书，也常常看到家长离开前还要陪孩子选十几本绘本，借回家阅读。

美国很多图书馆还鼓励孩子们加入阅读计划，图书馆提供书单和供借阅的绘本，参与的家长和孩子每读完100本书，就可以获得奖励。

很多美国早教专家都提议尽早开始培养宝宝的阅读习惯，这对日后孩子的语言能力、注意力和学习能力都有深远影响。苏宝1岁时，我做过统计，我们平均每天会在图书馆度过3小时。不要小看这3小时，对于1岁的苏宝来说，每天清醒的时间总共只有10个小时，所以她白天近1/3的时间都是在图书馆度过的。

苏宝不到2岁时，我们在图书馆的时间已经超过了1000小时。我们参与的活动除了绘本共读，还有音乐课、舞蹈课、艺术课等。美国的图书馆不仅鼓励孩子们阅读，还给他们提供启发艺术、创造力、社交力的丰富活动。

这是苏宝常去的图书馆的“课程表”，活动的参与者主要是0～3岁的孩子：

| 时间 | 活动名称 | 中文翻译 | 类型 |
|---|---|---|---|
| Mon | Mini Mozart | 小小莫扎特音乐会 | 音乐 |
| Tue | Make a Mini Spiderman | 制作蜘蛛侠 | 手工 |

续表

| 时间 | 活动名称 | 中文翻译 | 类型 |
|---|---|---|---|
| Wed | Tots Stories and Rhymes | 1～3岁的绘本故事和儿歌 | 阅读 |
| Thur | Lego Club | 乐高积木俱乐部 | 创造力 |
| Fri | Spanish Storytime | 西班牙语绘本故事会 | 语言 |
| Sat | Dance with Ms.Emily | 和艾米丽老师一起跳舞 | 舞蹈 |

坚持泡图书馆，给孩子带来潜移默化的影响是惊人的。苏宝从最开始懵懂地四处张望，到爬到老师身边，好奇地看着五颜六色的故事书，再到主动从书架上拿出喜欢的绘本让我读，这种变化是非常明显的。其实，要培养爱书的宝宝，并不一定要带他天天去图书馆，睡前共读几本绘本，周末逛逛童书馆，都是阅读启蒙的一部分。

其实，花这么多时间泡图书馆，也有我的小私心——为了歇口气。一个人在家带孩子，精力难免跟不上，有时会产生筋疲力尽的感觉。

虽然我们常玩五花八门的亲子游戏，家里的绘本堆积如山，但在家待久了，苏宝就会感到无聊，分离焦虑越发严重，一刻也不允许妈妈离开视线。但是在图书馆，她的探索空间大，社交圈比较广，反而不容易缠着我，我也有时间和别的妈妈聊聊育儿经。此外，她的小脑瓜海绵吸水一样累了一天，晚上也睡得比较好。图书馆这些丰富的活动，让我做全职妈妈的这一年过得不那么难。

我常想，鼓励孩子爱上读书，并不是一件伟大的事情，因为阅读是很多人生活的常态，只是在互联网时代被逐渐淡忘了而已。我并不奢望通过书让孩子成为很厉害的人，阅读也无法帮我达成这个目标，我只希望好书能给她一个认识世界的窗口，让她成为一个有书陪伴的幸福的普通人。这也是我分享原创文章的初心——把我通过亲身经历学到的优质的幼教理念分享出来，帮助更多的孩子爱上阅读。

教育的本质是满足孩子的好奇心，帮助孩子探索生活中的多种可能性。也许通过种种引导，孩子还是没有爱上阅读，也许他最终爱上了网球、探险或者编程，这很正常。然而，只要我们给孩子一个机会，让他去认识阅读这件事，认识了另一种可能性，我们的职责就完成了。

# 07

# 宝宝咬书、撕书、乱翻书，就是不看书，怎么办

我不是个有特别多兴趣爱好的人，甚至有点儿“宅”，只是爱书如命，家里最敞亮的房间用来做了书房。小学时，我过生日、新年、暑假、儿童节，想要的礼物统统是书，拿到书后第一件事是把头埋到书页里，闻油墨的气味，感觉像拥有了全世界。

小时候，我经常打着手电筒在被窝里看书。长大后，我总觉得那些夜雨孤灯乱翻书的夜晚，塑造了我的性格，和我如今选择的生活轨迹有许多微妙的联系。

因为这点儿情愫，从怀孕的时候起，我就给苏宝囤了很多绘本，花花绿绿放了一书柜。苏宝出生后我才发现，新妈妈真实的世界基本上围绕这9个字进行——喂奶、拍嗝、哄睡、屎尿屁。如果还能见缝插针地来点儿亲子阅读，那真堪称了不起。

孕8个月时，我已经开始读书给肚子里的苏宝听了，当时满脑子想象的都是宝宝出生后依偎在我怀里，静静听我读书的情景，该多温馨啊。

但苏宝出生后，一开始亲子共读，苏宝买账的不多，似乎对怎么把书放进嘴里更感兴趣。我有点儿受挫，和身边的美国妈妈一聊，发现同龄的宝宝都是这种情况。而且很有趣的是，我发现美国妈妈和中国妈妈差不多，也会焦虑宝宝没能爱上看书这个问题。

我的一个美国好友是哥伦比亚大学法学院的校友，典型的“学霸”妈妈，自然很重视宝宝的阅读启蒙。记得苏宝6个月的时候，我们聚在一起聊天，她对我

说坚持亲子阅读半年了，儿子对书毫无兴趣，好担心啊。她专门为这事去咨询了儿医，儿医告诉她现在下结论还太早，还笑着来了句：“I promise he will go to college.（我保证你儿子会念大学的。）”

## 阅读启蒙≠宝宝看书

常常有人问我，宝宝撕书、咬书、爱乱翻，但就是不看书、不听讲，怎么办？估计很多人和我孕期时一样，以为阅读启蒙就是让宝宝安静地坐着听自己讲绘本，甚至能自主阅读。其实阅读启蒙和学会看书，完全是两码事儿。很多正在践行亲子阅读的爸妈也都知道，阅读启蒙是一件需要持之以恒、长期输入，才会看到输出的事情。要让宝宝像成年人一样耐心看书，是不太现实的。

在他们的世界里，“看书”更多的意味着触摸、咬书、撕书、乱翻。1岁以下的宝宝，只要能多接触书，意识到书是自己生活的一部分，就是一种阅读启蒙。来日方长，不必急于求成。

## 这些才是真实的阅读启蒙里程碑

如果你家有个能安静听绘本的宝宝，当然是好事，但撕书、咬书、乱翻书，都是宝宝阅读启蒙的独特表现形式，是宝宝在用自己的方式探索书这种存在，没必要追求“认真看书、认真听讲”。宝宝注意力脆弱，对书只有两秒钟热情也是很正常的。就连阅读启蒙比较早的苏宝，也会在“想听绘本”“自主阅读”和“不想看书”几个模式之间来回交替。因此，真实的阅读能力里程碑，并不是7个月安静坐着听绘本，更会像下面这样。

### ◆ 6个月

意识到书的存在，对书萌发兴趣，表现形式为用嘴探索书、啃咬书，偶尔会听大人阅读。

◆ 12个月

喜欢翻页，在爸妈眼里更像在乱翻，很难从头到尾读完一本书；宝宝咬书的兴趣在近1岁时减弱，开始对书的内容感兴趣了。

◆ 18个月

坚持亲子阅读家庭的宝宝，一岁半左右开始主动拿书交给父母要求读，偶尔能从头到尾听完一本绘本，喜欢哪些书、对哪些书不感兴趣，更明显了。

◆ 2岁

亲子共读时，能回应父母针对书中绘图提出的问题，能认出书中的狗、汽车或花朵等。

出现自主阅读或“假装阅读”，表现形式是自己拿一本书，一边翻页一边看，偶尔嘴里念念有词，但因为宝宝的注意力有限，这种瞬间会非常珍贵而且短暂。

◆ 3岁

亲子共读时，能和父母做简单的问答和交流，自主阅读的频率有所增加，但每次自主阅读的时间仍然很短暂；能说出喜欢的书名，会要求重复阅读某几本特别喜欢的书，有时读十遍都不过瘾。

## 想让宝宝更爱书，试试这些建议

常有妈妈问我，宝宝9个月，我刚开始读绘本，他就爬走了怎么办？宝宝老抢我手里的书乱翻怎么办？宝宝2岁，我读我的，他玩他的怎么办？

苏宝从一开始对绘本不屑一顾，到后来的好奇和探索，再到今天能要求听绘本甚至自主阅读，我有一些心得想拿出来和大家分享。

### ◆ 小月龄宝宝的书并非越鲜艳越好

我不止一次看到，讲绘本选择的文章千篇一律地说给宝宝买书要买色彩鲜艳的，这真的是个误区。3个月以下的宝宝，视网膜对色彩的捕捉能力还未发育完全，对他们而言，黑白的、色彩简单、粗线条的绘本（或者黑白卡）更吸引眼球。

那些天女散花一样花哨的绘本，在新生宝宝眼里可能是让宝宝头疼的一团乱麻。随着年龄的增长，可以逐渐提供色彩更鲜明的绘本，但构图还是不应该过于复杂。

### ◆ 2岁以下的宝宝，多选布书、纸板书

4～12个月的宝宝处在口欲期，咬书是他们探索的形式，家长没必要阻止他们，只需要选对书的材质就行了。纸板书比较耐折腾，撕不坏，可以为口欲期的宝宝多选择材质安全的纸板书。可以经常替换纸板书，读几天换一批，只要不是一连咬几天，纸板书被损坏的可能性就比较小。另外，布书也是不错的选择。

### ◆ 用机关书、翻翻书、洞洞书、触摸书吸引宝宝的好奇心

照本宣科的阅读对宝宝而言可能太枯燥，试试那些能引发宝宝互动的书吧，这样宝宝更能觉得自己是在主动阅读，而不是被动吸收信息。比如翻开卡片图片会变的翻翻书，或者图片上有不同材质布料的触摸书等。

### ◆ 根据宝宝的情绪和兴趣点选择绘本

宝宝在不饿、不困、没有受太多刺激的时候，更容易接受亲子阅读。苏爸喜欢在苏宝刚起床后的一小时陪她看书，那时候她的情绪比较好，也更有耐心共读。宝宝睡前也是个不错的时机，因为这时候外界干扰少，阅读能成为睡前程序的一部分，也是一种高质量陪伴。

此外，宝宝的兴趣点在变化，绘本的主题也要跟上这种变化。苏宝有段时间迷上了卡车和挖土机，我们选的绘本里就有建筑工地的素材；她最近动物词汇猛

增，我们就经常去逛纽约自然历史博物馆，回来后，边看野生动物主题的绘本，边找出那些她熟悉的动物，她读得兴致盎然。

## 想要宝宝爱看书，父母自己先别玩手机

父母是宝宝最好的示范，如果你每天都在吃垃圾食品，很难让孩子爱上蔬菜；同理，只会在宝宝面前玩手机的爸爸，怎么能说服宝宝喜欢看书呢？我和苏爸曾约法三章，不带手机进苏宝的活动室，尤其是陪她亲子共读的时候，是绝对不看手机的。有时苏爸陪苏宝读书时，我会拿一本自己喜欢的书在旁边看，营造“家庭图书馆”的气氛。

有妈妈问过我，朋友家2岁的孩子能自主看书半小时了，为啥我的宝宝做不到呢？中国传统教育思维爱强调“不能让孩子输在起跑线上”，但世界变化太快，那些所谓的起跑线，5年甚至10年后再回过头来看，没有太大的意义。

其实，亲子阅读是挺私人的一件事，对宝宝、对家长都如此。我喜欢把阅读看作一次愉悦的私人旅行，而不是需要量化的指标。就连上文提到的阅读能力里程碑，也只是一种参考而不是要求。如果你家宝宝的里程碑有差异，也并不意味着他将来不喜欢看书，保持平常心就够了。每个孩子都是千差万别的个体，阅读启蒙的过程也是一场独特而愉快的冒险，无论最终到达怎样的目的地，过程都更值得享受。

亲子阅读不是比赛，而是迄今为止我经历过的最美好的私人旅行。在这场无价的私人旅行中，你会遇见朝露、星辰、大海，遇见住在花园里的小象，遇见黄昏中开满玫瑰的露台。最重要的是，亲子共读时你给宝宝的爱和陪伴，会成为他一生安全感的来源。

有方法，不焦虑，持之以恒，静待花开。这才是父母对待亲子阅读的正确态度。

08

# 这样读绘本，宝宝的想象力越来越好

The mind bases itself on the imagination, which brings things to a higher level, that of abstraction. But the imagination has need of support. It needs to be built, organized. Only then may man attain a new level. He is penetrating the infinite.（想象力作为思维的基石，能把人带到一个新的高度，从而理解抽象概念。但想象力是需要支持的，它需要由我们来构建和组织。只有这样，人才能达到新的高度，并且超越无限。）

——Maria Montessori, *From Childhood to Adolescence*

（玛利亚·蒙台梭利《从童年到青春期》）

前段时间我去费城参加一个朋友的婚礼，两位新人是麻省理工学院的同窗，新娘的投行高管老爸，一任性，把她小时候最爱去的博物馆给宝贝女儿包了场。

这家儿童博物馆，名字叫作Please Touch Museum，翻译成中文就叫“请触摸”博物馆。这里最大的特色就是鼓励孩子们通过动手触摸来激发想象力，里面有各种各样的装置、不同材质和不同类型的东西让孩子们触摸探索。

在美国生活这些年，我印象最深的事情之一，就是无论大人孩子，都常常让人脑洞大开，他们的独立性、动手能力和想象力都特别强。这篇文章就和大家聊聊孩子的想象力为什么重要，以及如何通过绘本来激发宝宝的想象力。

## 想象力有多重要

中国传统教育文化崇尚标准答案，想象力因为无法被量化，其重要性常常被我们所低估。其实，西方学者早就研究过想象力和孩子智力及认知发展的关系，发现想象力丰富的孩子更聪明、更快乐，运动能力（motor skills）和创造力都更强，而且乐于接受将来生活中未知的挑战。

常常有人问我，美国家长是怎么培养孩子想象力的？在我看来孩子的想象力并不需要培养，因为他们天生就具备想象力。只不过一些孩子在成长中因为没有合理引导，长大后变成了缺乏想象力的大人。如果我们能做些什么努力的话，那就是保护和激发孩子的想象力，而绘本是保护和激发孩子想象力最好的工具之一。

## 如何用绘本来激发孩子的想象力呢

### ◆ 方法一：选对绘本

能激发想象力的绘本，往往自身很简单，甚至没有几个字，但读法和玩法变化多端，1000对父母和孩子，可以有1000种读法。

我曾经在第五大道的巴诺书店买过一本童书叫作*Not a Box*（《不只是盒子》），讲的是一只小兔子和一个盒子的故事。小兔子坚持说自己看到的不是一个盒子，而是他的赛车、热气球和吸尘器等。拿回家后，我和苏爸先看上了，因为太好玩了。

在读了上千本绘本，并且仔细研究了美国亚马逊上家长们对热销绘本的评价后，我总结出那些能启发想象力的绘本有几个共同特点：

- 设计比较简单（字少、图简单）；
- 隐藏和供思维发散的因素丰富；
- 读法多样，而且能随着孩子年龄进行变化；
- 孩子容易参与到绘本中，用想象力延伸绘本的内容。

### ◆ 方法二：提有趣的问题

宝宝一岁半后，语言表达会逐渐由单词变成两三个词的组合甚至小短句，这时父母可以开始对宝宝的思维能力和想象力进行启蒙。在亲子共读中，试着问这些有启发性的问题吧。

- What is going to happen?（会发生什么？）
  拿到一本新书后，可以先和宝宝一起看封面，让宝宝想象一下这本书讲的会是什么故事。
- What do you see?（你看到了什么？）
  在孩子具有一定的表达能力后，与其告诉他你看到了什么，不如问问他看到了什么。有时候大人看到的一朵云，可能是孩子眼里的棉花糖。另外，找出那些藏起来的东西，是美国儿童绘本里一个非常流行的主题，所以充满机关的翻翻书总是很受孩子们的欢迎。
- What does it look like?（它像什么？）
  苏宝1岁时，双语词汇已经开始萌芽了。我们在读绘本的时候，我翻开新的一页后会先停下来，让她看看书上都有些什么。有一天，她学会了新词bubble（泡泡）。那段时间苏宝变得对“bubble”很上瘾，我们在看书的时候，她把凡是圆形的东西都指出来，告诉我它们是“bubble”。
- What if…?（假如……会怎样？）
  这是个特别容易激发孩子想象力的问题。比如，在和孩子共读完一本有故事情节的绘本后，可以对他感兴趣的场景进行假设提问，让孩子去发散思维。

以上这些问题更适合问3岁以上的宝宝，但即使是较小的宝宝也能从中获益，虽然他不一定能听懂，或者用语言表达自己的看法，但大人可以自问自答，宝宝能听懂你提问的语气。经过长期的潜移默化，就会给宝宝传递爱提问、爱思考的习惯，从而促进他想象力的发展。

### ◆ 方法三：给我讲个故事吧，瞎编的都行

很多时候孩子读完绘本意犹未尽，可以鼓励他给故事改编结尾、加续篇，甚至可以让孩子把自己带入绘本中，进行扮演角色，以第一人称讲故事。

记得有一次在候机的时候，我身边坐了一对父子。小男孩话很多，一直在描述他幻想飞机在海里游、海里还有大熊猫等。父亲一边听一边在不停地纠正他，告诉他“正确答案”：飞机是在天上飞的，大熊猫不会游泳。他可能没有意识到，自己在告诉孩子什么“正确”的同时，也正在扼杀孩子想象力的萌芽。其实，孩子口中那些看似不符合常理的描述，比如太阳是绿色的，水往天上流，都是强大想象力的表现。

家长不要制止孩子的胡编乱造，反而应该鼓励孩子，顺着孩子的想象去提问。孩子入学后，多少都会受到“标准答案”的约束，他们毫无拘束、天马行空的日子不过就那么几年，让他们惬意享受吧。

## 想象力绘本推荐

- **《猜猜我是谁？》（*Peek a Who*）**

  作者：Nina Loden（尼娜·兰登）

  适合年龄：6个月以上

  一本藏着机关的翻翻书。翻开每一页前，先问宝宝这像什么？有时候他的答案可能比书中更精彩。

- **《亲爱的动物园》（*Dear Zoo*）**

  作者：Rod Campbell（罗德·坎贝尔）

  适合年龄：6个月以上

  宝宝给动物园写了封信，想请他们寄一只宠物，他们寄来的都是什么呢？一个个大小高低不同、五颜六色的箱子里，都藏着什么动物？一起猜猜看。

- “凯伦·卡茨翻翻书”系列（*A Karen Katz Lift-the-Flep Book*）

作者：Karen Katz（凯伦·卡茨）

适合年龄：6个月以上

Katz的翻翻书在美国算是家喻户晓的，不需要过多介绍了。书中充满了机关，翻开后，你会发现下面藏着小动物、爸爸的工具箱甚至宝宝的肚脐眼。每一本都很经典，互动性极强。

- 《不只是个盒子》（*Not a Box*）

作者：Antoinette Portis（安托瓦内特·波蒂斯）

适合年龄：1岁以上

兔子发现了一个盒子，但他却说这不是个盒子，还证明给大家看：这个盒子可以变化很多花样：坐在里头，它变成了跑车；站在上面，它便成了一座山；把它穿在身上，还可以扮演成机器人……

- 《手指蠕虫的游戏》（*The Game of Finger Worms*）

作者：Herve Tullet（埃尔维·杜莱）

适合年龄：1岁以上

这本书需要父母和孩子都参与进来。父母可以把自己的手指变成一只小虫子，伸进书上的洞里，一边讲一边把故事情节演出来，让孩子成为故事的主角。

- 《按这里》（*“Press Here”*系列）

作者：Herve Tullet（埃尔维·杜莱）

适合年龄：2岁以上

这是一本我每次逛童书馆都会在畅销书区看到的绘本。想象力的力量有多大？几个颜色不同的小点，会变魔术一样变色、变多，还会乱跑。孩子在互动中会收获一个色彩缤纷的世界。前段时间我去拜访出版社的时候，还看到了这个系列最新出的*Mix it Up*，也非常棒。

09

# “我很富有，因为我有个给我读书的爸爸”

中国家庭的育儿生活中，父亲常常是个被边缘化的角色。说起爸爸育儿，我们头脑中常常会出现大男人笨手笨脚摸不着头脑的画面，或者下班回家就把自己扔沙发上的父亲形象。

也许是人类社会历史上男女长期社会分工的原因，很多人头脑中都有“男主外、女主内”的意识，认为女人天生就该带孩子、做家务，男人就该挣钱养家、看球赛。其实，在现代社会，社会分工不再像石器时代一样明确，很多职场妈妈和爸爸一样每天朝九晚五，如果回家后育儿的责任还要全部落到妈妈们身上，就太不公平了。

从苏宝出生以来，我见证了苏爸从摸不着头脑的新手“奶爸”，变成家里亲子共读的主角之一。这篇文章就来聊聊爸爸给孩子读书的重要性，以及如何让爸爸参与到亲子共读中来。

## 为什么爸爸应该参与亲子共读

美国专家曾对500个家庭做过研究对比，结果发现，如果父亲坚持给孩子阅读，1～2年后会对孩子的语言能力和文字认知能力起到很大的正面影响。而且在亲子阅读时，父亲更倾向于运用抽象思维对绘本的内容进行发散（相比之下，母亲更注重绘本中的细节、物品名称等），孩子们的抽象思考力也会因为和爸爸一起读书而得到提高。此外，英国萨塞克斯大学的研究还发现，大声阅读还能起到为爸爸们减压的神奇作用。

更重要的是，亲子阅读是一种高质量的陪伴，特别有利于加强爸爸和孩子的感情纽带。尤其是那些工作很忙的爸爸们，如果只能陪孩子做一两件事情的话，亲子阅读就是不错的选择。

苏宝从3个月开始，我们每天都会和她读绘本，包括上午半小时、下午半小时，睡前20分钟。坚持亲子共读，给孩子的阅读兴趣、语言认知、思维能力带来的变化日益显著。因为我在家全职带娃，大部分绘本是我和苏宝一起读的，但苏爸同样功不可没。比如，每天早上苏宝起床后吃过早餐，第一件事就是要求和爸爸看书。而把爸爸慢慢培养成共读的主角，我其实只做了几件小事。

## 学会放手，爸爸带娃不会差

“奶瓶放着我来热吧。”

“这样拍娃不对，让我来。”

……

这样的话熟悉吗？其实很多时候并不是爸爸不愿意参与育儿，而是我们把他们排斥在外了。很多时候如果妈妈们学着放手，让爸爸们去实践，会发现他们在带娃上有意想不到的天赋。

每到属于苏宝和苏爸的Daddy Time，我就心花怒放地逛街做SPA去了。妈妈完全从育儿中抽离出来后，爸爸作为育儿主角，他的责任心会更强。

苏爸带娃，常常会发明一些让我脑洞大开的哄娃方法，而且效率特别高。比如，有一次，他一个人在家，用背带背着苏宝，给前后院的花都浇了水，收拾了洗碗机里的碗，还叠了衣服。此外，每次苏宝和爸爸在一起玩，总会Get到一些重大新技能，比如英语词汇量猛增、精细运动的进步（他们喜欢一起玩积木、研究搭建）、数字认知方面的新突破等。

## 明确任务，把责任具体化

男人是粗线条的动物，在育儿方面，有时候可能想参与，但又不知道该做些什么。当然还有一些父亲，还没意识到自己角色的重要性。对这两种爸爸，都可以采用细化任务的方法，引导他们参与到亲子共读中。

- **方法一：**给爸爸几本指定的绘本，请他在一周内给孩子读一遍。
- **方法二：**每天固定一个时间段，作为爸爸和宝宝的共读时光，哪怕只有15分钟，也很有意义。

苏爸的工作忙起来，一周要工作七八十个小时。为了保证他能参与到育儿中，我们约好每天早上娃醒后的第一个小时和晚上睡前半个小时，他是一定要参与的。不管再忙，苏爸也要给娃洗澡，并进行睡前共读，可以等娃睡后再花一些时间处理工作。这样把一天两次亲子共读的时间固定后，苏爸每天早晚都和娃共读绘本，到现在已经坚持了两年多。

## 选对绘本，用绘本激发父爱

有些爸爸可能会说，我愿意参与育儿，但是我不知道该如何去亲子共读。这里提供3个小建议。

### ◆ 利用爸爸的天赋

我们3个人一起读书时，很喜欢玩的一个游戏是妈妈读绘本的文字部分，爸爸“配音”。

举个例子。《晚安大猩猩》是一本很经典的佳作，讲述的是一群动物在猩猩的带领下逃出动物园的故事，苏宝特别喜欢。但是这本书文字很少，我们全家人一起阅读时，我会用语言描述书中发生了什么，同时苏爸会跟着情节发展模仿书中各种动物的叫声，苏爸在这方面很有天赋，常常把娃逗得乐不可支。

### ◆ 萌娃攻势

因为喜欢爸爸模仿动物声音，苏宝刚会说话时，就会主动从书架上取下《晚安大猩猩》这本书，递给爸爸，奶声奶气地说“爸爸，书”。看着她真诚又呆萌的小表情，苏爸的心早已融化，陪她读100遍都不在话下啊。有时候我还会把苏爸和苏宝共读的温馨画面录成小视频，有时苏爸会从手机里偷偷翻出来看呢。

### ◆ 父爱绘本

可以选择一些爸爸们自己感兴趣的绘本，作为培养“爱共读奶爸”的起点。前段时间逛纽约的童书馆，我看到专门有一个区是属于爸爸们的绘本。

很多男性小时候对机械、车子、恐龙感兴趣，亲子共读时爸爸可以选择这些题材的绘本；也可以选择以父爱为主题的绘本来激发爸爸们的兴趣；还可以选择爸爸们小时候喜欢过的童话故事书作为他和宝宝的专属读物。下面我要推荐的“爸爸书单”，包括了以上3种类型。

## “爸爸绘本”推荐

- **《猜猜我有多爱你》（*Guess How Much I Love You*）**

  作者：Sam McBratney（山姆·麦克布雷尼）

  适合年龄：2岁以上

  这是一本适合爸爸和宝宝睡前共读的绘本，风格温情而幽默。绘本讲述了小兔子和兔子爸爸比赛谁更爱对方，最后爸爸胜出。书中最经典的一句话是：“I love you right up to the moon and back.”

- **《爸爸和我》（*Daddy and Me*）**

  作者：Karen Katz（凯伦·卡茨）

  适合年龄：1岁以上

  这是美国畅销绘本作家Karen Katz的翻翻书佳作，讲的是宝宝和爸爸一起找钉子、螺丝刀、锯子等这些“属于男人的”东西。每翻开一个卡片，下面就藏着爸爸的工具，很有趣味。通常宝宝6个月就可以看翻翻书，之所以我推荐1岁以上才看这本绘本，是因为书中的工具不是常见的生活用品，大一些的宝宝有了对这些物品的模糊认知后再看，会更投入。

- 《我爸爸》（*My Dad*）

作者：Anthony Browne（安东尼·布朗）

适合年龄：1岁以上

这本是安东尼·布朗大师的名作，是很多英美国家的孩子关于父亲的第一本绘本。它用温情而幽默的语言描述了“我爸爸”是个怎样的人，比如很能吃、力气很大、很勇敢等。全书最后一句“我爱爸爸，爸爸也爱我，永远永远”真的让人暖哭。我身边很多宝宝看到这本书最后一页，都会去亲亲书上的爸爸。

- 《爸爸，我要月亮》（*Papa, Please Get the Moon for Me*）

作者：Eric Carle（艾瑞·卡尔）

适合年龄：2岁以上

这本是卡尔爷爷的经典佳作。小莫妮卡想要月亮，于是爸爸就想办法帮她摘月亮，可是想摘到月亮没那么容易，想了很多主意后，爸爸终于摘到了月亮，可是月亮太大没办法搬回家，结尾很温暖，也很幽默。每个孩子在童年都希望有个给自己摘星星、摘月亮的爸爸吧。

- 《爸爸抱抱》（*Daddy Hugs*）

作者：Karen Katz（凯伦·卡茨）

适合年龄：1岁以上

这是一本既传递了爸爸的爱，又教宝宝数字启蒙的书。从第一页的一个拥抱，数到最后的10个拥抱，每一页都记录了“我”和爸爸的温馨瞬间和拥抱，比如宝宝迈出的第一步、和爸爸跳舞、摔跤后被爸爸拥抱安慰等。

● 《晚安，建筑工地》（*Goodnight，Goodnight，Construction Site*）

作者：Sherri Duskey Rinker（谢丽·达斯基·瑞科尔）

适合年龄：2岁以上

这是一本画风绝美的绘本，讲述了建筑工地上的大家完成一天的工作后，准备休息的故事。书中的主角——挖掘机、翻斗车、搅拌车……都是爸爸们的最爱。

● 《我爸爸爱我》（*My Dad Loves Me*）

作者：Marianne R. Richmond（玛丽安·R.里士满）

适合年龄：6个月以上

这本书是有一年父亲节我送给苏爸的礼物。每一页只有一句话，描画了一种动物和爸爸依偎在一起的情景。画风线条粗犷，充满朴实的气息，很是温馨。

● 《宝宝会说的第一个词是爸爸》（*Your Bady's First Word Will De DADA*）

作者：Jimmy Fallon（吉米·法伦）

适合年龄：6个月以上

这是一本最近出版的书，作者获得过艾美奖和格莱美奖，是NBC电视台的著名主播。他写这本书的初衷，是为了让宝宝说的第一个词是“dada”（英语儿语里的爸爸），于是书中的动物都努力教自己的宝宝说“dada”这个词，但他们发出来的却是另外的音，比如小牛只会说“moo…”，让人忍俊不禁。

● 《飞机》（*Planes*）

作者：Byron Barton（拜伦·巴顿）

适合年龄：1岁以上

爸爸们小时候都喜欢各式各样的飞机吧，那就和宝宝一起读这本绘本吧。这本书里描述了各种功能的飞机，连不爱亲子共读的爸爸，也可能会对它感兴趣。这套书还包括船舶、卡车和机械篇，简直是爸爸专属绘本。

- **《咕噜牛的孩子》（*The Gruffalo's Child*）**

  作者：Julia Donaldson（朱莉娅·唐纳森）

  适合年龄：1岁以上

  第一次知道Gruffalo（咕噜牛）这个角色，是苏宝的姑姑送了她*The Gruffalo*（《咕噜牛》）这本在英国超级畅销的绘本。当时苏宝还不到一岁，看这本书有点儿早，我就自己先看了一遍，竟然爱不释手。后来看了同系列的动画片后，对它的故事情节和完美画风更是惊叹不已。*The Gruffalo's Child*是这本书的续篇，讲的是咕噜牛和他女儿的故事。咕噜牛宝宝想去密林里探险，结果遇到了爸爸特别害怕的那只老鼠，经历了各种“惊险”后，她终于回到爸爸身边，在山洞里睡着了。我们全家人都特别喜欢这个系列的绘本。

亲子阅读中，爸爸有不可或缺的力量。爸爸们，你们愿意用阅读来富养自己的孩子吗?

CHAPTER 06

# 美式育儿方法

孩子来到世界上，就像一张白纸。很多时候孩子的情绪和行为，是家庭环境的折射，也照出我们最好和最坏的一面。孩子最不可爱的时候，其实是最需要爱的时候。或许我们在教孩子认知情绪的过程中，也能成为更会管理情绪的大人。

01

# 录取率比哈佛还低的幼儿园，入学考些什么

苏宝20个月时，虽然离上幼儿园还有一段时间，但选幼儿园这件事已经被我们提上了日程。美国的幼儿园有几种考察方式，一种是Open House（对外开放日），第二种是和学校预约时间去单独参观，第三种是参加学校给2岁左右孩子提供的体验课，让孩子和家长提前熟悉老师和学校的环境。

我们就带苏宝参加了我家附近幼儿园的亲子课，也跑了几个幼儿园的秋季Open House。参加这种活动越多，认识的同龄家长就越多，大家聊熟了，我才发现，其实纽约的家长也挺焦虑孩子择校这事的。

需要和大家说明一下，美国的幼教体系和中国有一些区别，2～5岁的孩子上的幼儿园叫Pre-school，5～6岁上的才是Kindergarten，相当于我们的学前班。

纽约的公立幼儿园质量参差不齐，而私立学校的师生比例小，不仅有优质的硬件设施，还提供马术、攀岩、高尔夫、编程等这些课程，稍微有条件的家庭都希望把孩子送到私立学校。

纽约最顶尖的私立幼儿园，录取率比常春藤大学还低。比如上西区的Trinity School（三一学校，美国总统特朗普家孩子们的母校），如果父母不是本校校友，孩子也没有兄弟姐妹在这所学校就读，录取率只有2.4%，比哈佛大学的5%～7%还低。

这些私校开设了从幼儿园到高中的多个年级，不仅学费昂贵（每年4万～7万美元），入学竞争激烈，而且很多都不收“插班生”。也就是说，这些学校的小学部通常会优先录取本校幼儿园的学生。上东区大名鼎鼎的道尔顿学校［就是

*Gossip Girls*（《绯闻女孩》）里那所贵族学校】的官网上，甚至明确表示了小学1～3年级都不会招新生。所以，要想让孩子进入这些竞争激烈的私校，唯一保险的办法，就是一开始就送他们进入私校的幼儿园。

有一次，我回哥伦比亚大学参加了教育学院的一个校友活动，特地和几个在纽约私校任教的同学聊了择校的问题。比如，这些录取率低到吐血的幼儿园，是如何录取学生的？对于这些三四岁的孩子，真能通过面试决定他们的潜质吗？回来后，我又查阅了一些资料，把我了解到的情况分享给大家。

## 任何人都可以报名

网上曾传曼哈顿的孩子一出生就要开始入学报名排队，这个并不是真实情况，事实上大部分学校是入学前一年开放申请，而且任何人都可以申请。只不过像三一学校这样的学校，每年有近千个家庭申请，最终只录取几十个孩子。

## 小组面试不是考试，而是玩

哥伦比亚大学教育学院附属的Hollingworth实验幼儿园，就是一所非常难“考”的学校，我的一个朋友是哥伦比亚大学校友，费尽心思都没能把女儿送进这所学校，最后去了离哥伦比亚大学不远的一所蒙台梭利幼儿园。Hollingworth幼儿园和纽约其他顶尖私校幼儿园一样，入学最重要的面试是play session（2岁孩子的玩耍面试）。这个测试并不是一问一答的面试，而是考察孩子的玩耍能力。通常会让候选的孩子进入教室，先在老师带领下唱歌，听老师讲几个故事，然后让孩子们自己玩耍和互动。学校的老师会在旁边观察和记录孩子们玩耍的行为。

这个测试的目的不是了解孩子们是否认字、识数，而是看他们是否有好奇心、学习能力和良好的性格。比如，玩好玩具后，是否会将玩具收拾好（秩序感）；当孩子发现教室另一边放着自己感兴趣的玩具时，是否会想方设法拿到（解决问题的能力）；搭建比较复杂的积木时，是否能坚持完成（精细运动、耐心和专注力）；老师也会考察孩子是否能和同龄人和平共处。虽然2岁左右的孩子社交力还处于萌芽期，彼此之间不一定会有很多互动，但是攻击性很强的孩子，很可能会落选。

## 家长也要接受考核

除了玩耍面试以外，很多学校还会对家长进行面试。纽约排名非常靠前的精英私校Horace Mann School，就建议父母提供一份书面陈述，向学校介绍自己孩子的情况。在面试环节，招生官会要求父母聊聊自己的孩子有什么独特之处，有什么缺点，以了解孩子的家庭环境、父母的养育价值观是否符合学校的教育理念。

## 教育统计局的测试

除了前面两个重要的测试，很多私校还会要求孩子参加美国教育统计局（ERB）的学前班/小学入学测试（AABL/ISEE）。该考试的时间为45～60分钟，测试内容包括词汇量、简单运算的能力、逻辑能力等。

由于纽约精英阶层对贵族学校的热捧，很多为孩子准备幼儿园“面试”的机构也“应运而生”。这些培训机构每年的辅导费用为1.5万～3万美元。其中一家早教机构出售的AABL测试练习册，价格高达149美元，里面大多是一些认字、识数、分类、颜色认知等简单题目。

纽约的很多父母为了送孩子进入最好的私立幼儿园，可谓绞尽脑汁，寝食难安。在考虑苏宝入园问题的初期，我也焦虑过这个问题，但是很快就释怀了。我们觉得，与其让孩子小小年纪就去挤独木桥，不如把比这更重要的东西提供给她，比如无条件的爱和陪伴。目前美国教育界对这种让3岁的孩子面临残酷淘汰制的私校，也有很多反对的声音。

我认可精英教育的价值，能入读一所优质幼儿园当然是好事，但我认为给孩子幼年时期最大影响的，还是家庭环境和父母的言传身教。我不太相信通过一次玩耍测试，能决定孩子是否具备终身学习的能力，更不认为AABL这样的标准化测试，能考出孩子真正的潜力。一年花几万美元为孩子的入园面试做准备，更是毫无必要。一个不焦虑、愉快的童年，是我能想到给孩子最好的馈赠。

02

# 选幼儿园时，美国家长重点考察的5个问题

前面提到过，美国早教（2～5岁）叫作Pre-school，幼儿园（5岁入学）英语叫作Kindergarten。这篇文章聊的选“幼儿园”对应的是Pre-school（5岁以下）。虽然中美幼儿园有很多不同之处，但在教育国际化的今天，中美早教机构也越来越趋同，希望这篇文章能给宝宝即将入园的爸妈们一些参考。

苏宝20个月左右，我和苏爸开始考虑起为她选择幼儿园的事情。虽然她入园要在一两年后，但纽约一些我们心仪的私立幼儿园录取率很低，有时候要等一年之久。如果等开学前一两个星期再报名，肯定晚了。所以，我决定提前做做功课，敲定苏宝备选的幼儿园名单。

接下来几个月，我走访了纽约地区好几家私立幼儿园。在拜访这些幼儿园的过程中，我都坦诚问了一个问题：我是新手妈妈，我在给孩子选择幼儿园，有很多困惑，可以告诉我该怎么选择好的幼儿园吗?

其中给我印象比较深刻的，是一家蒙台梭利幼儿园。拜访那天，有二十几年幼教经验的园长亲自陪我参观了学校，我坦言告诉她自己已经走访了纽约好几家幼儿园，希望在如何选幼儿园这个问题上能得到她的建议。之后，我们在她的办公室聊了2个多小时，聊育儿、聊择校、聊蒙氏教育理念的过去和现状。我在学到很多新知的同时，也被园长的敬业精神深深打动。

这篇文章不讨论那些显而易见的考察指标，比如收费、安全性、离家远近等，而是提供一个新视角，聊聊那些容易被忽略的问题。我结合蒙氏园长给我的

建议、自己查证的资料以及身边美国妈妈们的经验交流，总结出选择幼儿园时需要重点考察的几个问题。

## 学校的价值观是否和自己家庭的一致

父母是孩子的第一任老师，幼儿园其实是家庭教育的延续，因此确保学校的核心价值观和父母的价值观相符非常重要。和园长聊天时，她特别提到一个概念叫作“Family Education Philosophy”（家庭教育的价值观），这种价值观特别体现在养育过程中父母对孩子不同方面发展的重视程度以及处理问题的方式。

### 这样考察：

一些学校特别重视艺术修养，另一些学校很强调每天孩子学到什么知识（Academic Skills）。比如，你是个非常重视孩子阅读能力的家长，亲子阅读是你们生活的一部分，那么记得咨询老师每天会花多少时间陪孩子们阅读。再比如，如果老师在孩子们发生争执时采用的是Time-Out（暂停）的处理方式，但是你很不赞同Time-Out，这所幼儿园的风格就和你的养育价值观有冲突，需要谨慎选择。

我参观的一所幼儿园非常重视多媒体的引入，给每个孩子都配了一台iPad。我不是特别赞同小小孩长时间使用电子设备，虽然对这所学校的炫酷现代风格很感兴趣，但最后还是放弃了。

## 是否名副其实

以蒙台梭利幼儿园为例，蒙氏幼儿园在美国有几千所，仅纽约市就有二十几所。中国近年也雨后春笋般出现了很多蒙氏幼儿园，但质量参差不齐。学校名字带有“蒙台梭利”，并不代表学校具备蒙氏教育水平和资质。这些学校中只有一部分通过了AMS（美国蒙台梭利协会） 或IMC（国际蒙台梭利协会）的认证。

### 这样考察：

现在号称“双语”“国际”的幼儿园也遍地开花，父母在考察时，要记得了解他们是不是真的双语教学，是否真的采用国际化的教育模式？优质的国际幼儿园，不仅需要有聘请外籍教师的资质，有些还提供国际认证的课程，以便孩子升入小学后顺利衔接。

要提醒大家的是，中国一小部分国际幼儿园是严格意义上的“国际”，由外国人或者境外机构办学，只接受外籍学生，在择校前记得了解清楚。

## 学校的风格是否适合孩子的气质

每个孩子都有天生的气质，有些孩子很内敛，有些很好动。每个学校也有自己独特的风格。选对符合孩子气质的幼儿园，就像为孩子找到另一个家一样。这次拜访蒙台梭利幼儿园时，园长最让我欣赏的一点在于她中立的态度。按理说作为园长本人，都会尽量宣传自己的学校有多么完美，但园长对我坦言：每一个孩子的天生气质都是独特的，蒙氏教育并不一定适合所有的孩子。

### 这样考察：

我考察的这些学校相互之间风格迥异，一般拜访一小时内就能对学校的“气质”有个全面的印象。家长在考察幼儿园时，要结合幼儿园最突出的特色，考虑是否和自己孩子的天性相匹配。比如，蒙氏幼儿园的教室非常安静，看不到孩子们大闹嬉戏的场面，因为老师会刻意培养孩子的独立性和专注力，有意杜绝给孩子过多的distraction（分心、刺激）。因此，过于活泼好动的宝宝，来到这里也许会不太适应。

## 老师是如何跟孩子互动的

蒙氏园长告诉我，因为蒙氏幼儿园是混龄教育（3~6岁的孩子同班，保持同一批孩子在一个班直到毕业），因为3年期间都是同样的老师教，所以考察老师就很有必要。师资背景也是值得考察的要点，这次我考察的几所幼儿园都要求老师有早教专业的学历。学历并不等同于老师的能力，但从某种程度上能作为考察学校的指标。我个人的看法是，不必迷信学历，但如果大部分老师连大专证书都没有，那么这家幼儿园的质量就值得打个问号。

### 这样考察：

老师对孩子的态度符合你的期望吗？你希望你的孩子和什么样的老师相处？老师和孩子交流的风格是否让你感到舒服？

我参观过的幼儿园中，一些老师和孩子们安安静静地坐在小桌前做手工，有些老师和孩子们一起坐在地上堆积木。我还看到几个老师，每次和孩子说话时，都会蹲下来，和孩子的视线处在同一高度，非常尊重孩子们的感受。为了保证孩子能得到老师足够的照顾，师生比例也很重要，我考察的幼儿园师生比例最高都不超过8：1。

## 孩子有没有大量的玩耍机会

孩子离开家进入幼儿园这个新的环境后，父母无法随时掌握孩子的发展都得到了哪些训练。因此，很有必要提前了解学校的课程设置。我认为选择一个“会玩”的幼儿园非常重要，会“玩”的孩子情商高、会合作，认知能力也更强。

### 这样考察：

对“玩”的考察，应该包括想象力层面的玩耍和运动发展。在拜访幼儿园时，父母要注意观察孩子们是否有大量机会做手工、布艺、画画，老师是否鼓励孩子们团队合作，教具中是否有角色扮演的道具、过家家玩具（比如玩具厨房、模拟消防队员的服装）等。运动能力（Motor Skills）又包括大运动和精细运动，中外教育专家都公认，孩子的运动能力和认知发展紧密相关。一个硬件过关的幼儿园，应该给孩子提供足够的户外运动场地，比如沙坑、秋千、滑梯等。

我参观的一所幼儿园，运动方面除了自由户外玩耍，还包括舞蹈、滑冰，另外一家幼儿园还有马术和攀岩的选修课。学校对精细运动能力的重视，可以从玩具中体现出来，比如会提供各种各样的积木、穿绳、拼图等。

除了以上5个方面外，另一些值得考察的因素，还包括学校课程中是否贯穿了基础的认字、识数；学校和家长之间是何种沟通方式和频率；学校是否提供你家孩子可能特别感兴趣的特色课程等。如果是双语幼儿园，孩子每天有多少时间和外籍教师在一起？全托的幼儿园，还要看学校对孩子们饮食和作息的安排是否规律。

当然，父母应该有合理的预期，毕竟身边供我们选择的幼儿园不可能符合我们的每一条要求。包括我参观的纽约多家幼儿园，也没有一家能同时满足我对以上5个方面的要求。只能在离家便利、收费合理的幼儿园中，通过比较，选择性价比最高的一家。

最后请记得，每天孩子放学回到你身边时，坚持陪他读几本绘本或者依偎着聊聊天。不管孩子上哪个幼儿园，父母和家庭仍然是他最好的早教老师。

03

# 那些眼里有光、内心强大的孩子，背后都有怎样的父母

为给苏宝选择幼儿园，我走访了纽约的多家幼儿园，也参加了不少亲子体验课，发现美国幼儿园在育儿理念上都有个共同的目标——培养自信的孩子。

这不是一句空话，自信这种品质对孩子一生的发展是非常关键的。自信的孩子，学习成绩往往更优秀，成年后职业发展也会更顺利。我希望孩子成为自信的人，能接纳自己，喜欢自己的每个选择，拥有不焦虑、不纠结、快乐的人生。孩子一生拥有良好的心态，这和学习成绩、升职加薪这些比起来，重要多了。

这篇文章我想从不同的视角来聊聊小朋友自信的根源——“安全感”。这个问题的“标准”答案可能是：给孩子无条件的爱。可是孩子收获了无条件的爱，就一定能自信、有安全感吗？这两年我和苏宝的早教老师、儿医花了很多时间聊这个话题，我发现，要想给孩子建立良好的安全感，父母要付出的不仅是爱，还包括以下几个方面。

## 婴儿时期：给宝宝创造有规律的生活

这一点看似和孩子的性格养成没什么关系，但其实从0岁开始培养宝宝安全感，生活规律很重要。

苏宝刚出生时，她的儿医就不厌其烦地和我们强调：Babies Like Routines（婴儿喜欢有规律的生活）。人类的恐惧和不安常常来自未知，在宝宝人生的头

3年，他从妈妈的子宫来到陌生的世界上，一切对他而言都是未知的。有规律的生活能安抚宝宝敏感的神经，尤其是对环境变化极其敏感的高需求宝宝。婴儿时期建立的良好生活规律带来的安全感，会伴随孩子一生。

根据儿医的建议，从苏宝出生开始，我们就尽量给她安排有规律的生活，让她每天在固定的时间喝奶、就寝和起床，每天有固定的睡前程序（洗澡、读绘本、抚触按摩、亲吻道晚安），即使外出旅行，也会尽量保持和在家差不多的作息规律。这样宝宝逐渐会意识到自己每天的生活是有规律、可以预期的，而不是乱七八糟的。这是建立安全感的第一步。

## 幼儿时期：适当立规矩，给孩子有节制的满足

闺密家3岁的儿子，是家里绝对的霸主。宝宝出生后，全家捧在手心怕化了，只要孩子一有什么要求，4个老人和两个大人就会立刻围上去服侍，乱成一锅粥。别说无条件的爱了，哪怕是娃想要月亮，全家人也会努力去摘。但闺密向我抱怨说，这个孩子在家无法无天，出去却显得畏畏缩缩，和在家里判若两人。家人明明已经给孩子“无条件的爱”了，为什么他还会没有安全感呢？

当孩子有一定辨别是非的能力后，大人需要做的，是做好家庭的主心骨，让孩子明白，大人掌握着这个家的主权，而不是小朋友。有时候孩子故意哭闹，其实是在测试大人的界限，看大人会不会让步。在那些操纵大人的孩子看来，大人没有力量，大人的形象是虚弱的，因此孩子始终是缺乏安全感的。

很多人把无条件的爱和“有求必应”混淆了。在这里，我想澄清一下。0~6个月的宝宝饿了、困了、不舒服了，会用哭声来表达，这个阶段父母对他们应该有求必应，小婴儿是不会被“宠坏”的。但是，如果你家的3岁孩子一次要吃3个冰激凌，一哭闹你就投降，这不是“无条件的爱”，这根本是在坑孩子好吗？

父母不要怕立规矩。一个家要让成年人来做主人，孩子才会有安全感。合理的规矩、大人的执行力，会成为孩子安全感的来源。大人保持公正的态度，信守承诺、言出必行，这些都能给孩子塑造一个有力的主心骨形象。大人做好大人，孩子才能安心地做孩子。

## 整个童年：让孩子喜欢自己本来的样子

刚到美国留学的时候，我发现美国孩子都长了一张“理直气壮”的脸。比如，课堂上美国同学发言总是特别积极，说得头头是道。后来我发现，美国同学的发言并不高明，甚至有时会答得很离谱、很幼稚。但是他们有种谜之自信，不管答得对不对，都会不屈不挠地维护自己的观点。而同班的中国孩子因为怕答错，往往不喜欢参加讨论，只是默默地记笔记，久而久之反而给教授一种“这个学生对我的课不感兴趣”的印象。

为什么中国孩子怕“答错”？因为中国传统教育崇尚标准答案，渐渐地，孩子会变得喜欢标准答案，而不是喜欢自己的观点和看法。

在哥伦比亚大学读书的时候，我曾在东亚系兼职教中文，其间遇到过一个很不快乐的华人学生。他告诉我，他的梦想是做冰球运动员，但他的父母要求他必须上常春藤名校，考医学院。可是，这样做的结果是什么？医学院毕业后当了医生，挣很多钱，买好房子、好学区，然后逼着下一代再去考医学院？这样做真的值得吗？

带苏宝去图书馆，有时会遇到华人家长在图书馆监督高中的孩子复习SAT[1]，孩子和大人都满脸疲惫，还不如旁边哼着小曲打扫卫生的黑人阿姨有神采。

美国的学校很尊重孩子的个体差异，成绩好坏并不是判定是否优秀唯一的标准。篮球小将、辩论高手、热心公益的孩子，都可能成为受欢迎的“小明星”，而美国的父母对孩子的运动才能、表演天赋都非常看重，他们善于挖掘孩子身上的闪光点，而不是拿自己孩子的短处去和别的孩子对比。美国的父母和老师眼里没有“标准答案”，每个孩子都来自不同的小星球，自带独特的光环，他们给孩子传递的信息是：你作为一个独立的人，有自己的思考和自己的特点，就值得所有人喝彩。

刚做妈妈的时候，我常反思的问题是：宝宝有点儿害羞，我该怎么让她像其

---

① SAT（Scholastic Assessment Test）是由美国大学委员会主办的一场考试，其成绩是世界各国高中生申请美国大学入学资格及奖学金的重要参考。它和ACT（American College Test）都被称为美国高考。

他孩子一样外向？而现在我常思考的问题是，每个孩子都是千差万别的，我的孩子非常喜欢艺术，非常有洞察力，我该怎样帮助她保持这些闪光点？

培养出一个自信孩子听起来很难，也可以很简单。我们可以先学做这样的大人：帮助宝宝规律作息；温和而坚定地管束孩子；懂得欣赏和接纳孩子的个体差异，从生命最初开始，就让孩子学会认同和接纳自己本来的样子。

愿我们都能理解“安全感”的真正含义，培养眼里有光、内心强大的孩子，然后放心看着他飞远，去拥抱世界。

04

# 宝宝抗拒吃饭、穿衣、刷牙，我用一招就搞定

虽然我一直知道“Terrible Two”（可怕的2岁）是宝宝成长的必经之路，也有心理预期，但自我意识爆发期给苏宝带来的变化还是让我感到吃惊。比如，以前一到吃饭时间，苏宝就会迫不及待地往餐椅上爬；现在她哪怕已经饿了，如果正在玩喜欢的玩具，也会大叫：“我不要吃饭，我在工作！”

当然，苏宝对“命运的反抗”还包括：“我不要刷牙！”“我不要喝水！”“我不要穿鞋子！”“我不要回家！”

仿佛以前的招数一夜之间都不管用了。宝宝有独立意识是好事，但面对一言不合就躺地上的2岁孩子，我还是感到很崩溃。

有天晚上睡前，苏宝在和她心爱的娃娃玩“过家家”，她听到我开始往浴缸里放水，便执着地大声说：“我在工作！我不要刷牙！我不要洗澡！”

苏宝正沉醉在“过家家”的角色扮演中，我偷偷走到她身后，看到她一本正经地问娃娃：

“你要不要吃一块饼干？好，给你饼干。”“你要不要喝牛奶？好，给你一杯牛奶。”“谢谢，不用谢。”

在她的眼里，陪她“过家家”的玩具娃娃俨然是个好朋友。我开了个脑洞，在她的小桌子前蹲下，把耳朵凑到娃娃面前，自言自语地说：“娃娃，你在和我说话吗？什么？你吃好了？想擦擦嘴？”苏宝一听，赶紧拿来纸巾给娃娃“擦嘴”，我又说：“娃娃，你想让小苏教你刷牙吗？”苏宝立刻兴奋了，连忙说

“想！想！” 然后，抱着娃娃就往浴室跑。

苏宝把娃娃放在洗漱台上，迫不及待她想要刷牙给娃娃看。我顺水推舟帮她一起刷了牙。苏宝因为当了一次“老师”，特别自豪，刷牙这件平时她比较抗拒的事情，竟然被这个意外的办法搞定了。

接下来的几天，洗澡的时候，我会先“问”苏宝的塑料小鸭要不要洗澡？喝水的时候，我邀请苏宝的毛绒兔子一起来喝，她抱着吸管杯，自己喝一口，给兔子也“喝”一口。

慢慢地我意识到，处在“Terrible Two”的孩子，因为独立意识很强，很容易被来自大人的“命令”所激怒。但如果她觉得萌萌的玩具想和自己一起做某件事，立刻就来了动力，因为和“朋友”一起刷牙、喝水、用餐、收拾玩具，是有乐趣的。原来，孩子需要的是一个和她同等地位的“朋友”。

有段时间，苏宝更喜欢吃肉，比较抗拒吃蔬菜，我给她换了印有小兔子图案的餐盘，然后假装和餐盘上的小兔子对话：“小兔子，你想吃胡萝卜吗？喂你一个吧！”苏宝听后很兴奋，抢过叉子说：“我也要喂小兔子，我们要一起吃胡萝卜！”不知不觉，一盘蔬菜很快被她吃光了。要出门的时候，苏宝会坐在门口的楼梯上，把她的玩具熊放在身边，一本正经地说：“我们要出门了，开始穿鞋吧！”

这个小小的技巧让2岁孩子的日常生活管理轻松了很多。家有叛逆期宝宝的妈妈们，不妨尝试一下。

养育路上，没有什么“一招鲜”。这个意外发现的小技巧，不一定对每个孩子都有效，或者这段时间很有效果，但过段时间不新鲜了，孩子可能就不买账了，父母又需要发明新的办法。不过，养娃的本质也是如此：留心孩子成长过程中点滴的情绪，不断观察变化的孩子，不断总结出变化的方法，只要你肯用心，方法总比问题多。

05

# 怎么说，孩子才会听

一次，闺密带着2岁半的儿子，全家人从国内万里迢迢赶来纽约感受万圣节的热闹场景。

闺密家出国旅行，孩子的爸爸再忙也会从工作中抽身陪娃，加上爷爷奶奶护驾，阵容豪华。我们一起外出吃饭的时候，还没点菜，闺密的儿子就爬上了椅子。妈妈告诉他几次“不可以，坐下”，他充耳不闻，最后干脆站到椅子上，用力摇晃椅背，差点儿摔下来，被妈妈生气地制止了。

菜上来后，他又要求玩爸爸的手机。爸爸说不行，他开始哀号不已，引得其他客人频频侧目，他把盘里的饭菜胡乱挑到桌子上，表示抗议。爸爸不理他，但奶奶看不下去了，说：“就让孩子玩一下吧，不就是个手机吗？有什么大不了的。”

送闺密回酒店的路上，她挽着我的手抱怨说：“你看，男孩子就是这么难管，打不得，说又不听，稍微管严一点儿，老人还要出来干涉，真是一个头两个大。”那天晚上，我们聊了很久，关于孩子为什么会把爸妈的话当耳边风，以及管教孩子时，到底如何说他才会听。

## 越早立规矩越好

我曾听过一种很奇怪的说法：孩子很小就开始立规矩，太残酷了，在家都不允许他做这，不允许他做那，出去会更胆小。我想，有这种想法的人，可能把“遵守规矩”和“没有自信”给混淆了。不守规矩的孩子，并不一定是有自信的孩子。当一个不守规矩的孩子和外界碰撞时，他会发现只有家里人会迁就自己，在学校，不守规矩是会被人讨厌的。他会对外面的世界产生迷惑和不安。相反，那些从小懂得自律的孩子，更具备成熟的人格，更能自信地适应社会。

美国早教专家伯顿·L.怀特（Burton L.White）发现，6个月以内的婴儿还没有“规矩”的意识，他们用哭泣表达需求时，父母应该尽量满足；但是6~8个月后，就可以开始立规矩了。其实，孩子对规矩有惊人的理解力。从一开始的一些简单的指令，到1岁后逐渐引入讲道理，7~22个月是帮助宝宝建立规矩意识的关键期。比如，8个月的宝宝因为好奇用力去抓妈妈的脸，这时候，妈妈应该很坚定地告诉宝宝“好痛”或者“不可以”，并且把宝宝的手拿开，这就是立规矩的开始。

立规矩的时候，全家人立场一致很重要。比如前文中，爸爸正在纠正宝宝吃饭玩手机的行为，奶奶出来护着，这样孩子特别容易被搞晕：到底能玩手机，还是不能玩呢？还是虽然爸爸不让我玩，但是在奶奶面前就能玩呢？全家战线不统一，规矩立了等于白立。

## 给孩子一些心理准备时间

每次带苏宝去公园，我都会观察到两种不同的家长：一种告诉孩子该回家的时候，孩子根本不理睬，拖拖拉拉半小时都走不了，最后家长在哭闹中把孩子拖走；另外一种家长总是能很轻松地让孩子离开。他们的区别在于管理的方式不同。

学龄前的孩子，时间观念还在萌芽，当他们专注于某个玩具或游戏的时候，如果忽然被打断会感到很诧异，随之而来的很可能就是哭闹。我身边不少美国妈妈在这方面做得很好，她们会在该离开之前，提醒孩子还有10分钟，还有5分钟，还有1分钟，然后时间到了，该离开了。习惯了这套程序的孩子，因为每次该离开公园时都有心理准备，会比较遵守时间规则。

这个技巧对管理宝宝看电视的时间、该几点睡觉、吃零食的数量等，同样有效。

## 说话要算数

规矩立好后，家长就要坚定地执行，千万不要出尔反尔。

苏宝有段时间对画画特别感兴趣。刚开始用蜡笔的时候，她艺术灵感大爆发，挽起袖子就开始往墙上、家具上画，我赶紧制止。她闻声立刻收手，但是过了一会儿又开始往墙上画。从一岁半起，我开始对苏宝执行“两遍原则”。比如，她在家具上画画，我会提醒她“不可以”，如果提醒两次后，她继续往家具上画，我会轻轻地把她手里的蜡笔拿走，并且告诉她原因。你会发现，家长执行力强，行为和观点始终稳定，孩子会非常尊重你的管束。

纠正孩子的某个行为时，语气要温和而坚定，无须大声吼叫，更不要碎碎念。苏宝有段时间吃饭时喜欢把餐具和饭菜到处扔，有好几次，我告诉她不可以后，因为忙着做菜，说完就没有来得及管她。到最后变成她一边扔，我一边重复“不可以扔”，于是她在扔食物这件事上，成了“老油条”，不再把规矩当回事。决定实行“两遍原则”后，我会制止两次，第三次再扔就请她离开饭桌。苏宝被震慑住了，扔食物的习惯慢慢改掉了。

关于这一点，我向身边的美国妈妈们学到了很多。有一次，在早教班遇到一个2岁的小男孩故意用玩具打别的孩子，妈妈安静地告诉孩子几次“这样不对”，他仍然不停手，妈妈告诉孩子：“那我们今天不能在这里玩了，回家。”后来又见到这个孩子时，他真的没有再打过人。

我一个好友2岁半的儿子不肯收拾玩具，大哭大闹，满地打滚。妈妈先是在旁边看着他哭了一会儿，然后拿来一条毯子说：“妈妈现在要去做事了，你想哭就再哭一会儿吧，不过地上太凉了，你可以裹着毯子哭。”说完就去厨房做饭了，孩子发现用哭声要挟父母没戏，很快就乖乖收拾玩具了。

孩子都是很精明的，他们无时无刻不在测试我们的界限感，父母一定要明确自己的界限，并坚定地执行。因为坚持这个原则，我对苏宝立了规矩后，通常提醒两遍就能达到效果，并不需要走到第三步。不要轻易对孩子满口说“不”，但是一旦说了，就要让孩子明白，妈妈是认真的。

## 及时沟通，懂得共情

苏宝有一次喝水时，故意把水倒在地板上，她被我制止后，一屁股坐在地上开始大哭。我蹲下来陪着她，等她情绪稍微平静后，我告诉她刚才哪里做得不对，然后给她一个拥抱，告诉她妈妈仍然非常爱她。最后，我说："地上弄湿了，我们一起来把地板擦干净吧。"

这个方法是从一本叫作《一分钟父亲》的小书里学来的。这本书在20世纪80年代就已经被翻译成了中文，是我小时候妈妈买回来给我爸看的，后来偶然一次被我从家中书柜里翻出来，读完后真的受益匪浅，于是也买了一本给苏爸读。

孩子不守规矩，很多时候只是一种负面情绪的自我表达，家长及时认可孩子的情绪，帮助他梳理情绪，并认识到自己的不当行为，赋予孩子强烈的被爱的感受，这才是最有效的管教。愿我们都能成为温和而坚定的父母。

06

# 别焦虑，高需求宝宝很可能是“潜力股”

我曾遇到一个特别焦虑的妈妈。她的宝宝半岁，从出生开始就是个极度敏感、黏人、随时要人伺候的“女王”，这让她精疲力尽。她对我诉苦说：“别人家宝宝6个月就睡整夜了，我家还要夜醒两三次；别人家宝宝可以安安静静地在地垫上自己玩，我家一放下就哭；别人家……”我莞尔一笑，想起一个妈妈曾经对我总结过的：有种传说中的“天使宝宝”，叫作别人家的孩子。

其实这位妈妈描述的宝宝，非常符合“高需求宝宝”（high need baby）的特点。

## 怎么识别高需求宝宝

英语里很喜欢用“difficult & fussy”这两个词来形容高需求宝宝，他们不容易满足、睡眠问题多、常常烦躁不安、经常哭闹、对周围环境异常敏感。因为苏宝曾经出现过这些情况，我曾专门研究过这种类型的宝宝，当时束手无策的我，和一个妈妈聊天，第一次听她提到“高需求宝宝”这个词。她的两个孩子现在分别是9岁和7岁，在学校的表现都很不错。

以下8个特点是每个宝宝多多少少都会有的，但高需求宝宝在健康、舒适的情况下，仍然会满足以下8个特点中的大部分甚至全部。

- **恋奶。**从出生开始，就是个十足的小吃货；别人家宝宝三四个小时才吃一次母乳，他一两个小时就要吃一次；既非猛长期，也不是妈妈奶水不够，但他就是不停地吃。
- **随时需要人伺候。**随时要抱，随时要求关注，一秒钟也不能被忽略。
- **要求高、不容易满足。**抱过、摇过、喂过、换了尿不湿、唱过歌，但宝宝还是不能睡，也不能止哭。新买的玩具玩5分钟就不感兴趣了。等不及要被抱起来，等不及要吃奶，当他需要什么时，一秒钟都不能等，不然分分钟能哭得背过气去。
- **极度活跃。**很好动，精力旺盛，笑声很热烈高亢，哭声也很有穿透力。常常肌肉紧绷，小拳头紧握，一刻也停不下来。穿衣、换尿布时不停地乱动，哪怕被抱着的时候，也喜欢扭来扭去。
- **极度敏感。**对环境变化非常警惕，陌生的面孔、陌生的声音都会引起他的不安。需要比其他宝宝换尿不湿的频率更高，因为他更容易不舒服。小睡时会被极小的噪声吵醒，常常让大人如履薄冰。
- **不按常理出牌。**情绪和需求常常难以捉摸。你刚以为自己摸索出一套吃睡规律，第二天全变了；你以为自己研究出了某种管用的安抚办法，结果很快他就不买账了。
- **睡眠问题。**比大部分同月龄宝宝睡得少，睡眠浅，不能自主入睡，小睡短，夜醒频繁，常常需要抱睡、晃睡、奶睡，而且放下就醒。
- **比考拉还黏人。**分离焦虑是每个宝宝都会经历的，但在高需求宝宝身上表现得极为明显。他们一刻也不允许妈妈离开视线，很难接受其他人代替妈妈来照顾他。有时，连爸爸要抱也被拒绝，分离焦虑在黄昏和夜晚尤为明显。

排除生病不适等特殊情况后，如果你家宝宝符合5条以上，就很可能是高需求宝宝。

## 为什么有些宝宝是高需求宝宝

婴儿的哭闹和敏感，很大程度是由神经系统决定的。每个宝宝的天生气质，决定了他们的个性，这并没有对与错之分。

面对周围环境的刺激，“高需求宝宝”的反应比别的宝宝更激烈，更容易感到烦躁并且哭泣。然而，他们大脑的这种敏感特质，可以帮助他们更快地接受和学习大量信息。这也是他们将来可能变“学霸”的原因之一。

## 如何将高需求宝宝培养成优秀的孩子

高需求宝宝给父母的感觉是：前3个月根本不知道自己是怎么过来的，你以为3个月以后情况会好一些，没想到宝宝的各种需求越来越多，让你应接不暇。别人都在轻松愉快地晒亲子游照片了，你还在为宝宝每天都能按时吃饭、睡觉而手忙脚乱。整个第一年，你的感觉是自己就没能喘口气。

高需求宝宝长大后会变成什么样的孩子呢？可能变成“熊孩子”，也可能成为班里成绩最优异的孩子。一个有趣的研究表明，父母的养育风格会对高需求宝宝未来的人生产生很大影响。

美国印第安纳大学的一组早教专家，找了1300个来自不同家庭的美国孩子，从出生开始跟踪他们的成长轨迹。这些孩子中包括一部分从婴儿时期起就让父母崩溃的高需求宝宝。

这1300个孩子上小学一年级时，神奇的事情发生了，那部分高需求宝宝成长为截然不同的两拨孩子：一部分成了让老师头疼的“问题学生”，另一部分则成了班里最优秀的孩子。

## 关键在于父母怎么养

这两拨孩子之间的关键区别，在于父母的养育方式。这个研究小组发现，比起“天使宝宝”，高需求宝宝对父母的养育方式更敏感。他们将来在学校的表现，很大程度上取决于父母养育风格的影响。但是，由于他们更容易让父母疲倦、不耐烦，一部分父母采取了焦虑甚至冷漠的方式对待他们；另一部分父母则耐心坚持，尽量不在宝宝面前发脾气，努力满足他们的需求。

如果父母采用“优质养育方式”（指父母坚持用耐心、温和、充满爱的方式来对待宝宝的烦躁、敏感、哭闹等），他们入学后比其他孩子学习成绩更优秀、社交能力更好，和老师、同学的人际关系也更好。老师对这些孩子的评价是：懂合作，果敢，有自控力，学习竞争力强。

小学快毕业时，专家们再次对这批孩子进行了评估，结果发现那些得到父母耐心引导的高需求宝宝，到11岁时一如既往地优秀，学习适应力也强。

## 如何更好地照顾高需求宝宝

如果你发现自己的宝宝是个高需求宝宝，那么很可能在宝宝的整个第一年甚至第二年，你都会很辛苦。我结合读过的育儿原著和实践心得，总结出了一些小建议。如果你和我一样有个高需求宝宝，这些建议可能会有帮助。

### ◆ 大量的肢体接触

多抱孩子，能很好地缓解高需求宝宝的焦虑。我在纽约生完苏宝后，助产护士要求我第一时间和宝宝skin-to-skin（肌肤接触），这不仅是为了促进母乳分泌，也可以缓解宝宝的焦虑与不适。

大量研究表明，多和宝宝亲密接触，可以促进宝宝的人格健全发展，加强亲子关系。我受西尔斯亲密育儿法的影响，从苏宝出生开始就用婴儿背带，有双肩背的，也用过裹在身上的。当我发现苏宝烦躁不安时，就把她像小考拉一样挂在我身上，常常会有神奇的效果，顺便还能解放双手做家务。

### ◆ 第一时间回应宝宝的需求

其实，任何宝宝尤其是新生儿，都是在父母对他的回应中建立起自信的，高需求宝宝尤其如此。时刻回应宝宝的需求，建立爱的联系，这对高需求宝宝很重要。和父母之间建立起良好信任的高需求宝宝，将来更容易成为成绩优秀的孩子。

### ◆ 打造新颖多变的玩具库

高需求宝宝的敏感神经，需要新鲜的刺激来保持他们的好奇心。这也是他们对新玩具只有5分钟热情的原因。在小月龄时期，可以让宝宝在不同的爬行垫、玩具毯上练习抬头；稍大一些后，隔一段时间就给宝宝换一批玩具；还要保证足够的户外活动。苏宝也是个对玩具厌倦得很快的孩子，但后来我慢慢发现，玩具不一定限于买来的，互动性强的绘本，家里的厨具、日用品，只要保证安全，都可以吸引她的注意力。

### ◆ 降低心理预期

每个高需求宝宝身边都环绕着随时要崩溃的大人。如果你是全职妈妈，要记得积极寻求家人的帮助，在你觉得难熬时让自己补个觉，给自己满血复活的机会，然后继续战斗下去。每个宝宝就像一颗独特的宝石，都有自己的特点、规律、发展速度，家长不需要和其他宝宝横向比较。接受这一点后，你自然会调整自己的心理预期。

以上这些小建议，虽然可以缓解养育高需求宝宝的辛苦，但是很难改变他们与生俱来的个性。父母们要调整好心理预期，打一场有方法、有耐心、充满爱的持久战，你的高需求宝宝可能会成为一个异常优秀的孩子。

07

# 如何利用碎片时间高质量陪伴孩子

因为对“大数据”这个课题感兴趣，我曾回哥伦比亚大学选修了两门课，每周回学校一天，早出晚归，白天由婆婆帮我看孩子。于是，我从原来的一周7天陪娃的全职妈妈，变为了“微半职妈妈”，也体会了一下职场妈妈的生活滋味。

婆婆是个称职的帮手，我并不担心孩子的饮食和睡眠。从全职妈妈这个角色中抽离，进入新环境学习新东西，对我而言也是一种很好的解压方式。但我依然有些焦虑，怕陪宝宝的时间减少会影响亲子感情。后来，我偶尔读到一篇很有趣的研究报道，文章指出，如果母亲为了陪伴孩子过度牺牲自己的时间，会造成较大的情绪压力，反而可能对孩子的成长有负面作用。因此陪伴不在于时间长短，陪对方法才是关键。

对职场妈妈而言，每天早晨和下班后是陪伴宝宝、建立亲密感情的黄金时期。时间这么有限，怎么陪才能陪出质量？我总结了一些用碎片时间高质量陪娃的心得，分为早上出门前、下班后、临睡前、周末4个部分。

## 早上出门前

### ◆ 赖床5分钟

每天早上，我都会和苏宝赖会儿床。苏宝刚出生时，我在她的卧室放了一个蓝牙小音箱，她醒后，我会陪她一起躺在清晨的阳光里，听听音乐，哼两首儿歌，也会捏捏她的小手小脚，在她的肚子上挠痒痒。有时候，我还会把头蒙在被子里和她躲猫猫，把她逗得哈哈大笑。

苏宝发自内心的笑声特别有穿透力，清晨整个家的空气都是幸福的。我真的很喜欢这样和她一起“浪费时间”，虽然每天早上不过5分钟左右，却能让宝宝和大人都在愉快的心情中开始每一天。

### ◆ 可能的话，一起吃早餐

职场妈妈早上出门往往很匆忙，有时候自己都来不及吃早餐，更别说陪孩子一起吃了。但我还是强烈建议大家，如果能挤出时间的话，陪孩子吃顿早餐吧。

苏爸每天也是很早就要去上班，出门前我们通常会吃一顿简易早餐。比如，提前一晚泡好的黑米粥，豆浆再加上超市买来的速冻汤包，吐司加上牛奶鸡蛋，华夫饼加上新鲜水果等，全部是准备时间不超过15分钟的便捷组合。

有一桌饭才像一个家，相爱的人一起面对面分享一顿早餐，特别有利于培养亲密关系。同理，一起吃晚餐，也能达到高质量陪伴的效果。

## 下班后

### ◆ 带孩子出去走走

很多小区都有小朋友的游乐设施。苏爸下班以后，通常是我做饭，他带苏宝去家附近的公园走走，或玩滑梯、荡秋千。在从家到公园的路上，他会用运动推车推着跑步过去，也算利用碎片时间锻炼了身体。

一部分人（尤其是爸爸）对“陪娃”这个词的理解有误。去公园的时候，我有时会看到家长边看手机边陪孩子，心不在焉。坐在孩子的面前玩手机时，请别说你是在陪孩子，你只是假装在陪孩子而已。

无论白天工作有多忙，在孩子面前，你的角色只是父母。陪孩子时，你需要卸下“战袍”，关掉手机，转变角色，全身心地投入其中。再说，给朋友、同事微信圈儿点赞这件事，真的比你的孩子更重要吗？

### ◆ 穿衣、洗澡也可以是陪伴

照顾宝宝时，有很多看似枯燥的小事，其实都可以是高质量陪伴的契机。比如，我每天早上给苏宝穿衣服的时候，会和她一起数衣服上有几个扣子，或者一边穿一边和她唱儿歌：

小胳膊，穿袖子；
穿上衣服系扣子。
小脚丫，穿裤子；
穿上裤腿穿鞋子。

剪指甲的时候，我们会唱一首关于5个手指头的儿歌，顺便教她认识自己的手指。

刷牙、梳头、洗澡时都有相应的儿歌和游戏，都可以变成高质量陪伴的一部分，区别就在于你是在“完成任务”式地打理孩子的日常，还是和宝宝一起用有趣的方式去享受这些琐事。

## 临睡前

### ◆ 读绘本

如果说这篇文章介绍的方法你只能选一个，那就选亲子阅读吧。和宝宝共读绘本，是我能想到的最好的高质量陪伴方式。关于亲子阅读的好处，相信父母们都了解得很清楚。陪伴是双方的，带来的好处也是双方的。心理学家已经证实过，亲子阅读其实不仅对宝宝的认知发展有好处，也能促进亲子感情发育，还对父母自身的心理状态有益。

我身边的职场妈妈通常会在晚上宝宝睡前读绘本，这段时间比较充裕，也可以成为宝宝睡前程序的一部分，帮助他养成良好的睡眠规律。

### ◆ 睡前抚触

怀孕时，我去上备产课，医生就告诉我，抚触和按摩对新生宝宝的神经发育和性格养成特别有好处。于是，从苏宝出生开始，我和苏爸就会在她每天洗澡后，给她做个简单的按摩。其做法是，选一个宝宝比较舒服又不饿的时段，把婴儿油在手心搓热后，从宝宝的面部开始，轻轻按摩宝宝的四肢和身体。

其实，抚触不仅限于新生宝宝，幼儿也很享受抚触。苏宝2岁时，我们还保持着睡前用婴儿油给她搓小手和脚丫的习惯，这对宝宝是一种放松，也是亲子之间传递爱、连接感情的好方法。

### ◆ 什么都不做，只是抱抱

就高质量陪伴来说，父母一定要做些什么吗？其实不是的。从苏宝出生到现在，几乎每天黄昏，我们都会有10分钟左右的时间是“抱抱时间”。每当我外出一整天后，回到家和苏宝做的第一件事，不是讲故事也不是唱儿歌，而是抱抱她。

我们会找个安静的小角落坐下来，有时候听一些舒缓的音乐，有时候什么也不需要听，只是把宝宝拥入怀里，让时间凝固一会儿。“抱抱时间”=陪娃发呆，是任何人都不可以打扰的专属时刻，也是我们每天最静谧、最温馨的时刻。

## 周末

### ◆ 全家人的小旅行

周末是建立亲子关系很好的机会。虽然每天碎片化的陪伴很重要，但如果周末能抽出半天或者一整天的时间陪孩子，比如去远足、野餐等，这必然是更加高质量、更加深入的一种陪伴。美国家庭很流行Day Trip（一日游），特别是宝宝还小出不了远门的时候，全家人常常会来个一日游。

出游时，可以让宝宝看不同的风景，感受新的环境，在高质量陪伴的同时，对宝宝的大脑也是一种良性刺激。

### ◆ 让宝宝参与买菜、做饭等日常事务

我们在周末通常会带苏宝一起去超市买菜，边买边教她认识超市里的物品。回来后，全家人一起做饭，也会边做饭边让苏宝来帮忙。比如，给她一些菜叶，让她帮我“择菜”，或者让她帮我搅拌烤玛芬蛋糕的原料。这让她有一种满满的参与感。

我们让这些小事变得有趣的秘密是，让它们充满“仪式感”。比如，买菜时，我会让苏宝选一个她喜欢的毛绒玩具，然后带着玩具一起去买菜。如果你们不喜欢做饭，也可以试试周末叫外卖，节约出来的时间用来陪孩子做其他更有趣的事情。

### ◆ 亲子游戏

用孩子的方式玩耍，是很好的高质量陪伴方式。家有小月龄宝宝的，父母可以和宝宝一起玩积木，触摸感官板。大宝宝可以和爸爸妈妈一起做手工、涂鸦、捏橡皮泥、玩棋类游戏、角色扮演、“过家家”等。陪伴并不一定要教会孩子什么。在玩的过程中，让宝宝来主导游戏，甚至让他教你怎么玩，你的角色只是辅助和倾听。

高质量陪伴的方式有很多，以上这些建议只是抛砖引玉，相信大家还有很多好点子。如果今天你非常忙，回家时宝宝已经睡了，也无须焦虑，父母偶尔的缺席并不会对宝宝有长远的影响，父母有放松的心态，并且在有空陪伴时专注地陪伴孩子，这比计算总共陪伴了多少时间更重要。

“看孩子”是被动的，“陪孩子”才是主动的和双向的。看孩子并不只是坐在那里“看”，而是要和他互动，参与他的生活。别再纠结自己究竟花了多少时间“看孩子”，真正该重视的，是每天有多少时间真正陪伴了孩子。

08

# 用“懒”办法也可以高质量陪伴孩子

老二妹妹的到来，让我真正体会到了什么叫“1+1>2”。白天苏爸去上班后，我给妹妹喂完奶、收拾干净，好不容易把她哄睡后，剩下唯一的愿望就是躺在沙发上了。但家里还有个精力旺盛的老大，实在累得不想动的时候，又不想冷落了苏宝，于是这一个月以来我开动脑筋，实践了一下美国经常给我推荐的“躺着陪娃”大法，结果意外地省力。

这些“懒办法”基本上是大人坐着或者躺着，动动嘴就能陪娃，大家下班回家累了不想动，可以试试看。当然，如果娃太小听不懂指令的话还不行，很可能你刚躺下，他就开始挖你鼻孔或者一屁股坐在你头上。今天分享的方法，更适合一岁半以上的宝宝。

## 面膜SPA

找个舒服的地方躺下，头下面枕一块大毛巾，准备一碗面膜，让宝宝给你做个面部按摩。苏宝非常喜欢用手去感受各种泥和霜的不同质感，这个游戏她玩得不亦乐乎。因为这个游戏，曾在一个月之内就用光了一大碗死海泥面膜，为了省钱，我后来改成自制酸奶面膜了，结果一段时间下来，我的皮肤好得发光。

这个游戏能很好地刺激宝宝的感官发育。爸爸们陪孩子玩这个游戏时，可以用剃须膏代替面膜。

## 我是化妆师

首先声明，这是个考验你心理素质的游戏，建议孩子给你化完妆后，最好别去照镜子，直接用三倍卸妆水把脸彻底洗干净，否则你会被“熊孩子”的非主流创作“辣”哭，但真的能让你舒舒服服躺上好久，也算值了。

我给苏宝提供的工具通常是眉笔、口红这些小手容易抓握的化妆品。这个游戏适合2岁以上的宝宝，如果宝宝还在口欲期，喜欢咬东西，最好不要让他接触化妆品，毕竟这些东西可能有化学物质，另外散粉、眼影等还容易进入呼吸道，不要让小宝宝玩。

## “文身”

这个游戏是苏爸发明的，谁说艺术启蒙一定得在纸上作画呢？

天热的时候，苏爸穿着短袖和短裤躺在地板上，给苏宝一堆水洗马克笔和贴纸，让她给爸爸“文身”！苏宝超爱这个游戏，把爸爸的手臂和腿画成大花猫，逗得自己哈哈大笑。

身上汗毛比较多的爸爸，就不要用贴纸了，不然“熊孩子”帮你撕贴纸的感觉，会很“酸爽”（别问我怎么知道的）。

## 小小理发师

让宝宝在家开个美发沙龙，你来当顾客吧。这个游戏不是真的让宝宝用水给你洗头，也不是真的用剪刀理发。其实这是个真正没有道具的小游戏，全靠想象力撑场面。

苏宝有段时间很喜欢玩我的头发，一天，我正在给妹妹喂奶，苏宝绕到我身后说妈妈我要给你洗头。我立刻说：“好啊，我可以选橘子味的洗发水吗？”苏宝想了想说：“我只有蓝莓味的洗发水，可以吗？”然后，我们开始各种发散的想象，从选洗发水、护发素、浇水，到按摩头皮（都是想象的），苏宝给我来了个细致的洗剪吹全套服务，最后还给我捏捏背，满满的敬业精神！当然，整个过程我都舒舒服服地坐着，十分惬意。

大家千万别觉得这个游戏幼稚，假装玩耍（Pretend Play），也就是“过家家”，其实是美国幼儿园很强调的一个早教理念，孩子可以在这个过程中学习社交、共情，锻炼想象力，可谓“躺着陪娃”，还把早教的钱都省了。

## 小小医生

这是苏宝乐此不疲的另一个“过家家”游戏。我往地板上一躺，让苏宝帮我“体检”。因为怀二宝产检时，我经常会带苏宝同去，她就学医生拿胎心仪在我肚子上滑来滑去，然后认真地说：“你听到小baby的心跳声了吗？”当然每次检查完，诊断结果常常是“得了重感冒”，需要打针、吃药，我顺势拿些零食出来，假装那是药丸，让苏宝喂我吃，苏宝乐此不疲，我也偷偷休息一下。

曾经我觉得陪娃就一定要全身动起来，其实这篇文章分享的几种方式，既能锻炼宝宝的感官力、想象力、语言发育，又能促进亲子关系，未尝不是一种高质量的陪伴，大人还很轻松。

养育很辛苦，不时给自己充个电，照顾好自己，偶尔躺下来休息，才能更好地陪娃。

09

# 孩子玩具被抢，父母该怎样引导

苏宝16个月时，手脚越来越矫健，在公共场合经常以闪电的速度“瞬间位移”……我们每天在图书馆、宝宝音乐课、艺术课、公园这些场合至少有三四小时，接触的孩子很多。那段时间，我明显发现苏宝的社交能力更强了，特别喜欢和别的小朋友打招呼。孩子的活动范围越大，和别的孩子交往的机会就越多，同时也更容易出现摩擦。比如，孩子之间抢玩具，是个让家长很头疼的问题。两个孩子为一个玩具争得面红脖子粗，家长对这种尴尬局面到底该怎么处理、要不要介入，我曾经也为难过。

在美国，孩子之间抢玩具的情形也很常见，但最近有两件事给我的启发特别大。这篇文章就和大家聊聊美国家长如何教孩子既不被欺负，又懂得分享。先来看我经历过的两件事。

我们社区的图书馆有个玩具区，里面有火车模型、乐高桌等大型的玩具可以供好几个孩子同时玩。大部分时候，孩子们可以和平共处。有一天，火车模型区来了个3岁左右的美国小男孩，当时已经有几个孩子在玩了，小男孩一边把桌上的火车全部揽到他手里，一边嘴里念着“Mine！Mine！（我的，我的！）”他的保姆在旁边玩手机，可能没看见。男孩旁边有个还在学扶站的小女孩，应该不到1岁。他一把把小女孩手里拿着的火车抢走了，小女孩被吓了一跳，然后哇的一声哭起来。小女孩的妈妈顿了几秒，看小男孩没有把玩具还给女儿的意思，就对小男孩说：“Excuse me，but she had this first.（不好意思，这个玩具是她先玩的。）”小男孩一个劲儿摇头说：“No，it's mine！（不，这是我的！）”

美国妈妈声音提高了两度：“Honey，I know it's hard to share. But this is everybody's toy. And you already have all these other trains.（亲爱的，我知道分享很难，但这些玩具是大家的。而且你手里已经有这么多火车了。）”

这时候，小男孩的保姆听见了，赶紧过来制止他，让他把玩具还给了小女孩。

第二件事，也发生在图书馆（这里孩子很多，真的是教孩子处理人际摩擦的绝佳场合）。一位美国妈妈带着一对2岁左右的双胞胎来借书。图书馆有个小桌子，周围放了小椅子，桌上放着拼图板，一般两三个孩子可以同时玩。双胞胎的其中一个在玩拼图，苏宝走过去表示她也想玩，小女孩不让，把拼图全部揽到自己那一边。我牵过苏宝的手要走开，说：“咱们去玩别的吧。”这时候，女孩的妈妈过来了，她拉住我说：“It's OK. I'll make her share（别走，我会让她松手的。）”然后，她对女儿说：“You should share.（你应该分享。）”

小女孩两只小手死死护住拼图。她妈妈又说：“You can either play together，or not play at all.（要么就一起玩，要么就谁也别玩。）”小女孩还是摇头。妈妈严肃起来，她说：“I will count to 10. When time is up you will share，or it's hers.（我数到10，时间一到，要么你和她一起玩，要么就让她一个人玩。）”气氛瞬间紧张了。妈妈开始数数，从1到10，整个过程能明显感觉到小女孩的不情愿，数到10的时候，她忽然松了手，把拼图推到桌子中间，表示愿意一起玩。

事后，我对美国妈妈说：“你对女儿很强硬啊。”她说，因为家有双胞胎，抢玩具的事分分钟都在发生，不约法三章不行。还好，这样训练后姐妹俩都算自觉。

和美国家长接触多了，在孩子们争抢玩具这件事的处理办法上，我也有了些心得，下面聊聊我的看法和做法。

## 玩具一定要和别的小朋友分享吗

玩具分3类：自己的、别人的和大家的。美国文化的核心之一是个人财产神圣不可侵犯，所以他们非常尊重孩子的主权意识，包括给孩子提供独立的生活空间，给孩子的东西打上属于他们自己的标签（名字）等。

对于孩子自己的玩具，很多美国家长的态度是，分享是好事，但这是你的玩具，你有掌控权；至于其他孩子的玩具，人家高兴分享就分享，但是不能强迫别人和你分享；对大家的玩具（比如兄弟姐妹间共享的或者公共场合的玩具），美国家长严禁孩子独自霸占。

## 孩子不愿意分享玩具，家长怎么做

美国家长为了鼓励孩子学会分享，常见的两种做法分别是take turns（轮流玩）和trade（互换）。第一种办法是设定时间，比如，大家都想要一个玩具，定时让每个孩子玩5分钟，再让给另外的孩子玩，教孩子学会等待和耐心；互换也很简单，就是如果孩子想玩其他孩子的玩具，拿一个玩具去交换，让孩子学会互惠互利在人际交往中的重要性。

但是家里有一些玩具对孩子有特殊意义，比如安抚玩具，不必强迫孩子分享。我的建议是，有客人来之前，可以先问问孩子哪些玩具他不愿意分享，把它们收起来，提供其他玩具给做客的孩子玩，这样既避免了争执，又可以让孩子分享别的玩具，锻炼一下分享精神。

## 兄弟姐妹之间抢玩具，美国家长这样做

手足之间朝夕相处，抢玩具是正常的摩擦。我认识的美国家庭很多都有2～3个孩子，他们在兄弟姐妹争抢玩具这件事上是这么做的：

- 家长多做示范，比如爸爸和妈妈常常互相分享，给孩子潜移默化的影响；
- 留意并且正面鼓励孩子分享的行为，给予赞美；
- 定义公用玩具和私人玩具的界限，用不同标签的收纳篮标示出来，并讲清规则：公用玩具必须互相分享，此外，每个孩子都有自己不必分享的专属玩具。

## 宝宝玩具被抢，要不要拿回来

在美国的公共亲子场所，大人都比较关注孩子的一言一行，如果孩子有缺乏教养的举止，家长会及时纠正。如果自己孩子去抢别人的玩具，大人很快会干涉。但偶尔孩子的玩具被抢而对方的家长没看到，大人的介入就很有必要了。你需要站出来，有礼貌地请抢玩具的孩子把玩具还回来。有人说这样做太强势，或者面子上过不去，但我认为，教会孩子合理维护自己的权益，比面子重要多了。

苏宝在公园玩的时候，曾经被一个大她两三岁的小女孩抢走过玩具。我看到她的妈妈在忙着聊天没注意到，就走到她身边认真地说："Excuse me，but this is her toy. Can we have it back please?（抱歉，这是我女儿的玩具，请还给她好吗？）"她看我表情挺严肃，就把玩具还给了苏宝，还小声说了声"sorry"。

当然，以上这种干涉更适用于3岁以下、社交能力还在萌芽阶段的孩子。家长这样做，给自己的孩子传递了3个信息：第一，你是被保护、重视的；第二，抢别人玩具这种行为是不对的；第三，对抢玩具这种不礼貌的行为，应该勇敢维护自己的权益。

对于3岁以上，有一定人际经验的孩子，大人可以鼓励孩子主动和抢玩具的孩子交涉，要回玩具，或者和对方协商一人玩一会儿。大人可以在旁边观察，有必要时才介入。但是教孩子直接把玩具抢回来是不对的，"拿回来"不等于"抢回来"，更不能打人。对于那种抢玩具屡教不改的"熊孩子"和对自家孩子缺乏教养的恶劣行为视而不见的"熊家长"，最好的处理方式是默默远离。

10

# 身怀绝技的美国孩子，为什么那么热爱大自然

刚从曼哈顿搬到纽约郊区新家的时候，邻居邀请我去参加烧烤派对，我顺便参观了她的家。她有3个孩子，车库里有雪橇、高尔夫球杆、孩子们的滑板和5辆自行车，车库顶上还挂着两艘船，齐全的装备让在“城里”住惯了的我叹为观止。

来美国这些年，身边的孩子们似乎都天生自带户外探险的基因，很小的孩子就对漂流、攀岩、冲浪这些运动特别感兴趣，让人经常思考他们是如何获得这种对大自然的热爱的。后来我发现，美国孩子的自然启蒙从很小时就开始了。

几年前，我去美加边境的一个朋友家做客，她的小儿子利用暑假和爸爸一起参加了一个工作坊，两个人一起造了两艘木船和船桨，还真的把船带下了水，带我在安大略湖里一起划了两个小时船。小朋友告诉我，他暑期的活动就是划船、攀岩和做义工，让我印象很深。

其实，我还在纽约读书的时候，就体会到了美国人对大自然的热爱。比如，教授全家经常背着几十斤的背包，去哈德逊河谷登山和露营。我家搬到郊区，尤其是自己有了孩子后，我对美国人的自然启蒙教育精神，又有了新的认识和理解。宝宝刚出生不久，就有美国妈妈邀请我和她们一起去参加Mom & Baby Hike（亲子徒步），四五个妈妈约好时间，每周一次用背带背着几个月大的宝宝去徒步登山。

有一年，我带苏宝参加了一个亲子自然启蒙课，为期一学期，是我们附近的湿地公园专门针对2岁左右小朋友组织的活动。所谓的“课”，其实并不是在课

堂里进行的，大部分活动都在户外。这次自然启蒙课再次刷新了我对自然启蒙这件事的认识。

一个朋友曾经和我说，美国到处都是森林和湖泊，自然启蒙当然很轻松，中国人多绿地少，我们的孩子怎么进行自然启蒙呢？其实，自然启蒙并不是我们想象中对硬件要求那么高的事情，只要你的城市有公园能远足，就能实现自然启蒙。那么，教孩子从小热爱大自然这件事，美国人是怎么把它做到极致的呢？

## 最好的课堂在户外

如果是以前看到这个小标题，我会想，这还用说，难道自然启蒙还会在室内进行？但其实仔细回忆我们“80后”“90后”的传统小学自然课，基本是照本宣科，去户外的情况确实不常见。

来美国后，因为我学的专业是教育方向，教授经常带我们参观美国的学校。我发现美国老师从幼儿园开始就特别喜欢带孩子们去户外上课，自然课和科学课经常在户外，这个不在话下，但是连阅读、音乐、美术这些学科，也经常看到孩子们在室外上课。

美国的早教专家研究后建议，健康的1～3岁宝宝，每天至少需要1.5小时的户外运动，这个数字可不是凭空想出来的，而是专家对小朋友的大运动能力发育所需的刺激做了评估以后，得出的结论。户外运动是宝宝接触大自然很好的机会，能全面调动宝宝的感官，让宝宝去接触四季更迭、气候变化，观察动物、昆虫和植物。这比单纯从课堂或书本中学习，得到的东西更多、更全面。而且有研究发现，经常进行户外运动的孩子，夜间睡眠也会更好。

## 自然启蒙藏在细节里

苏宝参加的自然启蒙课程中，除了手工部分是在教室里完成的，其余90%的时间是由老师带着七八个孩子顺着湿地公园的小径一路探索，给孩子们讲解他们看到的昆虫、植物，甚至泥土的种类。

第一次上课，老师就教小朋友们去给大树一个拥抱，这是热爱自然的开始。结果一岁半的苏宝见到树就去抱，其他小朋友已经去观察蚯蚓了，她还在抱树。在雨后，老师会带孩子们翻开枯木，观察下面的虫子。

老师还和孩子们一起收集山毛榉树的种子，之后还和孩子们用捡到的种子制作成手工作品。

卡片上有草籽、鹅掌楸和枫树的种子等，粘得歪歪扭扭，因为是在我的协助下她自己完成的，通过这次经历，我自己也认识了好多植物的种子，这些平时很难注意到的植物元素，原来是小朋友心中的宝，好像让大人也重新长大了一次。

老师给每个孩子都发了一把小铲子，用来铲泥土和观察不同类型的土。在铲泥土的过程中，大家发现了一个花栗鼠洞，于是小朋友们就蹲在地上，仔细观察起来。这时候，正好有一只花栗鼠在洞的附近觅食，这是苏宝第一次近距离观察和学到“花栗鼠”这个词。后来苏宝每次看到院子里的花栗鼠，都会兴奋得蹦蹦跳跳。

从某种程度上讲，大人不需要对孩子在大自然中“学”到什么进行限制。我比较反对“有预谋”的自然启蒙，比如在郊外不停地告诉宝宝：“快看，蝴蝶！”“快看，枫叶！”这样做过于刻意，而且宝宝目不暇接，他脆弱的专注力很容易被干扰。小朋友天生就有探索精神，我们要做的只是保护和引导他的兴趣萌芽。

我和苏宝去郊外的时候，大部分时候我的角色更像一个“保安”，只要在她安全的前提下，我会尽量让她自由探索身边的事物。

## 自然主题的绘本+亲子瑜伽

在户外讲绘本，也是这次自然启蒙课的亮点。每一次户外课孩子们走累了休息的时候，老师都会和孩子们一起在湖边或者落叶林里席地而坐，讲几本和大自然相关的绘本。

有一天，我们外出上课的时候，看到了好几次萤火虫和瓢虫，回到家我特地把卡尔爷爷的《爱生气的瓢虫》和《寂寞的萤火虫》这两本绘本找出来陪苏宝读，苏宝往往会看得比往常更加专注和感兴趣，还经常要我反反复复地讲。

关于自然启蒙，我特地和儿童图书馆的老师聊了一下，她给我推荐了很多和大自然有关的绘本，其中有几本我和苏宝特别喜欢，比如：*Skip Through the Seasons*，*Goodbye Summer Hello Autumn*，*Finding Wild*。

我个人非常喜欢的一套中文自然启蒙书，是读小库出的《大自然》，用全景式视角来展示一天朝夕、一年四季的变化以及一条河中生命的更替，细节丰富得让人惊叹。

其实，第一次知道这个学期的亲子自然课，是因为我参加了同一个机构组织的户外亲子瑜伽，其宗旨也是培养小朋友热爱大自然。第一次参加这个活动时，我不太明白瑜伽和自然启蒙如何能结合到一起。后来才意识到，其实很多瑜伽里的基本动作，都是和大自然中的动植物相关的。比如，直立的站姿是树站姿或山站姿，具体的动作有犬式、猫弓背式、眼镜蛇式等。老师让小朋友一边做动作，一边假装自己是某种动物，或者一朵花、一粒种子，把瑜伽的每一个动作都和大自然巧妙地联系起来。

我们的自然课刚开营的时候，每个孩子就有了专属的“望远镜”，其实就是用厕纸卷筒、胶布加一根线做成的，上面写上小朋友的名字。苏宝特别喜欢这个望远镜，可能是瞬间让她有了一些探险精神吧。

自然课上的第二个手工，是利用厨房纸巾的卷筒做成的树，也是超级简单，把长条纸巾卷筒剪开，分别做成“树枝”和“树根”，再贴上绿色小彩纸块就可以了。想做秋天的树，也可以试试红色、金黄色和棕色的彩纸。

第三个手工，是去图书馆的时候做的“秋叶”，其方法是把彩纸剪出树叶的形状，贴在一张白纸上，再用海绵蘸取红色和黄色的颜料，轻轻压在纸上，等叶子干了以后取下来，就是美丽的染色枫叶画了。

自然启蒙课一直到圣诞节左右才结束，其间我能感受到随着季节的变化，老师讲的绘本、做的手工、活动的内容都有变化。

参加这次自然启蒙课，我学到了很多东西，而感触最深的一点，就是父母平时的言传身教，比任何特意安排时间和地点的自然启蒙课更重要。比如，多带宝宝进行户外运动、郊游；平时做个有心人，和宝宝外出的时候，教宝宝认识和收集身边的自然元素。很多启蒙，说到底都是在潜移默化中完成的。

# 11

# 教孩子管理情绪，用一平方米空间就够了

相信很多接触过欧美早教理念的妈妈，都听过“Time-Out”这种管教方式。“Time-Out”主要是针对2岁后的孩子，指在孩子无理取闹的时候，父母命令他们去一个角落待几分钟，其间家长不和孩子有任何交流，和中国家庭以前常用的“面壁思过”差不多。

其实，苏宝经历“Terrible Two”的阶段时，也会有一言不合就躺地上大哭的情况。比如有一次，我给她梳了个和平时不一样的小辫，还有一次是她每天喝牛奶的杯子和以前不一样，都引发了她强烈的情绪。但我们还没有用过“Time-Out”的方法来管教过她。

## 为什么“Time-Out”不能常用

“Time-Out”这个方法，很多家长初次尝试时都觉得特别管用。因为这种无声的惩罚隔绝了孩子和外界的一切交流，懵懂的孩子很容易被震慑到。但我身边很多家长都吐槽说，这种方法用得多了，孩子容易变成“老油条”，“面壁”不到一分钟就开始不停地问：“我可以出来了吗？”

孩子发脾气很正常，其实发脾气是引导他们学会情绪管理的最佳时机。很多人成年后体现出来的性格问题，其实和童年时期没能很好地学习情绪管理有关。“Time-Out”管教法并没有帮助孩子理解和释放自己的情绪，而是强行给孩子

的情绪按下暂停。试想一下，作为大人的我们，如果遇到情绪不佳的时候，往往会想找个地方躲起来安静一会儿，而不是被莫名其妙地惩罚，孩子的需求也是类似的。

## 试试这个情绪管理工具：Calm-down Corner

我的好友Jessica是美国一所小学的一年级老师，因为她家宝宝和苏宝同岁，也正在经历独立意识和情绪认知的爆发期，我们经常在一起讨论情绪管理的启蒙。

Jessica给我推荐了一种他们学校老师普遍用到的方法，叫作“平静角”（Calm-down Corner）。如果班上的小朋友无理取闹、乱发脾气、攻击其他小朋友、拒绝参与集体活动等，出现过度焦虑和失控等行为的时候，老师会带他去Calm-down Corner，让他一个人安静一会儿。和“Time-Out”方法中让孩子面对空空的墙壁完全不同，Calm-down Corner的设置和用法很有讲究。

仔细研究了美国幼儿园课堂的Calm-down Corner后，我觉得我们在家也完全可以为孩子安排这样一个空间。

## 怎样在家搭建Calm-down Corner

Calm-down Corner适合2～8岁的小朋友，通常是教室或家中比较固定的一个小角落，能让情绪失控的小朋友有自己的安静空间。大原则是让孩子在这里首先能觉得安全、不受外界打扰。

这个角落里可以准备以下几类帮助小朋友梳理情绪的工具（我家是全部放在一个收纳篮里）。

### ◆ 一面镜子

蒙台梭利教学法中很强调镜子这个教具的作用，建议家长从婴儿时期开始，就给宝宝准备一面（不易碎的）镜子，让宝宝通过观察自己的脸进行自我认知启蒙。镜子也是很好的情绪管理工具，可以让宝宝在生气的时候看到镜子里自己的脸，直观地认识自己的情绪。当然，有时候宝宝正在发脾气，不愿意看镜子里的自己，也不必强求。

### ◆ 一把舒适的椅子

可以是懒人沙发，一张宝宝专属的小地垫，或者几个抱枕，让宝宝有地方可以舒服地坐下来。

### ◆ 情绪认知图

一张有各种人脸表情的认知图，能让宝宝比照和学习各种情绪的名称；大一些的宝宝可以根据这张图来识别自己的情绪。

### ◆ 情绪认知绘本

等宝宝平静下来后，家长可以和父母一起读几本情绪管理的绘本。比如上面有各种小宝宝哭脸、笑脸的画册，小羊驼系列里发脾气的*Llama Llama Mad at Mama*（《拉玛生妈妈的气》），教孩子释放情绪的*Grumpy Pants*（《脾气暴躁的裤子》），以前给大家推荐过安东尼·布朗的情绪认知绘本*How Do You feel*（《你感觉如何》），等等。

### ◆ 安抚玩具

苏宝发脾气的时候，我会把她从小用到大的安抚小兔放在她的Calm-down Corner陪着她。如果宝宝没有特定的安抚玩具，也可以放一些他平时喜欢的毛绒玩具。

### ◆ 感官玩具

你还记得自己小时候喜欢用手插米缸的感觉吗？其实，手插米缸就是一种感官游戏，细密的颗粒能够刺激手部皮肤的神经，能带来一种舒适感。感官玩具能很好地缓解焦虑，因此在Calm-down Corner可以给宝宝准备一些软软的小球、橡皮泥这类物品，来帮助他放松情绪。也可以给喜欢涂涂画画的宝宝准备几支蜡笔。

我在苏宝的Calm-down Corner放了一瓶薰衣草气味的润肤露，瓶子上写着"生气霜"，让苏宝挤在手上抹抹、闻闻。苏宝现在已经会说："抹完生气霜，我就不生气啦。"

## 怎样引导孩子使用Calm-down Corner

搭建好了Calm-down Corner，父母还要帮助宝宝建立起和这个角落之间的连接。苏宝哭闹的时候，我会把她抱到书房，和她在角落的摇椅上依偎一会儿。慢慢地，她对这个角落有了感情，有一次她情绪不好，竟然主动要求我陪她去坐摇椅，于是我就顺水推舟，在摇椅旁边搭了个小帐篷，把Calm-down Corner固定在了这里。

如何引导宝宝使用Calm-down Corner呢？我总结为S.A.L.T 4步法：

S-Space——空间

A-Activity——玩

L-Love——爱和拥抱

T-Talk——聊天

### ◆ Space——空间

苏宝发脾气的时候，我会趁她安静的间隙，建议她去自己的小帐篷休息一会儿，然后我会离开房间，给她几分钟独处的时间。走之前我告诉她："哭吧哭吧，想坐着哭、趴着哭、躺着哭，都可以。"这样给苏宝传递的信息是，生气是OK的，认识和接纳负面情绪是情绪管理的第一步。

其实，这一步大人可以选择留下或离开，只是有时宝宝无理取闹，大人的情绪也不太好，分开几分钟，大人也给自己一点儿空间平静下来，才能更好地走完下面的步骤。

### ◆ Activity——玩

一般走完第一步，苏宝的气已经消了一半，我回到房间的时候她脸上虽然还挂着眼泪，但已经在翻看那些人脸的图片了。这时候，我会让她自己选择一个活动，比如捏橡皮泥、玩感官瓶，逐渐地，她能摸索出哪些玩具能让自己的情绪平静下来，以后自主调整情绪时，也会直奔这些玩具。学会释放情绪是第二步。

### ◆ Love——爱和拥抱

观察孩子的情绪，等他足够放松的时候，适时给他一个拥抱，很多时候一个拥抱就能治愈一切。如果他还没准备好拥抱，也可以摸摸他的头发，或者把手放在孩子的后背。让孩子感受到大人无条件的爱，是第三步。

### ◆ Talk——聊天

第四步是事后平静的沟通，教宝宝梳理情绪。比如有一次，我陪苏宝去做亲子瑜伽，她那天可能情绪不好，不愿意参与瑜伽，还把瑜伽垫子扔得满教室都是。最终我们只好中途离开。

可能苏宝自己的心情也很矛盾，既不想回家，又不想参与活动，她无法梳理一团乱麻的情绪，只好用哭闹来表达。回到家，我按照SALT 4步法，陪她一起梳理了整个事件的过程，比如瑜伽课给她的感受，以及她为什么会发脾气等。

其实，年龄小一些的宝宝，不一定能明确说出自己哭闹的原因，大人也不用非要问个究竟，可以用聊天的方式让孩子知道，每个人的情绪都会有晴天、雨天，自己感觉再糟糕，都可以信任父母，只要和父母沟通，说出来就会感觉好多了。

孩子来到世界上，就像一张白纸。很多时候孩子的情绪和行为，是家庭环境的折射，也照出我们最好和最坏的一面。孩子最不可爱的时候，其实是最需要爱的时候。或许我们在教孩子认知情绪的过程中，也能成为更会管理情绪的大人。

# 12 都说美国妈妈带娃轻松，那是因为她们太“懒”了

我的美国邻居是3个孩子的妈妈，自从老二出生，她就辞职了。她一个人带娃，父母都住在长岛，老太太一个月来看一次孩子，打扮得神采奕奕，因为她看完女儿和孙子，还要去听歌剧，纯属“顺便”来访。

这位妈妈从小非常独立，她和我一样是全职妈妈，区别是她带3个孩子，比我带一个还游刃有余。经常是我早上还没出门，她已经把大宝送去幼儿园，推着二宝和小宝去跑了一圈步回来了，顺便把狗也遛了。

美国家庭有老人同住帮忙的不多，大部分全职妈妈都是像邻居这样独立带娃和操持家务。在美国这些年，我发现美国人之所以带娃轻松，其实并不是因为他们聪明，而是因为他们太会“偷懒”了。

## 美国人养娃养得特别“糙”

记得我开始囤母乳的时候，热奶时总是把握不好温度，一会烫了一会凉了，总是要折腾半天才能给饿得嗷嗷大叫的苏宝喝上奶。而前面提到的邻居妈妈，给宝宝冲奶粉时是直接拧开自来水管冲奶，然后把奶瓶塞娃嘴里搞定。虽然美国很多地方自来水都可以直接喝，但我对自来水冲奶粉这件事还是有点儿心理上不适的。但粗线条的邻居妈妈一直这么做，孩子也并没有因此得病。

因为习惯了“中国胃”，我没有采用给宝宝喝常温奶的做法。但我发现辅食

是不用每顿都做的，特别是肉类的辅食，可以一次多做一些，用冰格冻起来，并不会比现做的流失多少营养。美国妈妈也很习惯给孩子吃辅食成品泥，省下来的时间可以用来陪孩子玩，想想还真的挺划算。

美国人的粗养，还体现在会放手上。从计划要孩子开始，每次回国，我都会留心身边带孩子的家庭，经常会遇到这样的场景：妈妈抱着宝宝，爸爸推着推车（因为宝宝不肯坐），爷爷拿着玩具跟在后面，奶奶一边走一边往孩子嘴里喂东西。这让我不禁开始思考那个很多人问过的问题：为什么中国人养孩子特别精细，还容易焦虑？老外一个人就能带宝宝，中国却要一家子？

后来才发现，在美国是不太会看到这种“跟班式”育儿的。美国人全家出行也是一个团队，但孩子绝对不是团队的中心。相反，爸爸妈妈才是团队的主心骨，团队有铁的纪律，孩子需要听大人的指挥。他们早早就给孩子建立了良好的吃睡规律，很少看到两三个大人围着孩子喂饭，半小时都吃不完一顿辅食的情景。再比如去超市购物，8个月以上的孩子一定得坐在购物车上的，而不会出现没有两个大人就没法带小宝宝出门这种情况。为此，美国孩子从小就比较独立，很少遇到衣来伸手、饭来张口的孩子。

## 美国人特别爱借助工具

因为“懒”，凡是机器能做的，他们绝不自己动手。出门不抱娃，用推车；做家务时用背带背着宝宝，解放双手；推崇让宝宝自己进食，用好辅食工具（如辅食机、餐椅、围嘴、自主进食的餐具等）；给宝宝用纸尿裤，方便省事。实在要用尿布的妈妈，也会用洗衣机和烘干机清洗尿布，不然新生宝宝每天换十几次尿布那种频率，分分钟能洗断手。

除了家用电器，其实“奶爸”也是一种“工具”，只是很多中国家庭对“奶爸”利用率不够高。美国的“懒”妈妈们特别会安排爸爸参与带娃。这一点我很幸运，醒悟得比较早。苏宝刚出生那几个月，晚上除了喂奶，拍嗝、换尿片这些事都是苏爸做。虽然苏爸第二天也要上班，但其实全家人都很困，多合作多分工，慢慢也就熬过来了。

这几年美国经济并不景气，很多中产阶级都有数万美元的房贷，工薪阶层交完税和日常开支，也存不下很多钱。但是美国人真的特别舍得花钱买时间，洗碗、吸尘、擦地这些事情也都交给机器，或者请钟点工。

中国家庭的很多老人都觉得洗碗机和洗衣机费水、费电，非要自己手洗。好像什么都值钱，唯独自己的时间不值钱。但是洗一次碗需要20分钟，一天三顿下来就是一个小时，而“浪费”几角钱电费，就可以省下一个小时。

我们家目前靠苏爸一个人的收入养全家，生活开支比以前更需要精打细算。但是辞职以后，我们还是决定继续用以前的钟点工阿姨打扫卫生，每次收费是一百多美元。但是洗碗、打扫卫生节约出来的几个小时，对于手忙脚乱的新手父母来说，真的比什么都宝贵。

相比银行账户里每个月少几百元钱，如果能给大人带来更多睡眠，给孩子更多的陪伴，那我宁愿“穷”一点儿。况且现在买个手机都要好几千，出去吃顿饭也要好几百，买洗碗机、请钟点工的开销，对大多数人的生活水平并不会有太大影响，只是消费观念的问题。

在美国这几年，我觉得美国妈妈们带娃轻松，并不是因为她们有多少技巧，要说研究育儿经，中国妈妈们在行多了，但是美国妈妈带娃都特别大条，特别会“偷懒”，会花钱买时间。我潜移默化地受到影响，践行后发现，当个“懒”妈妈并不会害了娃，反而能让全家人的生活质量都高一些。

13

# 为什么美国人一个人就能带好孩子

在知乎上，有人邀请我回答这样一个问题：“为什么老外一个人就能带宝宝，中国要一家子？”

其实，“外国如何，中国如何”这类问题很笼统，外国是指哪些国家？中国是指全中国吗？我猜测题主可能想问的是：为什么欧美国家的妈妈能一个人带娃，而中国大部分家庭则需要一家人？如果问题这样修改一下的话，其实还蛮有代表性的。其他国家我不够了解，聊聊中美的对比吧。

养孩子这件事，正常情况下应该是核心家庭（爸爸、妈妈和孩子）能够独立完成的。如果一个孩子需要一个团队来带，而且还手忙脚乱，那肯定是效率出了问题。可能的原因有这些：

- 吃喝拉撒占据太多时间；
- 话语权在长辈的手中；
- 缺乏有效的团队结构；
- 孩子操纵大人，而不是大人管理孩子。

## 吃喝拉撒占据太多时间

饮食文化是中国文化很重要的一部分，做饭非常花时间，中餐的做法又非常讲究，从火候到调料有很复杂的一套程序，不像西式烹饪里大量用到烤箱、慢炖锅这些工具，可以在烹饪过程中解放双手，兼顾一些别的事情，或者直接买熟食、半成品，随便加工一下就可以吃。

很多老人坚持每一顿都亲自下厨做给宝宝吃。虽然这种行为充满爱意，但从准备食材、烹饪、清洗厨具，再到收拾残局，会花掉很多时间。而美国家长经常会选购成品泥给宝宝吃，或者使用辅食机，效率会提高不少。

我问了下身边的华人朋友，虽然家里洗碗机、洗衣机、烘干机、机器人吸尘器这些设备一应俱全，但是老人因为一种说不清道不明的情愫，从内心来说很抗拒使用这些工具。比如，尿布坚持要手洗（还好现在纸尿裤普及了），洗碗拒绝使用洗碗机。尽管洗碗机比手洗更卫生，省时间又省水，但老人就是质疑它的靠谱程度，宁愿手洗。

## 话语权在长辈的手中

有个妈妈曾在后台给我留言，说明明知道孩子不能捂热，但在20℃的天气，老人非要给孩子裹得里三层外三层。她问我："怎么才能让婆婆同意我给孩子少穿点儿呢？" 我问这位妈妈："为什么你给孩子穿多少，需要得到婆婆的同意？" 她告诉我："因为家里一直是婆婆说了算。"

中国传统文化讲究百善孝为先，老人是一家之主，老人的话无论对错，就是权威。这就导致很多妈妈看了不少科学育儿的方法论，但因为话语权在长辈手里，全家人战线不统一，执行起来特别困难，效率也低下。

我身边有一个华人妈妈，她家是双职工家庭，父母来美国帮着带孩子，也经常会出现上文的问题。但是她从来不敢反对婆婆，因为怕婆婆一气之下回国，两个孩子就没有人照顾，美国请保姆又太贵。

家人之间界限感模糊，这是很多家庭痛苦的根源。其实要改变局面，并不需要和老人闹翻，可以试试水滴石穿的方法，一开始不要在很大的事情上去反对老人，而是从一些小事开始，让对方在不知不觉中放弃对你的控制。

我一个闺密家的老人喜欢给宝宝的辅食里加盐，说过几次后老人不愿意听，她就当着老人的面，把宝宝的胡萝卜块放到水里洗洗再给他吃。这就是一个小小的“下马威”，从小事里传递出你坚决的信号。这件事很小，老人不好借这么小的事和媳妇起争执，时间长了干脆不再给宝宝加盐，而且在生活其他方面，也逐渐做出了让步。

就像心理学家武志红建议的那样，当一个人发现控制别人的程度可以从100分减到99分，那最终减到70分、50分也无妨了。温和而坚定，让对方一点点地懂得尊重你，这样话语权就慢慢回到了你手中。

## 缺乏有效的团队结构

我的一位高中同学生了宝宝，在微信上和我说现在家里有她自己、老公、奶奶、保姆，一共4个大人来照顾一个刚满月的宝宝，效率奇低，而且基本上每个大人都睡不好觉。比如孩子半夜哭了，妈妈换尿不湿，爸爸热奶，奶奶在旁边哄，终于手忙脚乱地把孩子弄睡，3个大人都精神了，基本上不可能再睡着。

其实，家庭就像一支队伍，需要有效的团队结构，谁在哪个时段负责什么，越明确越好。

孩子的父母应该领导队伍，来安排全家人的作息。首先定下目标，保证宝宝不冷不饿的前提下，让大人也得到充分休息。要实现这个目标，绝不需要3个大人同时半夜起来照顾宝宝，可以固定一个大人值夜班，或者几个大人轮流值班。

这一点我想表扬一下苏爸，苏宝满月后，我夜里没有怎么起来过，要么是爸爸把苏宝抱过来喂奶，要么是我睡前把奶吸出来放冰箱，由他负责喂夜奶。只要苏宝一醒，苏爸就会把她抱去楼下（以免影响我休息），一边热奶，一边给她换尿不湿。美国家庭经常会用到便携尿布篮，带到其他房间，就地一铺就能用。

全职带娃几年下来，我最深的感受之一是：大人之间的分工很重要。一个人能带娃的时候，千万不要用两个人带，这样既容易产生分歧，也会造成效率低下。

## 孩子操纵大人，而不是大人管理孩子

家是一个团队，孩子是团队的一部分，美国家庭通常是爸妈作为主心骨，用管理团队的方式来管理家族。团队的每个成员都必须守规矩，包括孩子在内。所以，传说中的“美国家庭溺爱孩子”，其实是一种误解。虽然美国家庭很少打骂孩子，但规矩是绝对有的，比如外出的时候很少看到孩子拒绝坐推车，要大人全程抱着的情况。

中国很多带娃困难的家庭，也是一个团队，不同的是：孩子是“老大”，其余的人组成一个团队来为孩子服务。孩子一有风吹草动，几个大人就围着孩子团团转，失去了做事的秩序和优先顺序，乱成一锅粥。

有的长辈觉得对孩子有求必应就是爱。其实，虽然操纵大人能给孩子带来一定的满足感，但并不利于孩子的心理发育。孩子是弱小的，他并不想做宇宙的中心，他潜意识里希望的是有一个温和坚定的大人来立规矩、执行规矩，以支撑他的宇宙，给他力量感和安全感。

如果大人让孩子成为“宇宙中心”，让他为所欲为、颐指气使，相当于把一个成年人的责任交给了弱小的孩子，他的宇宙反而会是摇摇欲坠，容易坍塌的。这也是为什么有的孩子在家里看上去无法无天，在外面却畏畏缩缩。因为习惯了操纵大人的孩子，心里往往充满了不安。

这篇文章绝不是想表达中国家庭的“团队式带娃”是坏事，有老人帮忙是一种幸福，我们真正要重视的，一是如何合理构建团队，二是利用好有老人帮忙这个优势，让整个家庭成为高效率的带娃队伍。

14

# 如何建立起床程序，赶走宝宝的“起床气”

建立宝宝生活规律最常见的方式就是“睡前程序”（bedtime routine），这个名词相信大家已经很熟悉了，这篇文章我想聊聊“清晨仪式”或“起床程序”，它和睡前程序一样重要，但常常被忽略，如果你的宝宝还没有系统的起床程序，可以尝试一下。

## 清晨程序是什么

英语里，“起床程序”叫作“morning routine”，顾名思义，就是每天早上醒来后固定做的一些事情，比如刷牙、上厕所、洗脸、吃早餐等。

早晨是一天的开始，有条理的、愉快的早晨能定下一整天的基调，让孩子有良好的情绪去面对新的一天。当孩子从小适应了有规律的作息，入学以后就会更善于管理自己的时间，大人在管理全家作息的时候也会更轻松一些。从婴儿时期开始，父母就可以尝试给宝宝制订简单的晨间程序了。

## 清晨要先让阳光进来

清晨最重要的不是教宝宝学几个词、识几个数，拥抱阳光是喜欢上早晨的第一步。

未满月的新生儿对白天和黑夜还没有太多概念。记得苏宝刚出生时，她的美国儿医就一直和我们强调，尽早让宝宝建立良好的作息，这对孩子的发育有好处，也能让全家人轻松不少。苏宝一岁前，早上醒来第一件事就是喝奶，但我会先拉开房间的窗帘，让光进来，这样她的生物钟也知道新的一天开始了。

## 听着音乐，陪宝宝赖床 5 分钟

大家都知道音乐启蒙的重要性，但很多父母总觉得找不到合适的时间和宝宝一起听音乐，其实宝宝早上刚醒来时就是很好的机会。我在苏宝房间放了个小音箱，每天早上和她依偎着赖床5分钟，听1～2首乐曲，给宝宝一些时间清醒的同时，也通过肌肤接触增进了亲子感情。

我不太喜欢苏宝一醒来就把她抱起来，然后军训一样噼里啪啦开始新的一天，很多宝宝醒来会发脾气，其实可能就是起来得太快了。我更偏爱温和的起床法，5分钟不是什么损失，给宝宝一些时间享受醒来的过程，懂得“慢”的重要，才可能从容不迫享受“快”的基调。

## 如果有空，读几本绘本

在以前的公司，有几次我需要和同事一起赶早班飞机，清晨6点多到公司碰头时，总是能遇到老板一个人在公司的咖啡厅阅读。他不看报表、不发邮件，面前只有一本书。老板和其他很多成功人士一样，每天清晨雷打不动的习惯是读书。这个沃顿商学院毕业的“学霸”总裁，聊起明治维新和罗马帝国衰亡史，一样头头是道。

清晨通常是人类效率最高、头脑最清晰的时候，也是亲子阅读的最佳时段之一。苏宝每天早上醒来后的时间，是她和爸爸一起的阅读时光。其实，苏爸上班出门也很早，但挤出15分钟读3～5本绘本的时间还是有的。不要小看这15分钟，当它成为孩子清晨的“仪式感”，阅读也会成为孩子一生的兴趣。

## 入园后，如何提高清晨的效率

入园后，和孩子一起管理早晨的时间就更重要了，全家人要在短短一小时内洗漱完毕、吃好早餐出门上班/上学，提高效率的方法都有哪些呢？

### ◆ 提前一晚为第二天做准备

苏宝参加的早教班和亲子课一般是上午，在前一天晚上，我们会和她一起花5分钟整理一下第二天去“学校”要带的东西，比如去图书馆时需要还的绘本、小零食、水壶等。

一开始是我帮苏宝整理书包，但是她的参与度逐渐在增加。我会请她自己决定零食要带果泥还是手指饼干，自己选一个喜欢的水壶，让她决定第二天打算穿紫色毛衣还是白色蓬蓬裙，让她有自我管理的主人翁意识。

东西整理好之后，我们会把它们放在一个固定的地方，第二天出门就不慌乱了。这些准备都是打造愉快清晨的基础，不仅对学龄前宝宝的习惯养成有用，大孩子和成年人也可以从中受益。

### ◆ 利用有趣的工具让宝宝参与其中

小朋友的耐心比较有限，如果清晨程序没有什么趣味性的话，等新鲜劲儿一过，孩子可能就不想参与了。国外的妈妈在这方面很会“开脑洞”，通常会手工制作一些别出心裁的卡片，把清晨的任务“可视化”。比如，把要做的事情做成带图的清单，每完成一个任务就把它钩掉，我和苏宝使用的是这样的卡片：

卡片上有双面胶，每完成一个任务，我们就会把卡片合起来。刚开始用这个小工具的时候，苏宝唯一感兴趣的是把这些小“翅膀”打开又合上，后来她逐渐能明白卡片上图案的意思了，也能把吃饭、刷牙这些任务和卡片上对应起来。这些工具手工做很简单，能一直用到孩子上小学后。

我们不能陪娃度过余生，但是至少能把他慢慢培养成为一个懂得自我管理的人。其实，现在回想起来，我在读书和刚工作的时候，都没有特地执行过“清晨程序”，经常是还有10分钟要出门了，还在纠结到底穿哪双鞋、背哪个包，是绝对的“非晨型人”。直到有了孩子，我才第一次真正研究了“morning routine”的重要性，也意识到孩子清晨的规律和大人有很多互通的地方。执行“清晨程序”，在帮助孩子养成好习惯的同时，也督促自己提高了时间管理的能力，一举两得。

CHAPTER 07

# 父母自我成长

有时间陪娃，是一种使命；陪伴的同时，还能学一些新东西，是种幸运。妈妈保持平和、现实和谦卑的心态，也是一种成长。自我学习和自我成长是一辈子的事情，经过一点一滴的积累，总会有所收获。

01

# 全职妈妈两年读完100本书，时间从哪里来

看完了汪曾祺的《人间草木》后，我在2年前画的这张表格的最后一个空里打了钩，用这本轻松的散文为我的“100本书计划”画上了句号。

| The 100 Books Project（100本书计划） | | | |
|---|---|---|---|
| No（序号） | Book Title（书名） | Done（完成） | Total Days Spent（天数） |
| 94 | *Zero to One* | ✓ | 7 |
| 95 | *The Artful Parent* | ✓ | 4 |
| 96 | *Holy Bible–New Testament* | ✓ | 21 |
| 97 | 泛若不系之舟 | ✓ | 5 |
| 98 | *Dr.Montessori's Own Handbook* | ✓ | 9 |
| 99 | *The New First Three* | ✓ | 7 |
| 100 | 人间草木 | ✓ | 6 |

“100本书计划”是2年前的夏天开始的，当时我只是希望自己做全职妈妈后，不要放弃阅读和写作，想争取在苏宝3岁上幼儿园以前读完100本书，尤其是

希望涉猎一些自己不熟悉的领域。从定下这个目标到现在，离满2年还差几天，但我不知不觉已经实现了目标。

近来关于效率、统筹、时间管理这些话题，我又有新的领悟，这篇文章就梳理一下心得，分享给大家。

## 你的可支配时间比想象中多

当妈后，很多时候我们会觉得时间不够用，好像每天都忙着上下班、家务、陪娃，时间很快就过去了，根本没有时间留给自己。

我曾经看过一个TED演讲，印象很深，时间管理专家Laura Vanderkam有4个孩子，还有全职工作。她给观众做了个统计：一周有24×7=168个小时，假设你每天睡8小时，每周工作8小时×5天，每周还有72个小时可以支配。就算你的工作强度比较大，每天要工作10小时，也还剩62个小时。这62个小时，其实都是你的可支配时间，可以用来运动、陪娃、学习、做家务等。支配时间的方式不同，产生的结果也不同，这就涉及“精力管理”的概念。

## 管理精力比管理时间更重要

记得在我初进管理咨询行业入职培训时，因为工作强度比较大，公司安排的必读材料是HBR（哈佛商业评论）的一篇旧文*Manage Your Energy, Not Your Time*（《不要管理你的时间，而是管理你的精力》）。我不时还会把这篇文章翻出来读一读，文中的建议用在工作和生活中都很有效。

虽然我们每天24小时的时间长度是不变的，但我们的精力是有弹性的。想用更少的时间做更多的事情，有以下两个关键。

### ◆ 保持精力充足

带苏宝的第一年，她的睡眠一直不是很好，一岁多还常常有夜醒的问题，我的睡眠也跟着受到了一些影响。我白天是一个人带娃，如果不能有策略地管理精力，到苏爸下班回来的时候，我基本上就“断电”了，只想躺在沙发上刷朋友圈。

后来，我想起以前全职工作时，有个保持效率的方法是不断给自己“小充电”，让大脑从工作中抽离出来，转换一下场景。比如，完成一个任务后，就花5分钟离开办公桌出去走走。这个原理用到带娃上也一样，用带娃间隙换一下脑子，哪怕只是做几分钟瑜伽拉伸，给自己泡一杯茶、吃点儿零食，也能多少起到恢复精力的作用。

### ◆ 在精力高峰期做重要的事

除了带娃，我每天有4个执行的目标——运动、阅读、学法语、管理微信公众号。因为白天全职带娃，要做这些事情，只能在苏宝睡觉的时候。苏宝白天午睡一个小时，偶尔还会有不睡的情况，要用这一小时做到以上全部是不现实的。晚上苏宝睡后，我发现自己的精力已经耗费得差不多了，难以集中注意力高效学习。我曾经也经常熬夜打理微信公众号、写长文，但由于涉及很多脑力劳动，写完后大脑常常特别兴奋，难以入睡。

大部分人在清晨的效率和意志力是最强的，对于全职妈妈而言，很多事情早上不做，就意味着一整天都不可能有机会和毅力去做了。于是，我根据精力管理的原则，晚上提前一个小时睡觉，早上比苏宝早一个小时起床，把50%以上重要的事情都放在早上做，比如阅读、运动；在苏宝午睡时写微信公众号文章；晚上做一些低能量的家务，比如一边和苏爸看美剧，一边叠衣服。

想用更少的时间做更多的事情，关键在于不断调整“时间—任务—精力”三者之间的匹配，找到最优组合。

## 碎片时间其实没那么神奇

一直以来我都觉得，碎片时间是个被神化了的工具，很多时间管理书里都会提到用碎片时间看书这样的策略。我也在微信公众号文章里提到过自己尝试用碎片时间阅读。但个人的体验是，碎片时间并不能用于高效学习。比如看书，通常一章书是一个整体，需要连贯阅读，而3～5分钟的碎片时间只够看几页，刚进入状态，又要放下书去做别的事情，导致再拿起书的时候，常常忘了前面看的两页讲的是什么，所以要先回顾一下，效率很低。

踩过一些“坑”以后，我决定只把碎片任务交给碎片时间。比如拆快递，打电话预约体检，出行前在网上订酒店，用手机下单等这种琐碎的事情。而那些需要集中精力去消化的任务，比如阅读、写作等，我会尽量安排至少20分钟，用整块的时间去完成。

## 时间管理其实是一个做选择的过程

很多人问过我：工作忙，带娃累，没时间运动怎么办？对此，我想来个假设：如果你每天运动半小时就能获得100万元，这个问题还存在吗？你肯定会把运动作为优先完成的任务。就像Laura在演讲中说的，很多时候我们“没时间做一件事”，真正的意思是“这事对我不重要”。

有了孩子后，你业余时间会被占据一大块，如果想在育儿之余提升自己，做计划就比什么都重要。最简单的做法是拿出一张纸，写下一年后想成为怎样的自己，然后用短期计划来逐步实现它。

比如，我想在2年内读完100本书，就意味着平均一周读一本书。我的书单里大部分书有6～10个章节，也就意味着每天要读1～2章，需要20～30分钟。我有一本周计划手账，每周日晚上娃睡后，我会把下周7天需要完成的任务按优先级排个序，然后把时间安排大致写出来，其中就包括每天哪个时间段用来看书。

有了明确计划后，一周的生活就是井井有条的。这样当你有空闲的时候，就不会纠结到底该做点儿什么（很多时候纠结到最后没答案，就变成刷朋友圈了）。每天用20分钟来读书，只要提前规划好时间，其实没有想象中难。

另外别忘了，物质奖励是神奇的兴奋剂。每完成一个小目标，我会给自己一个贴纸，集齐21个贴纸就可以买自己想要的东西。想偷懒的时候，去看看躺在购物车里那些美貌的鞋子，“血槽”瞬间就满了。

我们大部分的现状其实都是选择的结果，也是取舍的结果。对你真正重要的事情，你一定会想方设法完成，需要的只是执行力以及一些策略来协助自己。如果你不喜欢现在的状态，而是想要做得更多，那么就立刻开始吧，任何时候开始都不晚。

02

# 陪一岁宝宝读完1000本书，妈妈如何管理时间

苏宝出生后不久，我决定辞去管理咨询行业的工作，全职带娃。一年来，全职妈妈这个岗位给了我很多困难和挑战，收获也特别大。

首先，我认为全职妈妈是一份真正的工作，有可以量化的评估标准。

我给自己建立并实现了这些目标：

- **宝宝：**母乳喂养，辅食自制，每天至少陪娃读绘本1小时，外出活动2小时；
- **妈妈：**每天保证45分钟运动、8小时睡眠，运营一个小而精的微信公众号。我是全家人的饮食顾问、理财师，今年顺便还给苏宝盖了个阳光房。

另外，让我自豪的一件事是，苏宝一岁生日的时候，我们已经一起读完了1000本绘本。在此之前，我曾经写过一篇文章《5岁前读完1000本书》，没想到这个目标这么快就实现了，虽然惊喜，又在意料之中。

常常有人问我，你每天的时间安排是怎样的？陪伴宝宝一年内读完1000本书是怎么做到的？在全职妈妈的道路上，我走过不少弯路，但我一直认为，多数技能都可以通过一定量的练习和不断的积累来取得进步，其中就包括时间管理的能力。这篇文章就和大家分享一下我做全职妈妈以来总结出的时间管理心得，希望能对大家有所启发。

## 先做减法

有娃以前，我和老公是两人吃饱全家不饿，没事出去看个电影，还可以来一场说走就走的旅行。有娃后，生活发生了翻天覆地的变化，生活的重心由二人世界成为“三人小船”，如果让自己太累，小船说翻就翻。因此，我不得不做一些妥协。

所谓“减法”，就是衡量了日常任务的重要性后，做一些取舍，简化生活琐事，学会放手，减少那些过度占用时间但重要性不高的任务。比如，我对饮食质量要求比较高，但烹饪和清理餐具占用时间太长，做全职妈妈以来，我从曾经的三餐自制，改为买只需简单加工的半熟食品或者熟食，当然我会尽量选择安全健康的食品来源。此外，我还对这些事情也做了“断舍离”：刷朋友圈、做指甲、看美剧、下馆子。

## 坚持一两件对你有意义的事情

不要为了当妈而当妈。在柴米油盐和辅食尿布之外，梳理出一两件你非常感兴趣的事情，并且坚持下去，这会给你的每一天带来正能量。比如，我喜欢分享育儿心得，每天坚持阅读和写作。再比如，从苏宝6个月起，我们每天雷打不动共读8～10本绘本，其中上午半小时，下午半小时，睡前半小时。到苏宝一岁时，已经读完1000本绘本。因为这两件事是我的Priorities（优先任务），我的鸡血、兴趣和动力，所以其他事情要为它们让路，有效地减少了拖延。

## 学会统筹

我常常和朋友开玩笑，说自己是一个“纯全职妈妈”，我们一家三口（现在是一家四口）单独住，只有周末才有老人帮忙。

国内因为亲戚多，老人也常常帮忙带孩子，作为新手爸妈，这些都是可以调动的人力资源。当然，“奶爸”也是很重要的角色。爸爸们虽然很爱宝宝，但进入角色比较慢，需要妈妈的指导。这一年来，我把苏爸培训成了非常得力的助手，把洗奶瓶、换尿布甚至切菜等任务交给爸爸，两个人配合起来，带娃轻松了很多。比如，早上娃醒后，我会让苏爸先和苏宝玩一会儿，我煮早饭，做瑜伽。周末我有时会和女友外出，或者做个SPA，这时候把娃交给爸爸也非常放心。

另外一个小窍门是，如果一个人可以带娃的时候，绝不两个人带。比如，老人带娃时，你交代好任务后，赶紧做点儿自己的事吧，没有必要不时去“检查”工作，学会放手很重要。

## 利用碎片时间

我很喜欢“买买买”，但每次一去购物中心都会花上半天甚至一天时间。有娃后，逛商场耗费的时间太多，我慢慢改为利用碎片化时间来网购。现在网购非常方便，即使有时候衣服买得不合身，商家也支持退换。

碎片化时间还可以用来阅读、回复邮件、做十分钟瑜伽甚至仅仅几个深呼吸，不胜枚举。

## 建立规律

规律生活是低效率的克星。给自己制订一个日程表，每晚临睡前计划一下第二天的安排。如果你的每一天是可以预期的，就很少会出现手忙脚乱的现象。当然，如果遇到宝宝生病等特殊情况，也要特殊处理。苏宝的儿科医生最爱对我说的一句话是“babies like routines（婴儿喜欢有规律）”。每天都在差不多的时间进食、起床和睡觉，能让宝宝的进食和睡眠都比较容易，还能节约不少哄饭和哄睡的时间。

当然，要实现生活有规律，妈妈得带头，你有了规律，娃才有规律，娃有规律，全家人才有效率。

## 别事必躬亲

不要事必躬亲，有两层含义：一是用好那些能为你节约时间的工具，比如辅食机、洗碗机、全自动洗衣机、慢炖锅等；第二，在经济条件允许的情况下，外包一些家务，能节约很多时间。娃出生前，家务我们基本上自己做，但打扫卫生这件事非常费时间。有娃后，我们决定平时只做简单的卫生，让家政公司每周来家里做一次大扫除。

每次大扫除时，3个阿姨会勤勤恳恳地打扫4个小时，除了吸尘，还包括给所有的家具和摆设除尘、擦窗户，连吊灯上的蛛网都会仔细清理。这种服务每次费用是180美元，算是一笔不菲的开支，但是可以节约我12个小时，相当于每小时15美元，比我学生时代在图书馆打工的时薪还低，仔细一想其实非常划算。

此外，家里的剪草、园艺、除雪这些体力活儿也都外包了，这些虽然会增加一部分开支，但是让生活质量有了很大的提高，我们有了更多时间睡眠和陪伴家人，苏爸的事业也进展得越来越顺利。

## 合并任务

刚开始做全职妈妈时，我不太会multi-tasking（同时完成多个任务）。比如，苏宝吃辅食的时候，我一勺勺喂完，才开始吃自己的，这时候苏宝已经不乐意被困在餐椅里了，我只好放下自己吃了一半的饭，先陪她玩。后来发现，原来很多任务是可以合并进行的。比如，天气好时，我穿上运动鞋用运动推车推娃出去慢跑，在此过程中听TED Talks，或者听我订阅的podcasts（播客），还可以打打电话（比如，和家庭理财师沟通，预定假期出去旅行的酒店，给老公做体检预约，给家里需要保养的车预约保养时间，给娃报游泳课等），既遛了娃、锻炼了身体，还处理了琐事，一举多得。

我还学会了在做家务时邀请苏宝参与进来。比如，我做饭时，会给她一些锅碗瓢盆或者菜叶，她津津有味地研究这些“新事物”，就不会缠着我要抱抱了。稍大些后，我开始请苏宝帮我一起整理房间、擦地等，虽然她不一定做得好，但在她探索的过程中，我也很快完成了家务。再比如，苏宝每晚睡觉前关灯后，喜欢在黑暗中躺着听我给她哼儿歌，我这时候就偷偷地“一心二用”，一边哼歌一边回复几封邮件。

我做全职妈妈这几年，孩子健康快乐，全家人生活得井井有条，非常幸福。简单总结几点心得：

- 你不是一个人在养娃，“队友”的参与真的很重要；
- 在有条件的情况下，体力活儿外包能大大提升效率；
- 保持一点儿兴趣爱好，才不至于感到窒息；
- 想要胜任任何职业，自律都是不可或缺的素质。

希望读完这篇文章的新手爸妈，都成为时间管理的小超人。

03

# 要想孩子与众不同，父母必须具备这项品质

有一年圣诞节的时候，我们社区举办了一场音乐会，名字非常普通，就叫节日音乐会（Holiday Concert），任何人都可以去听。我想带娃听音乐会应该很有趣，那天就早早带苏宝到了指定地点。

舞台装扮得很有节日气氛，观众席已经来了很多带着小朋友的家长。开场时，老师带着两排穿着圣诞服装的孩子登台了。从他们在台上的表现能看出，大部分应该是智力低下的孩子。后来我才知道这是为我们学区的特殊儿童举办的音乐会，让他们也有和普通人一样登台表演的机会。

观众席并没有人因为台上出现特殊儿童而表现出大惊小怪。这时候，我听见旁边有个小男孩在问妈妈，他们为什么这样唱歌（指跑调）？他妈妈立刻把手指放在嘴唇上示意他别讲话，然后小声在他耳边说，别人在演出时问问题是不礼貌的。

孩子们表演结束后，台下掌声雷动。这时，我听到刚才的妈妈对孩子说："They are not singing in the wrong way，they are just singing differently.（他们不是唱得不好，只是唱得和我们不同而已。）"

好一个"不同"。我不是第一次遇到这样的妈妈。她们在向孩子传递一个信息：人与人之间是千差万别的，我们需要尊重和理解这些差异，而不是用自己的标准去评判别人，这是一个人起码的教养。孩子具备了这种教养，才会去接纳不同。

但是我们身边有很多成年人，并不明白这个道理。比如，我们常常听到这样的评价：

- 这个剩女三十几了还没结婚，肯定很悲哀。
- 那个孩子一看就是农村来的，真土气。
- 天哪，一岁多了还在喂母乳，根本就没有营养了。
- 你没看到那个人是扫大街的吗？离他远点儿。
- 那个妈怎么带娃的，宝宝穿那么少的衣服，也不怕孩子冻着。
- 那个姑娘满身文身和耳洞，肯定是问题青年。
- 那个网红小女孩的妈妈让她吃那么多，恐怕要得肥胖症吧。

那么，我们为什么会去评判他人？原因无非是以下几个方面：第一，缺乏安全感和自信，需要用不断否认别人来证明自己正确；第二，无法理解与自己不同的行为和思维；第三，无法忍受与自己不同的生活方式和价值观。而评判别人可能会带来什么？只能带来一些负面的影响，比如伤害到别人，让你自己显得很low，给周围的人带来负能量。

每个人都有瑕疵，没有谁是完美的，不要随意去给其他人定罪。况且很多时候我们眼中的瑕疵，只是我们自己对其他人的偏见而已。美国的学校非常重视教孩子尊重和接纳不同，而家长也会从小告诫孩子：评判别人是一件很没有教养的事。

前段时间，我读到周国平写的《妞妞》，书中记录了患眼癌的1岁女儿（盲人）和死神斗争的故事，里面有段描述：

> 这天放疗完毕，我们又带妞妞在公园里玩。她大约感觉到了树香、鸟鸣和新鲜的空气，渐渐从治疗的委靡①中活泼起来。为了逗她高兴，我抱着她沿小山坡的石阶奔跑下来。她喜欢由此产生的快速的坠落感，那样快活，格格②大笑，还不停地喊叫：“跑，跑！”
>
> 我们正这样高兴地嬉玩着，我听见一个母亲对她的孩子解释道：“那是个瞎子，你没看见她一只眼睛全是白的？”

---

① 原书中用“委靡”，《现代汉语词典》（第7版）推荐使用“萎靡”。

② 原书中用“格格”，《现代汉语词典》（第7版）推荐使用“咯咯”。

我们身边充斥着这样的“审判官”，不仅每天要在心里评判一万个人，还把自己充满偏见的内心，耳濡目染地传染给孩子。

在美国，如果有人公然对特殊儿童指指点点，是非常严重的事情，甚至可能引起公愤。其实，美国对智障儿童、聋哑儿童和自闭症儿童的称呼并不是“retarded”“deaf”“blind”这些带冒犯性质的词，而是统一用不带否定色彩的方式来称呼——特殊需求儿童（Special Needs Children）。这样孩子们潜意识里都知道，他们并不比别人差，只是有特殊需求而已。在美国这些年，我发现孩子们都非常适应身边的特殊儿童，从没看到过其他正常孩子对他们指手画脚。

孩子的世界是很原始的，他们会模仿和复制大人的行为和思路，如果我们给孩子传递的信息是：这世界上只有一个标准，就是我教给你的标准，他就会自然而然地用这个标准去判断周围的世界。这样一来，如果他遇到一个残疾的孩子，第一反应是他和我不同，第二反应是他比我差。偏见的种子就这样在孩子心里扎了根。小时候，评判别人的外貌、身体条件；长大一些后，他们会对那些和自己价值观不同的人和事带有偏见，思路变得越来越封闭和狭隘。

然而，这个世界是多元的，而且在向着越来越多元的未来进发。我们的孩子会接触形形色色的人，会和无数种生活方式、思维意识和价值观碰撞。如果在碰撞发生的时候，他们不懂理解和接纳，就会非常痛苦。

每个人成长的过程中接受的教育千差万别，这是造成人与人之间不同的原因。甚至在婚姻这种双方高度相互认可的关系中，都不可能有价值观百分之百一致的夫妻。很多成年人的痛苦，就来自要把自己的想法强加给别人。而那些感情和谐的家庭成员之间，往往都是懂得相互接纳、求同存异的。

接纳并不代表趋附对方的价值观，更多的是认识到“自己不喜欢什么，不意味着它就是错误的”。一个懂得少评判、多理解的孩子，会在将来的人际关系中少一些痛苦，也会明白：It’s OK to be different.

写到这里，我想我能回答标题中的问题：想要孩子将来敢于与众不同，父母首先要有尊重和接纳不同的能力，然后耳濡目染地传递给孩子。

那么，父母具体要怎样做，才能让孩子有独立的人格、多元化的视角，不去随意评判和自己不同的人？试试下面这些建议。

## 让孩子有机会接触形形色色的人和文化

Expose Your Child to People and Cultures

在纽约生活这些年，我体会到最大的文化差异之一，就是纽约这个城市对多样性的接纳程度惊人。美国社会是个多种文化融合在一起的大熔炉，走在纽约街头，你会看到爆炸式发型的黑人在街头说唱，导盲犬陪着主人在路边小店喝咖啡，年薪百万的华尔街高管和流浪汉一起挤进两块五的地铁，地铁站里缺了一条腿的女孩在投入地演奏大提琴。

如果有条件，带孩子去旅行吧，带他尝试当地的食物，感受不同的文化，包括不同国家、不同地区、不同民族之间的文化差异。旅行能让孩子感受到世界的多元，他的价值观也会在见多识广中逐渐塑造起来，懂得理解和尊重人与人之间的不同。

## 保持客观，少评判

Do Not Judge

当你想说“他这样做不对”的时候，可以说：“我不赞同他的做法。”

当你想说某种现象不好、不对的时候，不妨说“我不赞同”。比如，晚上哄孩子睡觉的时候，孩子问：“妈妈，为什么隔壁小明可以晚上10点才睡？”你的第一反应可能是：“他不应该睡那么晚。”但你也许不知道，小明的爸爸每天早出晚归，为了不让爸爸在孩子的成长中缺席，全家人决定让小明睡晚一会儿，这样每天都能听爸爸读几本绘本了。这时候你可以说：“也许小明睡得晚有他的原因，但是咱们家的规矩是晚上8点入睡。”

当你想说“他这样做很奇怪”的时候，试试先说“他这样做很特别”或者“我没有想过要这样做”。

在美国，很多妈妈会在地上放一个床垫，让孩子睡地铺。这是典型的蒙台梭利儿童房的布置法，让孩子在环境安全的前提下，有更多的活动空间，以促进孩子的自主探索。我的一个朋友就是这样给孩子布置房间的。她婆婆从国内来美国探亲的时候，看到小孙子的房间后，大惊失色，连连指责媳妇：“怎么能让孩子睡地上？地上寒气重，不知道这样会着凉吗？”她可能没有意识到，媳妇家是木地板，孩子睡在三楼暖气充足的房间，和婆婆自己曾经生活过的水泥地瓦房很不一样，更不会因为睡地铺而着凉。

少在孩子面前评判对与错，他们就会逐渐明白，我不喜欢什么，并不意味着什么就是错误的，我不需要同意别人的做法，但我可以尊重别人的选择。

值得一提的是，避免评判别人，不代表摒弃是非观念，是非观和评判别人是两个不同的概念。比如，打人是不对的，抢玩具是不礼貌的，这叫作有是非观念。“天哪，她的宝宝竟然光脚不穿鞋，当妈的真不负责”，这就是评判。前者是常识，后者是基于自己价值观的偏见，因为说这句话的人，可能并不知道孩子光脚学走路的好处。

## 多讲事实，少讲观点

State Facts，Not Opinions

- **这是个事实：**可乐含糖量很高。
- **而这是个观点：**小朋友不应该喝可乐。

宝宝从幼儿园回来，告诉你说，小明妈妈给他带了好多零食。部分父母的第一反应可能是：“吃那么多零食，他妈妈不对。”但这样既不能说服孩子，又潜移默化地让孩子学会了批判他人。你可以说：“小朋友吃那么多零食对身体不好，还容易长蛀牙，科学家都已经证实了呢。”

多讲事实，少讲观点，不仅对宝宝的人格塑造有好处，对培养他们的逻辑思维能力也有帮助，因为严密的逻辑是基于事实的。因此，美国的小学经常会训练孩子们区分事实和观点的不同，培养有理有据、思路清晰的孩子。

有句老话说：君子和而不同，小人同而不和。父母懂得尊重别人的不同，孩子才敢与众不同，才有勇气去接受新事物，探索生活多种多样的可能性。教育的目的，不就是为孩子提供尽量多的可能性吗？懂得消除偏见，懂得尊重和包容多样性的父母，才可能培养真正独立、自信、高贵的孩子。

04

# 放开你的原生家庭，如何

苏宝出生后，为防患上产后抑郁，我找了一个心理咨询师Rebecca，她是美国人，3个孩子的妈妈，她的性格真诚直白、不拘一格。她的专业水平有口皆碑，一直有长长的waitlist（预约名单），很难预约到。

第一次见面，她自我介绍的一席话给我印象很深：“很多人想象中的心理咨询，是躺在沙发上昏昏欲睡地追忆童年，细数自己糟糕的父母在童年时带给自己哪些伤害，导致自己现在还一蹶不振。我这里绝对不是这种咨询风格。我给这些人的唯一建议就是：“Wake up! Your past has no control over your present life. Unless you let it.（你的过去无法控制现在的你，除非你自己让它控制你。）”

接下来，她和我聊了自己的领域——积极心理学。这种咨询方式关注的是如何通过人自己的想法，来改变自己的感受和行为。用大白话说，你怎么看待世界，世界就怎么对待你。

我已经有一段时间没见过Rebecca了，但最近忽然想起她，是因为一个远房亲戚大二的孩子加了我的微信，问我出国留学要准备些什么材料。本来这些信息都可以在学校网站上查到，我想她可能是查起来有难度，就告诉她基本上每个学校都需要的材料：

首先，英语语言成绩要过关。她说：“我英语很差，四级都没过。”其次，最好有一些有趣的实习经历。她说：“我唯一的经历就是在学生会外联部拉过赞助。”最后，需要一篇英语小短文，写写为什么喜欢想申请的专业。她说：“好像并没有特别喜欢某个专业。”

我纳闷了，问她：“那你为什么出国？”她郑重其事地告诉我：“是为了逃避‘原生家庭’。”然后，她的话匣子打开了，说自己现在成绩中等，缺乏自信，不知道以后该干吗。自己爹妈没什么本事，对她的教育也特别失败。他们喜欢束缚她的手脚，打击她的信心，从小她想做什么都告诉她不行，导致现在的她依赖性强，什么都不敢尝试，觉得自己很low，很笨，很丑。

她接着说，对出国这件事没有什么信念，只不过为了毕业后不回到老家所在的城市，不和父母生活在一起而已。简言之，自己混成这样，都是爹妈造成的。小姑娘对出国留学的程序一问三不知，倒是头头是道地给我科普了“父母皆祸害”的论断，俨然是原生家庭问题的心理专家。

我回答：“抱歉，我get不到你的点。你已经21岁了，混得差还怪爹妈？”最后我才弄明白，这个小姑娘找到我，是希望我为她写留学申请文书。我告诉她：“不好意思，我做不到，那等于是作弊啊！”那天的聊天没能很好地进行下去，后来也没了下文，估计小姑娘已经把我拉黑了。

## 你不成功，都是童年的错吗

我曾经看过一个女孩写自己的母亲非常严厉，导致她长大后，虽然远离了母亲，仍然压抑着自己，从来不敢笑。特别是找工作时屡屡失败，投了几百份简历，只拿到一次面试资格，却在第一轮就被刷掉了，她分析面试失败是因为自己不会笑。这归根结底都是母亲的错。我忍不住想问，这姑娘找的是什么工作，这份工作的要求就是会笑？面试失败，恐怕还和自己其他方面的能力不足有关吧。

再说，小时候不敢笑，可以理解和同情，但现在长大独立了，谁也管不着你了，你想干吗干吗，笑不出来还要怪母亲吗？

对不起，对这种把自己的一切失败都归咎于母亲没有提供足够心灵抚触的“巨婴”，我毫无同情心。

当然，有一些孩子从小生长在缺陷非常严重的畸形家庭，经历过家暴、虐待甚至性侵，他们在成年后很可能出现心理问题，这是需要外界帮助和进行系统心理疗愈的，这种疗愈是非常严肃的一件事。然而，这篇文章针对的，更多是那些从小并没受多少挫折，下班回家就打游戏，等着爹妈做好饭菜的成年人。被老板批评了，赶紧找两篇“原生家庭”鸡汤文转发朋友圈，归咎于父母，按摩灵魂。

## 嫌爹妈当年不会养娃，你来试试

这几年，这种题目的文章经常刷爆朋友圈——“做父母必看，原生家庭如何毁灭孩子！”“你的所有不幸，都源自母亲”“母亲三句话，决定孩子一生幸福，再不看就晚了”……

一个人的成长是一天天积累起来的，其中有伤痛、有幸福、有挫折，正是这些或正面或负面的点点滴滴的经历，造就了今天的我们。一个母亲说三句话，就能对孩子人生起决定性的影响？不用想就知道这种论调有多不靠谱。

其实很多时候，我们对原生家庭的耿耿于怀，都来自一种不实际的期望：期望父母是完美的。这是最典型的2岁以下孩子的心理——父母就是我的全世界，父母应该是完美的。

然而，《圣经》里说过：“Indeed, there is not a righteous man on earth who continually does good and who never sins.”（持续行善的完美之人，世上实在没有。）

高考作文里常常有人用伟大来形容父爱和母爱，对此我并不赞同。私以为，所谓父爱、母爱，无非是一个充满瑕疵的生命，学着去爱另一个也会有瑕疵的小生命而已。

苏宝出生后，第一次当爹妈的我和苏爸，面对这哇哇大叫的“小肉球”，有点儿崩溃。不是有个励志故事说科比之所以成功，是因为他见过凌晨4点的洛杉矶吗？估计每个新手妈妈听完这个段子，都笑了。我不仅见过凌晨4点的纽约，还见过凌晨1点的纽约、2点的纽约、3点半的纽约，好吗？

养娃是父母审视自身瑕疵的最佳机会，我偶尔的坏脾气、玻璃心，都被苏宝这面镜子照得通通透透。我曾因为一开始母乳喂养不顺利，在深夜失声痛哭过；也曾经因为苏宝每晚夜醒数次，觉得自己活下去都成问题；我甚至在苏宝面前发过火……一个人带娃后，我深刻体会到，没有人天生会当爹妈，做父母是个一天天适应、摸索、学习的过程，是一场举步维艰的自我修行。

当年我们二三十岁的父母，在面对孩子时，恐怕也是一样地充满困惑吧。小生命的到来，让我更懂得了父母之爱的艰辛，由此对父母少了一些抱怨，多了一些感恩和理解。人类是高级复杂又充满缺陷的个体，世上哪有完美的人类、完美的父母、完美的童年？养育路上，我自己最多是个70分的妈妈，有什么资格要求自己的原生父母做到100分呢？

## 有些人童年不美好，长大后仍然过得很幸福

有那么一种人，无论经历了什么，都有种击败过去的超能力。这种能力叫自我修复力（resilience）。

美国明尼苏达大学的心理学家Garmezy，曾经对几千个孩子做过研究，结果发现家庭环境因素对一个人成功与否并没有决定性影响。研究过程中，一个9岁的小男孩引起了他的注意：他的父亲长期缺席，母亲酗酒，他每天都带着同样的午餐去学校——一个只有两片面包的三明治，里面什么都没夹，因为没有人给他做饭。然而，他不希望别人因为他的遭遇而同情他，每天都面带微笑带着他的三明治去学校。这个孩子属于一个特殊的群体，他们的共同点在于：具备自我修复力。

美国脱口秀女王奥普拉就属于这样一类人。她的童年不仅不幸，简直可以用悲惨来形容：被亲戚强暴，被虐待，14岁意外怀孕，孩子生下来两周就夭折了。但是她学会了反抗命运、拥抱不完美。她把负面经历变成财富，最终成就了今天的自己。这是一种选择，没能打败你的，终将让你强大。

哥伦比亚大学临床心理专家乔治·博南诺（George Bonanno）（我所在学院的教授）的研究结果表明，不幸的经历本身并不一定是坏事，伤害我们的，是我们对这些经历的回应。只有我们对不幸的事情做出负面回应时，它才会伤害到我们。反之，如果我们能把不幸的经历当作学习和成长的机会，反而可能会从中获益。面对不幸经历，人类的修复力比我们想象中强大得多。

在哥伦比亚大学读书的时候，导师给我推荐过一本书——塞利格曼的《积极心理学》（*Learned Optimism: How to Change Your Mind and Your Life*）。书中的核心建议之一就是：乐观是可以通过刻意练习获得的，一个人能系统地给自己越多正面暗示，就越容易变成乐观的人。同样，自我修复力也可以通过对自己大脑的不断训练而获得。

我很喜欢的另一本书叫作《看见成长的自己》（*Mindset: The New Psychology of Success*），这是一本关于growth mind（成长型思维）的好书。作者给读者的建议是：一个人要改变别人很难，而通过改变自己以及对世界的看法，才更容易获得成功和幸福。

假如父母辜负了你，你可以选择不辜负自己的孩子。比如，一个酗酒、赌博、不负责任的父亲，他的儿子成年后，逐渐有了对这些经历的理解能力，就可以选择做个更好的父亲，好好爱自己的孩子。我身边有太多这样的例子，强势母亲的女儿，选择成为温柔包容的妈妈；有着冷暴力父亲的儿子，却成了体贴的暖男老公。美剧《犯罪心理》的主角Hotch说过，暴力家庭长大的孩子，一些成了杀人犯，一些却变成了保护者（警察）。

原生家庭给我们的伤害，从某种意义上说，可以变成一种馈赠。因为伤害让我们更能理解某些人格缺陷会给孩子带来什么影响，从而有意识地去避免再用同样的方式伤害下一代。不管童年有多糟，如果你已经是成年人，请告诉自己“我不需要再做受害者了”，尽管做到这些需要漫长的自我训练，非一日之功。

我们身上都带着原生家庭的影子，不懂爱的父母，都是曾经没有得到爱的小孩。成年最重要的意义，就在于从精神上脱离对原生家庭的依赖，成为独立的人。

原谅父母，等于释放了过去的自己，总有一天我们得学会和过去的自己握手言和。爱是本能，但不恨，是种选择。

每个人的一生都在背着包袱摸石头过河，不如先扔掉对“原生家庭”的埋怨，轻松前行吧。

05

# 生孩子后，妈妈如何进行自我提升

有孩子以前，我和老公的自我空间意识都很强。刚结婚时，一到周末我们就会去旅行，但总是约法三章：旅途中要给彼此留私人时间，我去游泳和做SPA，他会趁这个时间读本好书。黄昏散步回家后，我想做个瑜伽、写篇文章，他会收发邮件或者去楼下健身。

每天这一小时的互不打扰，对我们的亲密关系一直有种良性影响，也让我们在工作后还保持着每年学习一项新技能的频率。苏爸本来是文理学院毕业的，工作后自学了摄影、电影编剧、写程序、设计家具，还用碎片时间学会了弹尤克里里。

苏宝出生以后，我们两个习惯了“自由空间”的人，一下子懵了，我问了一圈身边的新手妈妈，才发现大家都有同样的苦恼：每天一下班就在陪孩子，个人精力被大量占据，说好的一个月看一本书，说好的自学外语，说好的马甲线和腹肌呢？

我承认我是个“自私”妈妈，如果陪孩子一整天下来，自己做的只是忍着不看手机，负责喂饭、遛娃、换尿片儿，盼着天快点儿黑、娃快点儿睡，这一天会过得很空虚，没太多价值可言。

那段时间我经常和身边朋友讨论的问题是，陪娃和自我提升一定是个零和游戏吗？陪娃所付出的时间是否是一种牺牲？有没有办法在高质量陪伴的同时，也实现自我成长？

做了一段时间全职妈妈后，我逐渐意识到，自己陪宝宝的时候定位出了问题：我的角色不应该是保姆，而是玩伴。保姆的角色，只是完成“看好孩子”的任务，而玩伴可以在双方互动的过程中，自己也有所成长。这几年我总结了一些高质量陪伴的方式，能让宝宝和大人皆可受益。

## 亲子手工

以前我一直以为，做手工是小朋友专属的游戏。后来看到一篇文章称，神经学家最新发现，手工对于成年人而言有减压放松的作用，能刺激大脑的多个区域，提高认知能力（是的，大人的认知能力也可以提高），甚至可以预防老年痴呆。

做手工和单纯的看娃、遛娃不同，大人的角色不仅是监护，而是全程参与，不会觉得无聊。出不了门的时候，我们会花一个小时完成一件手工。这几件手工都是我们在家完成的：用纸盘子和纽扣制作的瓢虫，用雪糕棍制作的长颈鹿，用纸袋制作的手偶狮子。

手工曾经也是让我望而却步的一个话题，我总觉得网上那些妈妈晒的亲子手工太美了，可是要把材料一一准备全，好难。比如，要做个雪糕棍长颈鹿，难道真的要我专门去吃掉4根雪糕吗？后来才发现，美国这边的妈妈做手工，是直接在文具店里买现成的手工制作包。里面需要的素材很齐全，连我这个手工“渣妈妈”，也分分钟变成手工达人了。想不出该陪孩子怎么玩的时候，就拿一包出来做手工，你会发现时间过得特别快。

## 烹饪、烘焙

记得还是新手妈妈的时候，我经常苦恼的一件事是一带娃就做不了饭，因为孩子需要大人一直和她有互动。磨合了好长时间后，我才总结出一套做饭时让宝宝不哭闹的方法。

小月龄时期，可以在厨房的地板上铺个爬行垫，妈妈一边做饭一边和宝宝说话、躲猫猫。等宝宝会坐后，妈妈做饭时，可以给宝宝一些锅碗瓢盆、菜叶之类的东西让他玩。1岁后，因为宝宝开始能参与到做饭这个过程中来了，妈妈可以找一些没有尝试过的简易菜谱，和宝宝一起实践。

我觉得烘焙这项活动，是厨房里宝宝参与度很高，妈妈又能学习新技能的选择。因为烘焙涉及很多搅拌、倒水、揉面等宝宝能够参与的动作。一两岁的孩子学习起来真的很快，只要给予充分的信任和适当的保护，宝宝不太会把厨房弄得一团糟。

其实，以前我从不觉得烤个糕点算什么新技能，直到我从一个留学时经常用老干妈下饭的“厨渣”，到现在能和苏宝一起烤出让全家幸福感爆棚的巧克力蛋糕，真心很认同烘焙这种一举两得的亲子陪伴方式。

## 运动、亲子瑜伽

有了宝宝以后，妈妈的运动时间也会受到影响，很难像单身时那样，“一言不合”就上健身房。

一个“陪娃+运动”的方案是亲子瑜伽，因为亲子瑜伽需要妈妈和宝宝配合。过程中可能会遇到做一半宝宝爬走的情况，多磨合一段时间就会好一些，也确实能起到锻炼的作用，但是它需要用碎片时间来完成，所以妈妈一定要调整好心理预期。如果身边没有开设这种课程的瑜伽馆，大家可以试着在网上找视频学一些基本姿势。

美国的妈妈（还有不少奶爸）很流行用运动型推车推着宝宝在公园里跑步。休息和拉伸的时候，就把随身带来的游戏毯拿出来，让宝宝在上面玩一会儿。欧美国家还专门有推着孩子跑的马拉松赛。

其实，如果不是经常跑步，倒不必专门去买一台运动型婴儿车。工具只是一种辅助，用普通推车推着宝宝快速走，也是可以燃烧卡路里的，大家不妨试试。

## 共读英文绘本

后台经常有妈妈问我，想陪宝宝一起进行英语启蒙，但是自己的英语不好，好多单词不认识怎么办？其实，陪宝宝读绘本，能帮妈妈自己也提升英语水平。学龄前的绘本，大多文字比较简单、押韵，对于英语已经生疏很久的妈妈，没有比读绘本更好的方式来重拾英语了。

这其实是一个美国朋友给我的启示。她是一位新手妈妈，曾经学过西班牙语，但是工作后没有怎么使用就忘了。有了宝宝后，她很想重新把西语学起来，但总是没有时间，后来她灵机一动，去图书馆借了一些西语绘本，从易到难，和宝宝亲子共读，不认识的词，查查字典也能搞定，竟然在这个过程中不知不觉把西语重新捡起来了，还帮宝宝做了双语启蒙。

其实，妈妈进行自我提升的方法还有很多。比如亲子旅行、带宝宝逛博物馆、参观画展等。高质量陪伴和自我提升同步进行，真的可以实现，只不过这种自我提升，是碎片化和小剂量，需要细水长流和持之以恒的。毕竟陪着宝宝的同时去提高英语水平，不会像参加培训班那样快速达成目标。

但是，孩子长大不过一眨眼的事，需要我们密集陪伴的时间就那么两三年，抱在怀里、牵在手里的时间也就那么几年。有时间陪娃，是一种使命；陪伴的同时，还能学一些新东西，是种幸运。妈妈保持平和、现实和谦卑的心态，也是一种成长。自我学习和自我成长是一辈子的事情，经过一点一滴的积累，总会有所收获。

06

# 当妈后，如何找到属于自己的“小宇宙”

又到美国的毕业季了，一则华人学生的哈佛毕业演讲视频刷爆了朋友圈。这让我想起两场让我印象非常深刻的毕业典礼。

第一场是2014年，高中的好友从哈佛法学院毕业，邀请我去参加她的毕业典礼。那年的演讲嘉宾是Sheryl Sandberg（谢丽尔·桑德伯格），脸书（Facebook）的首席运营官和超级畅销书*Lean In*（《向前一步》）的作者；第二场是2012年我从哥伦比亚大学毕业时，美国总统奥巴马在哥伦比亚大学巴纳德学院的演讲。

很巧的是，这两场演讲的主题，都和女性有关。两个人的演讲中，都贯穿着对现代女性能力的认可和对她们改变世界的愿望的认可。

感谢父母创造的宽松、鼓励型家庭环境，也许是因为无知者无畏，我在成长过程中，一直带着股“我想改变世界”的傻气误打误撞，写作、冒险、拿奖，浑然不觉间，命运把我从一个不知名的川南小县城带到了常春藤大学，再顺利进入了所谓高大上的管理咨询行业。

苏宝一出生，我的生活重心忽然发生了翻天覆地的变化，权衡一番后，我决定辞职在家陪宝宝。做全职妈妈后，我那个“改变世界”的愿望还在。所以，在夜奶、换尿布、研究辅食和给宝宝“买买买”时，我常常问自己：在扮演妈妈角色的同时，我还能做些什么？我想，“做些什么”就是本文标题中“小宇宙”的定义吧。

开通微信公众号后，我才发现有很多妈妈都有同样的困惑。无论是职场妈妈还是全职妈妈，都想知道精力被养育孩子这件事占用后，怎样才不会失去自我？怎样发挥自己的一技之长？怎样每天都能学到新东西？怎样保持自己的兴趣、实现梦想？以下是我走过弯路后的一些心得和对妈妈们的建议。

## 建议一：认识自己

我收到过不少全职妈妈的留言，她们都希望能在带宝宝的同时，有一份自己的小事业。也有职场妈妈说不喜欢朝九晚五的工作，打算辞职陪宝宝，同时做一些喜欢的事情，只是不知道做什么。

想做什么、能做什么和应该做什么，是3个有联系又相互独立的问题。我的建议是找到一张纸，写下这3个问题的答案：1.我擅长什么？2.我喜欢什么？3.这个社会需要什么？这3点重合的部分，就很可能是适合你的事业。举个例子，我认识的一位妈妈本科是英语专业，毕业后在一家企业做公关。辞职带宝宝后，她重新用起了自己喜欢并且擅长的英语技能，在当地一家幼儿英语培训机构做老师，一周上两次课。在照顾宝宝的同时，还能教学相长，把兼职中的教材和心得活学活用，为宝宝做英语启蒙，可谓一举多得。

## 建议二：认识其他人

有宝宝后，很多妈妈怕宝宝成了宇宙中心，自己的眼界变得越来越窄，从而和社会脱节。我曾经有一段时间也是朋友圈贴满了苏宝的照片，和其他人聊天的主题都是孩子的拍嗝、放屁、吃喝拉撒。时间一长，我开始焦虑了，因为我没有办法进步。其实，不管是全职妈妈还是职场妈妈，都可能掉入一切围着宝宝转的“黑洞”，这样对自己并不是一条健康、可持续的道路。

认识一些育儿以外的、有趣的人，也许能帮你解决这个问题。虽然聊妈妈群、学习育儿经仍然是我生活的一部分，我会有意识地去扩大自己的圈子，让各种各样的可能性和生活方式给我带来启发。

认识其他人的方式有很多，不一定是约人出来喝咖啡才叫作认识。听一场TED演讲，参加一个学习新技能的线上讲座，都能认识有趣的人。而且，知道适合自己做的事情后，有意识地去认识志同道合的人，会给你带来不一样的视角与机遇。让别人的经验和见解，给你正在建设的“小宇宙”增加一些能量，让你少走一些弯路。

## 建议三：管理时间

找到自己“想做的事”后，你需要投入一些精力让它变成你“能做的事”。比如，你擅长烹饪，想开一个博客展示自己的辅食食谱，将来出书；你热爱手工和设计，想试着开一家网店卖自己做的珠宝；等等。

作为妈妈，要在辛苦拥挤的日程表中挤入这样的任务，当然很难，你需要超强的时间统筹能力和效率。所幸的是，时间管理能力是可以通过系统的训练获得的。如果你想做一个创业的全职妈妈，那么，很有必要给自己规定每天固定的工作时间。对我而言，每天早上6～7点和晚上9～11点是我雷打不动的写作时间（苏宝生病除外）。只有通过一定时间的投入和积累，你的兴趣才可能变成事业。

## 建议四：阅读

有人可能会问，我不知道自己擅长什么、对什么感兴趣，怎么才能找到自己喜欢的事情呢？那就去读书吧。

阅读可能是这篇文章的5个建议里最容易实现的一条。也许因为种种原因，你分身乏术，暂时没有时间去探索自己的兴趣、扩大自己的圈子，那么你每天一定能少刷10分钟朋友圈，换作读两页书，在阅读的过程中，你可能会发现自己的兴趣。

如果不知道读什么书，就抽时间去书店，翻翻那些你感兴趣的经典著作。当然，阅读不一定限于读纸质书，看优质的博客文章、报纸杂志都算阅读（看朋友圈鸡汤文不算阅读）。甚至陪孩子共读一本绘本，也算阅读。孩子绘本里简单的道理，有时候能给大人很多意外的启示。

## 建议五：尝试

有了方法，行动更重要。如果你喜欢画画，不妨创作两本童书寄给心仪的出版社；如果你有英语专业八级证书，可以尝试做自由译者；如果你是健身达人，试试考个资格证，兼职做瑜伽老师。

你可能会说，不行，因为原因A、B和C，我做不到。其实，无论我们想做什么，都会遇到一些阻碍你开始的困难。其中最大的困难，就是我们缺乏勇气。你需要做的，只是走出舒适区（comfort zone），去尝试、去开始。太多时候，我们把失败的成本放大了，从而不敢开始。我的建议是：向前一步，哪怕是闭着眼睛的。

有人会说，要同时做到以上5点太难了，而且得有钱啊。那么，先找到其中最容易实现的一点去开始，再慢慢尝试其他的。

做母亲不是结束，而是新的开始。别让“妈妈”这个词定义和限制了自己。母亲这个角色，本应成为人生更多可能性的契机。

07

# 温和坚定不发火，这4件小工具帮了我大忙

我的全职妈妈之路已经3年多了。苏宝从出生开始，就是非常敏感、黏人的高需求宝宝。回顾过去这几年，我不是没有对苏宝发过脾气，但总共发脾气的次数，一只手都可以数出来。在苏宝处于“Terrible Two”的时期，我的心态反而比以前更加平和。

很多时候，长远影响孩子的，并不是少喝一顿母乳，少上一节早教班，而是孩子是否有心平气和、不焦虑的父母。情绪管理之所以叫管理，是因为它确实需要用到技巧和刻意练习。做几年全职妈妈下来，有一些情绪管理的小工具给了我很大的帮助，这篇文章就来总结一下，分享给大家。

## 生气“预防针”

孩子既然是孩子，他们的行为有两个特点：一是难以预期，二是需要塑造。这就意味着在和他们共处的过程中，大人一定会（几乎每天都会）遇到孩子出现不符合自己期望的行为，尤其是学龄前的孩子。管理情绪的第一步，就是承认负面情绪的存在，并且试着预测它什么时候会发生。

记得刚开始带苏宝上早教班的时候，她因为对陌生环境不适而哭闹，最后只好带她回家。她一哭我也会焦虑，会产生一种“大老远来上课，结果白跑一趟，好心塞”的心情。

后来和苏宝的早教老师沟通后才知道，宝宝拒绝参加集体活动，不一定是“胆小”，只是社交发展中很正常的里程碑，大人再焦虑也没用，只会把不良情绪传染给宝宝。后来，每次去早教班之前，我都会提醒自己：也许孩子今天会不想上课，大不了回家就行，不要用负面情绪来加重孩子对新环境的焦虑。

和孩子相处久了之后，我越来越了解她的性格，也开始能预期到她哪些时候会“出状况”。比如，她如果某天没有睡午觉，下午因为疲倦一定会比较闹腾，我就会让自己降低心理预期，给自己打个“预防针”，这样发火的概率就会小很多。

## 适当的幽默感

随着对宝宝发展规律的了解，我越来越发现，很多时候孩子并不是故意要惹我们生气，他们的无理取闹、不听指挥甚至故意捣乱，可能是认知发展和性格成熟的一种需要。记得第一次给苏宝玩手指颜料的时候，我有心理准备她会把画布弄得很脏乱，万万没有想到她把大部分颜料都抹在了脸上、头发上，一边抹还顺便抓起来吃了几口，场面相当混乱。

当时苏爸出差，我已经独自带娃一整天，心情无比崩溃。正想发火，苏宝瞥见了镜子里的自己，竟然笑得在地上打滚。看着这个场景，我忽然觉得好气又好笑，赶紧提醒自己：脏就脏吧，反正可以洗干净的；吃就吃吧，反正这颜料是无毒的，吃不坏肚子。事后我想，如果当时对苏宝发一通脾气，她真的能明白自己“做错”了什么吗？或许只会限制她以后的探索欲而已。

养育路上，父母要想心平气和，不时需要点儿幽默感或阿Q精神，对于一些事后看来没什么大不了的事，不如任性一些，一笑而过，花10分钟给满脸颜料的娃洗个澡，总比吼娃5分钟、后悔5小时好。

当然，这并不是提倡对孩子所有的行为都保持阿Q精神。孩子稍大后，会出现故意不遵守规则的现象，就需要一定的管束。这种情况下，不要怕批评孩子，用对方法是关键。

## 一本情绪管理手账

我有两本手账，一本用来规划自己的运动、阅读和写作，另一本则是记录育儿过程中的教训和心得。

其实，这本育儿笔记最开始仅仅是我的情绪管理笔记。坚持一天不发脾气，就给自己一个贴纸；坚持7天不发脾气，就奖励自己做个SPA；坚持21天，就给自己买双鞋。很不好意思地承认，最开始打卡时，我就把喜欢的那双鞋加入了购物车，盼星星盼月亮地等着集齐21个贴纸后去下单。

到后来，心平气和逐渐成了习惯，我发现不需要下血本诱惑自己，也能做到对孩子温和坚定不生气。这本情绪管理笔记后来逐渐扩展成了我的育儿笔记，每个周日晚上，我会把接下来一周如何高质量陪孩子大致安排好。比如，周一上午有亲子瑜伽课，下午约了苏宝的小伙伴游泳；周四下雨出不了门，我们会在家里做手工；周六和老公带娃去动物园。这样一来，整个一周都是井井有条的。

## 学会给自己放假

我和苏爸有约定，育儿路上要给彼此独处的时间。比如，每周末除非全家出游，苏爸一定要找时间独自带苏宝外出几小时，要么陪她去上早教课，要么去公园，要么去博物馆，留给我一段完全安静不被打扰的自由时间。

很多时候我们发脾气，是因为连续陪娃的时间太长，在身心双重疲惫的情况下，负面情绪最容易被放大。养育的辛苦带来的负面情绪，要靠疏导而不是"忍"来解决，因为忍的结果通常是让情绪积压，一旦情绪爆发，反而更可怕。和爸爸多沟通，放手让爸爸多参与，这一点真的很重要。

做新手妈妈最大的挑战，其实不是娃的屎尿屁，不是喂养和睡眠的琐碎，也不是一窍不通的"猪队友"，而是这一切挑战来临的时候，该如何见招拆招，做情绪的主人。当然，偶尔失控吼了孩子，也不要为难自己、嚼后悔药，谁没有生气的时候呢？当妈的又不是圣人。我们那么爱孩子，但也要记得爱自己：只有自己平静强大，才能给孩子更多安全感。

## 08 可以对孩子发脾气，但不要让情绪阻碍了爱的表达

周末带苏宝去儿童博物馆，走累了坐下来休息时，不远处一个两三岁的孩子忽然大哭起来，妈妈先是抱起来哄，孩子一边哭一边蹬腿，最后变成了满地打滚。

妈妈发飙了，对孩子大吼：“你怎么是这样的？以后再也不带你来了！”

经过被妈妈一顿吼骂，孩子更是哭得气都喘不过来了，在游客的频频侧目下，妈妈拽着孩子的手，怒不可遏地离开了博物馆。

说实话，我理解那个妈妈为什么会生气。或许，她前一天晚上睡得很不好，因为宝宝夜醒，起来了好几次。然后早上很早就起床，已经和孩子升级打怪，战斗了一上午，好不容易带他来博物馆，孩子一言不合就躺地上，这一刻妈妈终于情绪失控。

作为父母，我们的初心肯定是想对孩子温柔相待，但是作为新手爸妈，面对精力和情绪的双重挑战，发脾气在所难免。但发脾气时，你传递给孩子的信息很重要，至少不要让孩子觉得你每一句话都在告诉他：我不爱你。

前段时间，我和苏爸在读《一分钟父亲》这本小书的时候，书中的一个观念给我印象很深刻：

> 如果孩子不听话，发火往往是最无效的管教方式。这并不是因为发火这件事本身有多大的错，而是因为我们对孩子发火时，往往忘了纠正他的行

为，而是在攻击孩子本身。人受到攻击时，会本能地保护自己，同时也会捍卫自己（错误）的行为。

作者的建议是：如果我们把管教的重点放在纠正孩子的行为，而不是指责孩子这个人上，管教就会更有效。具体的操作办法可以分4步：

- **第一步：表达自己的情绪。**比如，告诉孩子："你这样做，让我很生气！"
- **第二步：说清孩子的什么行为让你生气，越具体越好。**比如，告诉孩子："妈妈说过，不能故意把饭菜扔到地上，但你今天已经是第三次这样做了。"
- **第三步：提出替代的解决方案。**比如，告诉孩子："下次你不想吃的东西，可以放到桌子上。"
- **第四步：让孩子知道你爱他。**比如，做个深呼吸，让彼此都冷静一下，看着孩子的眼睛告诉他："我生气是因为不喜欢你把饭菜乱扔，这种行为糟透了，但是妈妈很爱你。"然后，给孩子一个拥抱。

其中第三步，给错误的行为一个替代方案，是我在《一分钟父亲》的基础上补充的。孩子知道自己错了，还需要知道怎样做才对。这个步骤对2岁后的苏宝效果不错。

一天，我和苏宝正在玩橡皮泥，这时，门铃响了，我出门拿了个快递，回头一看，苏宝把花花绿绿的橡皮泥全部粘到了新的白色羊毛地毯上，还扬扬得意地看着我。当时，我的内心有一万头野马呼啸而过。要知道，这是我家这个月买的第二块地毯了。我知道这只是苏宝探索世界的方式，但2岁的孩子应该知道，有些探索是需要节制的。

于是，我蹲下来，拿走了苏宝手里的橡皮泥，严肃地对她说："妈妈很生气（表达情绪）。我说过橡皮泥只能在桌上玩，现在地毯脏了，我很难过（说清原因）。"苏宝低头看了看地毯，又看看我，眼泪都快掉下来了。我停顿了十几秒，心里默念“冷静冷静冷静”，然后轻轻地问她：“我们下次不要让橡皮泥粘到地毯上，好吗？（提出解决办法）”

每次遇到2岁娃花式捣乱，被气到怒火中烧时，我都试着在心中默默过一遍这个“有效发脾气”的4步公式。

最后，我把手轻轻地放在她的背上说：“你知道妈妈很爱你，对吗？”苏宝脸上的表情很复杂，有内疚、不安和释怀，然后她点点头，自言自语地说：“要放在桌子上玩。”我给了苏宝一个拥抱。

记得第一次在《一分钟父亲》里看到这个方法时，我心里想，理论是理论，实践起来很难啊，脾气上来了谁还记得那么多呢？但很多事情都是需要刻意练习才能看到改变的，也是值得去练习的，尤其是那些你觉得重要的事情。

也许第一次尝试时，做到第二步你就无法进行下去了，但经过一次次坚持下来，我发现自己在处理“对孩子发火”这件事上更加游刃有余了。如果你实在在气头上，无法好好和孩子对话，可以试着先离开2分钟，让自己冷静下来，再和孩子沟通。延迟发怒，气往往就消了一半。有时候，大人也需要Time-Out（暂停）。

我不反对对孩子发脾气，只是脾气要发到“点子”上，批评孩子的行为而不是批评孩子本身，让孩子知道你仍然是爱他的。一个知道自己被深爱着的孩子，让大人发脾气的时候会越来越少。请不要让情绪阻碍了爱的表达。

09

# 允许自己犯错，是父母在养育路上的必修课

苏宝7个月的时候，苏爸去海外出差了。我给苏宝打水洗澡时，还不会爬的苏宝在床上躺着玩。浴缸的水快满了，我去洗手间关水。主卧洗手间离床才几步路，我一转身，就听见“咚”一声，苏宝翻身摔地上了……那一刻，我心碎成渣。

好不容易哄她止住了哭，我按照之前在育儿书里学过的处理办法，仔细检查了她的脑袋有没有外伤，有没有出现囟门肿胀、瞳孔变化、眼底出血、呕吐昏迷等反常，答案是都没有。我给她的儿医打电话描述情况后，医生的意见是，在家观察，只要接下来72小时内无异常，应该问题不大。我稍微放下心来，按正常程序给她洗完澡，讲了故事，放她上床睡觉了。

那天晚上，我在电脑前坐到凌晨，把从床上摔下后可能出现的情况都预想了一遍，一边查资料，一边无限自责。那晚苏宝睡得不错，倒是我自己醒来无数次，三番五次起来查看她还有没有呼吸。

第二天，苏爸出差回来了，一切如常。苏宝坐在地板上，玩着玩着，忽然毫无征兆地开始喷射性呕吐，刚吃的奶、米糊像水龙头一样喷出来。苏宝从生下来到7个月，连感冒都没有过，那天忽然莫名其妙地吐得昏天黑地，而且连续吐了十几次。我联想到前一晚的摔床事件，以及从床上摔下后出现喷射性呕吐意味着什么（很可能是颅内伤），颤抖着打了911。在去医院的路上，一向喜欢手舞足蹈的苏宝，开始昏昏欲睡，最后到急诊科时，已经软绵绵的，像考拉一样挂在

我身上。在这不到10分钟的车程里，我紧握住她的手，叫她的名字，但她好像很累，对我的呼喊毫无反应，眼皮在一点点地合上，不时地还在呕出胆汁。我在心里不停地祷告，脑子里飞快地闪过那些最坏的后果。

所幸我家附近的儿童医院是全美排名最靠前的，救护车还没到，医院已经安排了脑外科专家候诊。医生对苏宝的头部进行检查时，苏宝因为连续十几次的剧烈呕吐已近休克，需要立刻补充液体，但是缺水的血管脆弱得像头发丝一样纤细，连续刺了很多针都扎不进去。最后护士长来了，在黑暗的病房里用手电筒照着苏宝的手臂寻找血管，才终于给她输上了水。

那黑暗的一晚，是我有生以来最漫长的几个小时，我在脑海里反复回放苏宝摔床的过程，她的小手被针刺成蜂窝仍然输不上液的样子，几近休克萎靡不振的样子。最后，我终于忍不住崩溃大哭：自己竟然让孩子摔下了床，怎么有资格当妈？

那天，我们在医院待到了半夜，专家会诊后，认定苏宝并没有颅外伤。又过了很久，我才知道，那天呕吐是因为食物过敏，和摔下床没有半点儿关系，只是两者不幸巧合，才让一切看起来那么恐怖。

孩子的康复能力是惊人的，儿医进一步确诊摔下床没造成什么不良后果后，我们很快出院了。“摔下床+呕吐”事件算是告一段落，但我心里的阴影很久都没有消散，偶尔还会做关于这件事的噩梦。当苏宝像一只小兽一样依偎在我怀里喝奶时，独自在读绘本、玩玩具时，我还会不自觉地摸摸她的小脑袋，心里感叹：还好没摔坏。

这件事过去很久了，苏宝发育得很健康，没看出摔下床对她有任何影响。最近，我忽然又想起这件事，是因为收到了两条留言。一个妈妈说，有一天，宝宝在车里睡觉，她有急事离开了一会儿，宝宝醒来后发现自己一个人留在车里，受到了惊吓。这位妈妈吸取教训，没有再把宝宝留在车里过，但以后宝宝表现出胆小怕事，她都觉得是受惊吓的后果。另一个妈妈说，自己一直奉行亲密育儿，但有一次宝宝哭泣时，她在厨房炒菜没听见，让宝宝哭了好几分钟。她非常自责，觉得这件事给宝宝留下了阴影。她问我：“我觉得自己是个不合格的妈妈，要怎样才能和你一样做个完美的妈妈呢？”

“完美的妈妈？”看到这句话我怔了很久，有点儿莫名心酸，在回复框里敲了删，删了敲，最后还是没想好怎么答。

虽然我推崇及时回应宝宝的哭泣，也坚决反对把宝宝单独留在车里，还开了个微信公众号分享育儿心得，但是“完美妈妈”这个称呼，我愧不敢当。

苏宝7个月摔床后，虽然没有受伤，但我的内疚和自责一直没有消散。后来给我的心理咨询师打电话聊天，告诉她这件事很长一段时间都在困扰我。她笑着对我说：“这是典型的完美主义情结在作怪，因为你不允许自己犯错误啊。”她告诉我，有很多新手妈妈因为类似的事情去找她咨询。她觉得父母偶尔疏忽对宝宝造成的小伤害，留下的阴影更多是在父母心里，而不是在孩子身上。其实宝宝的忘性比我们想象中大多了，那些让我们纠结很久的错误，也许压根儿没在孩子的脑海里留下任何印记。与其焦虑过去，不如着眼将来。

全职带娃后，我才发现，不出错的父母是不存在的。只要你是地球人，就会出错。虽然后来我没有再让孩子摔下过床，但小错仍然会出现，比如穿衣不当让孩子受了凉，一不留神“熊孩子”摔破了膝盖等。人类不是机器，即便机器也有偶尔运转不灵的时候，何况是睡眠不足、超负荷运转的我们。你对宝宝有满分的爱，绝不等于可以做个零瑕疵的父母。相比偶尔的粗心，父母内疚、自责的焦虑情绪，更容易给宝宝带来不良的影响。

这篇文章的初衷，是想告诉那些和我一样的新手妈妈：偶尔的疏忽不代表你是个坏妈妈，只代表你是个正常的妈妈。允许自己犯错，是高情商父母养育路上的必修课。

苏宝两个月的时候，有时苏爸会负责喂夜奶。有一晚，他迷迷糊糊起来热奶，奶太烫，苏宝刚喝了一口，就吐出来开始大哭，苏爸愧疚地抱着她坐了2个小时。最近一次和苏爸聊天，我提到那次喂奶事件，他一脸茫然地问我：“什么时候的事？” 看来除了拥抱不完美，妈妈们还需要来点儿忘性。这一条，真要向爸爸们好好学习。

10

# 常春藤大学毕业后做全职妈妈，是种浪费吗

前段时间，一个线上平台的负责人找到我，希望我能开个讲座，聊聊自己做全职妈妈这个选择的过程。他特别希望我能聊聊自己具备高学历和高收入行业的背景（哥伦比亚大学毕业，生孩子前就职于管理咨询行业），为什么要选择做全职妈妈。

其实，全职妈妈这个词有点儿伪命题。世界上的妈妈分两种：上班的全职妈妈和不上班的全职妈妈。我属于后者。但即使第二天要上班，凌晨2点在喂奶的是妈妈；宝宝病了，半夜起来照顾的是妈妈；好不容易宝宝睡了，还要抓紧研究科学育儿和为宝宝“买买买”的人，也是妈妈。妈妈这个角色是24小时在线的，因此从某种意义上，所有的妈妈都是全职妈妈。

当时，这位线上平台负责人问我的原话是：辛辛苦苦读完了常春藤大学，你觉得在家做全职妈妈是种浪费吗？让人不禁莞尔一笑。

从苏宝出生到现在，其实我不是第一次被问到这个问题。我想这里的“浪费”，可能有3个层面的假设：

- 在家当妈，浪费了高学历；
- 不去工作，错过了职场快速上升的机会；
- 把可以用于“自我提升”的时间和精力，花在了孩子身上。

## 在家当妈，是浪费了高学历吗

一说到高学历，人们的反应通常是把它和好工作、高收入联系到一起，唯独不会想到的，是它和当妈有什么关系。有趣的是，美国范德堡大学的Joni Hersch教授对数万名美国毕业生做了调查，发现和普通大学毕业的妈妈相比，毕业于常春藤和斯坦福等名校的妈妈，更倾向于在家做全职主妇。

Hersch的文章没有深入分析这个现象背后的原因，我想每个人的答案也不尽相同。对我而言，暂时离开职场去带宝宝，并没有浪费我的学历，反而很好地利用了我受过的教育。

在美国留学多年，我的英语有一定的优势，在育儿路上遇到疑惑时，我可以第一时间查找权威网站（比如美国儿医协会）和育儿专著，找到问题的答案；宝宝喜欢看绘本，中英文启蒙都是我做主力，而英文绘本我们早已读了上千册。

读藤校给人的另外一笔财富，是求知欲和好奇心，换句话说，就是不甘现状爱折腾。在做全职妈妈以前，我的世界里只有工作计划和表格；决定辞职带苏宝后，我发现在养育0～3岁宝宝这件事上，我是个一窍不通的门外汉。但爱折腾的我立刻开始研究身边社区都有些什么资源，可以丰富小宝宝的认知世界。于是，我们很快开始参加图书馆的绘本故事会、音乐早教课、艺术课，前段时间还参加了一个专门为小朋友设计的自然启蒙营，每天的时间都排得满满的。

我心目中的美国一流大学教给人最重要的东西，是自由人格。做全职妈妈，何尝不是一种独立的选择？随着孩子的成长，将来生活中还有很多决定要做，相信有主见的妈妈，也会潜移默化地影响下一代成为更独立、更成熟的人。

有主见、好奇心、懂英语这些品质，并不需要读世界一流大学就能获得，但如果你拥有了这些品质，就会让你育儿的道路更轻松、有趣一些。因此，我受过的教育，一点儿都没有被浪费。

## 不去工作，错过了职场上升机会怎么办

辞职之前，我在纽约一家战略管理咨询公司工作。在美国的投行和管理咨询

这两个行业里，有很多一流大学的毕业生。其中不少人并不是很清楚自己到底喜不喜欢、适不适合这两个行业，但是因为有面子、收入高，而且校友们都在这两个行业，就没有离开。当时的我也属于这群人中的一员，而且事业发展得还挺顺利，和上司关系也不错。

生完孩子后，我离开了这个很多人梦寐以求的行业，要说没有一点儿遗憾，那是不可能的。有一天，我在瑜伽馆遇到一个耶鲁毕业的全职妈妈，她的一番话让我豁然开朗："这几年，世界上会暂时少一个金融分析师、程序员或者律师，但地球照样旋转。在家陪伴宝宝，也不过短短几年，你不会永远都是全职妈妈，你身上所有的能力，也不会过期。"

我在美国工作这几年的感受是，一个人的职业发展，是由责任心、统筹能力、合作能力等综合素质决定的，如果你本身具备了这些素质，而且一直在有意识地提高自己，那完全不用担心暂时离开职场会磨灭你的能力。管理家庭和管理团队有很多共通之处，管理全家人的财务、健康和出行，加上每天和"熊孩子"单挑十八回合，我深感自己的职业技能每天都在不断地被磨炼和提升。

我并不相信时间可以换空间，一家公司里待得最久的员工，并不一定是职位最高的。其实在家带苏宝这几年，我对自己的职业选择也有了新的思考。我经历了精英教育，也走过了咨询行业这根挤破头的独木桥，但是在和宝宝朝夕相处的过程中，我发现自己感兴趣的东西远不止数据和报表。这几年我终于有了更多碎片时间去读很多毕业后一直没来得及读的书，认识了各种有趣的人（尤其是和我经历类似的全职妈妈），重拾了写作这个久违的爱好，丰富了我将来职业发展方向的可能性，这些都是当年在大公司里研究年终总结时无法获得的。

## 把可以用于"自我提升"的精力，花在孩子身上

和没有孩子的前同事聊天的时候，我常常调侃他们，你们哪里是在工作，简直是在休假好吗？上班的时候，每天的工作时间是固定的，还有双休日，但全职妈妈全年365天无休，如果宝宝的睡眠习惯还不成熟，那么你的睡眠也是碎片化的。

生孩子以前，我也是个比较随性、懒散、爱拖延的人。生孩子以后，我发现，不懂时间管理根本无法生存（真的，有阵子苏宝睡眠严重不规律，导致我缺觉缺得活下去都成问题）。很快我就学会了更好地统筹安排、取舍和合并任务，在“生存问题”面前，自己好像一秒钟get到了时间管理的全部精髓。

其实，在原来的行业，忙起来一周也要工作八十几个小时，吃午饭时都在和同事讨论工作，下班回家吃过晚饭就快“断电”了，很多学生时代的爱好，都被工作时间全部取代和填满了。相反，辞职后我的碎片时间忽然多了很多，搬家时买回来一直没弹过的钢琴，偶尔会去练一练；白天遛娃的时候，顺便去中央公园跑个步，还把喜欢的博物馆也逛了；曾经的“厨渣”一枚，居然可以烘焙出好吃的红丝绒蛋糕了。而这些，都是全职妈妈这个角色给我的馈赠，这何尝不是一种自我提升？

最后我想说，做不做全职妈妈是一道选择题，答案并没有对与错之分。把自己的一切经历都当作财富，只要保护好内心的小火焰，无论你是否做全职妈妈，无论你的职业是什么，都无法阻挡你成为更好的你。

11

# 全职妈妈适合你吗？4个问题帮你梳理思路

苏宝出生后，我决定辞职在家带孩子。从一开始的磕磕碰碰、摸石头过河，到现在能愉快胜任这份工作，也算积累了一些心得。最近，有好几个闺密要当新妈妈了，她们在职场妈妈还是全职妈妈之间徘徊，问我怎么看待这个问题。

很多人谈到全职妈妈的角色，觉得唯一需要担心的是老公是否能养家。经济因素确实很关键，但其实还有很多需要考虑的因素容易被忽略。我作为一个3年“工龄”的新手全职妈妈，和大家分享一下做全职妈妈前需要考虑的一些问题，对全职爸爸也适用。

## 你的另一半是否支持你的决定

做全职妈妈，应该是全家人共同的决定，其中另一半的支持是最重要的。

夫妇一方决定辞职在家，家庭总收入或多或少会受影响。如果你希望做全职妈妈，最好是找个时间和老公坐下来，拿出纸笔，计算一下以后的家庭开销是否能由一个人承担。我辞职前在美国的管理咨询行业工作，说实话很舍不得这份收入。当时，我和苏爸把家庭开销按功能分为饮食、起居、交通、医疗、娱乐等几块，再按重要程度分了must-have（必备的）和nice-to-have（锦上添花的）等几个层面，权衡后得出的结论是，他的收入可以养家，但是我们需要过得比以前节约一点儿。

除了经济方面，你的另一半还需要给你精神上的支持，尤其是要理解全职妈妈的辛苦，尊重你的劳动。目前，社会对全职妈妈的理解和认同还不够充分，很可能成为小区大妈、亲戚朋友的“批判”对象。我有个好友和我一样是全职妈妈，婆婆无意中表现出对她“不就是带个娃吗”的不屑，好在她老公总是能坚定地站在她一边支持她的决定。

## 你是否具备很强的时间管理能力

作为全职妈妈，其实就是全家人作息起居的主管，工作强度很大。时间管理能力是全职妈妈最重要的生存技能之一。会管理时间的妈妈，能提高做家务的效率，很早就帮助宝宝建立良好的生活规律。

## 你是终身学习者吗

当全职妈妈后，很容易被淹没在尿布、辅食、哄睡的烦琐中，一天很快就过去了，最怕的事情是和社会脱节。我以前的工作单位有很多机会接触不同的行业，公司经常做大大小小的培训，每天都能学到很多新东西。考虑辞职的时候，我最大的担心之一是在家带娃后，自己的知识储备会停滞不前。

好在现在网上有很多不错的开放式课程，美国这边的妈妈比较常用的免费学习网站有MIT OpenCourseWare、Khan Academy、Coursera、Lynda.com，另外TED Talks也是不错的新知识来源，国内也有一些免费的公开课，可以搜索自己感兴趣的话题，每天花十几分钟看视频学点儿新东西，贵在坚持。

保持阅读的习惯是最好的终身学习方式之一。全职妈妈的阅读通常要靠碎片时间来完成。我的第一个Kindle用了4年，定期会下载新书，以前看书的内容大部分是和所学专业或工作行业相关的。做全职妈妈后，虽然读书的时间碎片化了，但我发现自己有机会读更多其他领域的好书，也是一种不错的收获。

## 你是否善于管理压力和情绪

带娃可能是世界上最耗费精力的工作，尤其是宝宝2岁前，对妈妈的需求度很高，又不太会用语言和你交流，妈妈每天面对无穷无尽的“屎尿屁”，常常会有心情不美好的时候。因此，善于管理情绪就成为每个全职妈妈的必修课。

身体健康是合理管理压力和情绪的前提。我如果遇到负能量爆棚的时候，就会用瑜伽和睡眠来自我调节。如果因为家务太多而影响睡眠和运动的时间，我们有时会买半成品或者吃外卖来解决晚餐问题。只有妈妈休息好了，才能更愉快地陪娃升级打怪。

全职妈妈的工作强度很大，不时需要把自己从这个角色中抽离出来，做点儿属于自己的事情，才能有正能量继续坚持。可以适当地让爸爸带娃，妈妈出去逛逛街、做个指甲等，都是一种放松的方式。

其实，无论职场妈妈还是全职妈妈，都只是暂时的。我身边有很多职场妈妈后来又转型为全职妈妈，也有全职妈妈在宝宝上学后回归职场。选择某个角色并非一辈子的事。如果很难决定，你可以试着再给自己多一点儿时间，让自己少些压力，选择适合自己的，做个情绪愉快的妈妈，就是给孩子最好的养育。

12

# 好好说话，培养会沟通的孩子

有一天，朋友转发一篇文章给我，文章标题是《一个家庭的悲剧，是从不好好说话开始的》。朋友说："道理都懂，但和老公有分歧时、孩子不听话时，情绪上来了还是忍不住会吼。目前面对3岁的孩子，开始觉得沟通起来有困难，而孩子也复制大人的行为模式，难以和幼儿园的小朋友相处。该怎么办？"

## 沟通的目的并不一定是“求同”

关于沟通，我曾经有个很深的误解，觉得沟通的目的，就是让双方的观点达成一致。比如，下雨天和苏宝外出的时候，她坚持要穿凉鞋，我会使用各种套路说服她穿雨靴。最后，苏宝虽然愿意穿雨靴了，但下次雨天出门的时候，她还是会要求穿凉鞋。“说服”孩子的次数多了，我逐渐意识到，其实并非每次沟通都要以“一个人服从另一个人的意见”画上圆满的句号。

沟通和管教是不同的，孩子如果有明显的错误行为，肯定需要纠正，但在很多无关紧要的事情上，我们仅仅表达自己的观点就够了，至于孩子是否愿意接受，那是他的选择。后来再遇到下雨天，我不再试图说服苏宝穿雨靴，她也真的穿了凉鞋出去，后果是脚丫湿湿的，很不舒服，现在她已经会主动要求穿雨靴。

真实世界的沟通，极少能绝对达成一致，大多数时候是向中间不断靠拢的过程。君子和而不同，沟通前先把孩子当作独立的人，他可以坚持自己的观点，并且学习为其后果负责。尊重，是亲子沟通的起点。

## 不带控制的倾听

有一次，我带苏宝去图书馆，有个2岁左右的小男孩，打死也不愿意坐下来听故事，妈妈把他抱进教室，他又跑出去。整个过程中妈妈一直在劝他别哭，过一会儿又用“转移大法”，说：“你看，外面有蝴蝶！”趁孩子分散注意力的时候，又把他抱进教室。

小男孩最终赖在地上尖叫，一边踢腿，一边说：“bunny，bunny。”原来，他只是想要停在教室外推车里的安抚玩具而已。妈妈一开始只需要蹲下来，认真问问孩子为什么哭，问题就解决了。

我们每天都在听孩子说话，但我们真的听见孩子在说什么了吗？对于孩子而言，很多时候哭只是一种表达方式，大人用自己的“关切”盖过孩子的声音，努力让孩子不哭，堵住了孩子表达的出口，实则是一种控制。“共情”是个被用滥了的字眼，但它在沟通中价值连城，会共情的父母会让孩子知道，你可以说，因为我在听。

## 多讲事实，少讲观点

美国孩子从小学开始，就要学习事实和观点的区别，不仅是为了培养清晰的逻辑，也是在为有效沟通打基础。低效率的沟通，往往是双方在不停强调自己的观点，最后谁也说服不了谁。有效沟通应该是基于事实的，父母和孩子交流时，多描述事实，少做评判，不要攻击孩子本身。孩子也会从你的有理有据中学会心平气和。

有一次，我和苏宝参加早教课，她和另外一个孩子把教室里的玩具一箱箱掀翻在地上，觉得是个好玩的游戏，我的第一反应是要制止她。但她的早教老师对我眨眨眼，先我一步走到苏宝面前说：“你看，玩具掉得到处都是，其他小朋友走路很容易被绊倒，我们一次只拿一个玩具吧。”简单的一句话，只讲事实，不贴标签，两个“熊孩子”马上乖乖帮老师把玩具收拾好了，我心里感到“大写的服”。

## 放下权力的游戏

中国式的家庭矛盾，往往是权力的矛盾。比如婆媳之间、父子之间出现分歧，常常是为了在“谁说了算”这个问题上争个输赢。这种上千年的文化烙印让我们在和孩子相处时，常常不自觉地要拿出家长高高在上的架子：“你怎么这么不听话呢？”“我怎么养了你这么个孩子？”

这些质问，表面上是在沟通，实则是在告诉孩子：“你得听我的。”爱一个人，首先学会好好说话。孩子虽然弱小，但当他意识到自己在和大人的互动中始终是个弱者，就会不自觉地保护自己，关闭和父母交流的心门。

家可以传递爱，也可以累积伤害。不管是和孩子还是和其他亲人沟通，都请记得始终把爱放在第一位，沟通的目的是交换观点，而非争个输赢。因为哪怕争赢了，把爱的人越推越远，最终输的仍然是你。

沟通能力是一种传承，是在父母的言传身教中，在相互包容理解的家庭环境中，一点点积累起来的。我相信会沟通的孩子，将来运气不会太差。我看着3岁的女儿时常想，如果她能聪慧、灵敏，自然是一种幸运，但能拥有温润平和、通情达理的性格，才是她真正的福气。

13

# 你爱的是孩子，还是你想象中的影子

苏宝从小就不是个和别人自来熟的孩子。比如，刚到早教班教室，她会在门口好奇地张望，但没有我的陪伴，绝不会自己爬进教室里探索。图书馆老师发玩具了，大家都扑上去拿，她犹豫不决地站在旁边看着，终于决定要去拿玩具的时候，已经一个都不剩了。每当看到其他孩子肆无忌惮地打闹嬉戏时，苏宝表现出的更是一种不符合年龄的谨慎。

除了慢热，苏宝还很敏感，她总能第一时间察觉身边大人的情绪变化。在早教班上，如果有孩子哭了，苏宝会一直紧张地看着那个孩子，直到他不哭为止。

一起读绘本的时候，如果读到绘本里的人物难过，苏宝会着急得睡不着觉。记得有一次，我们读咕噜牛，里面有个场景是咕噜牛宝宝被老鼠吓哭了，这件事困扰了苏宝很久，她连睡着时的梦话都在说“没事，没事”。

美国文化是一种强势的文化，从孩子之间略带侵略性的互动就能看出来。我一度担心苏宝太温和敏感，容易吃亏。

一个周末，我带苏宝去家附近的公园玩。她很喜欢这里的滑梯，经常自己爬上去、滑下来，驾轻就熟。这个周末，平时冷清的公园忽然来了很多孩子。苏宝立刻就紧张了，像警惕的小兽躲在我身后。我好不容易说服她爬上了滑梯，忽然跑上来几个大孩子，她瞬间就僵住了，站在滑梯顶部，看着孩子们一个个从身边过去，就是不敢自己滑下来。

因为是儿童滑梯，我无法爬上去抱她，唯一的办法是等她自己滑下来。但她静静地站在那里，任由我怎么给她打气都纹丝不动。我怕她站在上面被疯跑的大孩子推倒，也有点儿生气她怎么这么“胆小”，连自己滑下来都不敢。就这么僵持了足足10分钟，等其他孩子都跑开了，苏宝才终于试探性地自己滑了下来。

我有点儿懊恼，她刚滑下来，我就牵起她的手上车回家。她可能察觉到我的失望，回到家后很知趣地没有缠着我，而是自己去房间找绘本看了。

周六苏爸带娃，我逛街。路过纽约第五大道的巴诺书店时，在这里偶遇一本童书，浅蓝封面，毫不起眼，书名叫*The Wonderful Things You Will Be*（《愿世间一切的美好都属于你》）。莫名其妙地，我被书中这样的几句话戳中了：

> Then you will discover all there is to see,
> and become anybody that you'd like to be.
> And I'll love you，whoever you've grown up to be.
> （你将发现属于你的一切美好，
> 你将拥有你想成为的模样。
> 无论你长成什么样的人，我都会爱你。）

我想，在亲子关系里应有的期望，这段话提供了很好的一种诠释。

记得苏宝刚生下来的时候，我看着她粉嘟嘟的小脸，心里只有一个愿望：希望她健康和幸福，这也许是每个父母养育孩子的初心。但随着时间的流逝，不知不觉间我们对孩子的期望变得复杂了。比如，希望他聪明，希望他外向，希望他乘风破浪。其实归根结底，这些期望是我们投射给孩子的影子。

那天的“滑滑梯事件”后，我在脑子里回放了一遍当时的情景，心里想：如果当时站在滑梯上的是2岁的我，我会希望妈妈怎么做？

我希望她能温柔地鼓励我，给我些勇气；我希望她在我终于主动滑下来的时候，抱紧我，为我感到骄傲；我希望她告诉我，无论我是谁，她都会爱我、接纳我。但我没能做到。

那天因为做了一次“坏妈妈”，我心有内疚。倒是苏宝睡午觉醒来，一看到我就给了我一个灿烂的微笑，已经把不快忘得一干二净。孩子从来都是无条件地爱自己充满瑕疵的父母，而我们却常常忘记接纳自己的孩子。

孩子越来越像一面镜子，照出我的不足。我开始意识到，苏宝还小，她的性格还有很多塑造空间，现在下结论太早了。慢热和敏感的孩子，往往很有洞察力和创造力，这两种能力也很珍贵，不是每个人都具备的。即使他最终长大成为内向型人格，也可以很有力量。

每个孩子都自带独特的光环，他来到世界的使命，是用自己的方式发光。他的性格不符合大人对他的期望，并不代表他就是错的。就像纪伯伦写的那样：

> 你的孩子，其实不是你的孩子，
> 乃是“生命”为自己所渴望的儿女。
> 他们是借你而来，却不是从你而来，
> 他们虽和你同在，却不属于你。
> 你可以给他们以爱，却不可给他们以思想。
> 因为他们有自己的思想。

爱孩子，就该尊重他天生的气质，爱他本来的样子。还好，此生还长，孩子的成长也在照亮你的成长。

那天，苏宝睡前，我给她读了新买的*The Wonderful Things You Will Be*，也借这本书提醒自己：养育路上，勿忘初心。孩子，愿你天赋异禀，愿你乘风破浪、披荆斩棘，但最重要的，是做你自己。

14

# 外婆朴素的育儿观，教会我最重要的事

和许多跟着外婆、奶奶长大的“80后”一样，我小时候最亲近的人是外婆。外婆在川西农村长大，只有小学文化，她的3个孙女却分别进入了浙江大学、纽约大学和哥伦比亚大学，毕业后分布在世界各地，在各自的工作领域里燃烧着小火焰。这篇文章我想写写外婆的故事。

外婆家是平房，青瓦白墙，有个四四方方的小院，院子里一棵石榴树、一台石磨，养着两只老母鸡。我的幸福童年就是在这个院子里度过的，爸妈去上班，我就在外婆家玩。炎热的夏天，玩累了午休时，外婆会哼着儿歌，用大蒲扇给我驱赶蚊虫。外婆没有读过西尔斯、杜威和蒙台梭利的著作，但她的育儿观却和很多教育大家是不谋而合的。

如今我也当了妈妈，常常回忆起童年时外婆和我玩过的“玩具”、她发明的游戏、唱过的童谣，才意识到它们对我早期认知发展的影响如此深远。如今，我的养育观念可以说完全来自对外婆的传承和发散。外婆这一生的育儿哲学，总结起来是24个字：好玩具，不花钱；细养易，粗养难；要育人，先律己；身越勤，心越安。

## 好玩具，不花钱

20世纪90年代，出生在小县城的我还没有太多高级玩具，但这丝毫不影响我童年的幸福感，因为我有一个聪明会想办法的外婆。一张旧报纸会在她手里变成小猫小狗；外婆煮饭时，会给我锅碗瓢盆，任我敲得乒乒乓乓响；外婆扫地，也会给我一个扫帚当马骑。外婆还特别善于从大自然中获得灵感，她常常把竹叶折成灵巧的小船，放在溪流里游很远都不会沉；也会做手工“金鱼”——用一截胡萝卜做鱼身子，插上树叶做尾巴，再用牙签插上小红莓做眼睛，一只只浮在装满水的木桶里，就能让我着迷一个下午。

在养育苏宝的过程中，很多我们精挑细选买回来的玩具，她常常玩10分钟就永远不再碰了，每隔一段时间家里就会闹“玩具荒”。反倒是一些常见的生活用品，更能引起她的兴趣。

于是，我尝试用外婆的办法，打开思路，想办法放大玩具的范畴。我做饭时，就给娃几个木勺子、塑料碗，结果立刻变成了她的厨房敲击乐团；我拆快递时，就给她一个空纸箱，结果立刻变成她探索的城堡；我整理房间时，也给她一个篮子，请她帮我把脏衣服放进去，没想到效率惊人……这些安全有趣的日用品构成了我家不花钱的“玩具库”，也给孩子带来更丰富的探索和想象空间。

## 细养易，粗养难

我对细养的定义，是“含在嘴里怕化了”，把孩子紧紧捏在手里保护着，这也不许碰，那也不让摸。说起细养，眼前总会出现几个大人把“小皇帝”团团围住，穿衣喂饭的画面。

在外婆眼里，过度细养等于限制，而限制是最坏的教育。其实细养是懒办法，而粗养才是要花很多心思去实现的。因为跟放手让孩子去探索世界相比，把孩子关在笼子里精心呵护就显得太容易了。

外婆常常挂在嘴边的一句老话是“要得小儿安，三分饥与寒”，粗养是外婆的一贯原则。她总是细心观察孩子的需求，把握孩子的节奏，又不让孩子感到窒息。她如此地爱孩子，随时会解读孩子传递的信号。饿了就该吃、累了就该睡，但你绝不会看到她追着娃喂饭，或者出门给孩子裹得里三层外三层。

外婆的育儿原则包括：

- 她相信孩子自己知道饥饱，从不强迫我们吃饭；
- 她很少说“这不行”“那不行”，她喜欢鼓励我们大胆探索身边的事物；
- 遇到困难（比如小椅子倒了），会鼓励我们自己想办法解决；
- 每天花足够的时间给我们讲故事、唱儿歌、做游戏，但也鼓励我们独立玩耍，我们认真研究某件东西的时候，她在旁边静静看着，绝不打扰；
- 我们受风寒流鼻涕时，她会熬一锅白萝卜姜汤给我们发汗，不乱吃药，好得很快；
- 只要不接触有毒、有害物质，随意让我们玩水和泥巴，脏一点儿并没什么大碍；
- 强调参与感，做家务时鼓励我也一起来，哪怕做得不好也没关系，尊重我们的动手能力；
- 稍大一些后，鼓励我们自己出去找别的小伙伴玩，多进行户外运动和社交。

外婆的养育法，和我在育儿专著里读到的建议常常惊人地相似。 举个例子，宝宝会爬会走后，常常想去触摸他们不应该玩的东西（比如插座），但美国育儿专家发现，那些总是对孩子说“不”的家长，会给孩子带来很多负能量。正确的做法是：在家里划出一片安全的区域，尽量将这块空间打造得新颖有趣，隔段时间变化一下布置，给孩子足够的新事物和空间去探索。

另外，如果宝宝很想玩不该玩的东西，可以通过“转移”把否认变为肯定，比如：“宝宝真喜欢看书，可这是爸爸的书，我们来看这本你的书好吗？”再比如：“宝宝很喜欢小动物，但是拽着猫咪的尾巴它会疼，咱们可以这样轻轻地摸。”

总结起来，外婆的方法就是粗养、细爱，尊重孩子的节奏，满足孩子的好奇心，引导孩子去探索。这些细节让童年的我知道自己是被允许、被认可的，我所认识的世界是充满可能性的。

## 要育人，先律己

外婆和外公结婚以后，就辞职在家照顾孩子们。在那个资源匮乏的年代，全职妈妈这个角色是非常罕见的。外婆虽然没有工作，但常常在操持家务之余出去做零工补贴家用，不怕劳累，连搬砖这样的体力活儿也做过。

孩子们很小就学会像外婆一样体贴和帮助他人。孩子们也都懂得心疼她，有一天，10岁的妈妈告诉外婆不要早起了，让他们起来做一次早饭，外婆很高兴地表示赞许。但第二天外婆照样早起，一边做家务，一边微笑着看孩子们在厨房里忙碌，对他们的积极行为表示肯定。为此，外婆的5个子女都异常勤奋，这就是榜样的力量。

## 身越勤，心越安

80%的妈妈产后多少都会受到不良情绪的侵袭，我也曾经被产后抑郁击中过。那是一段灰暗的日子，我对任何事情都提不起兴趣。正在经历产后抑郁的我，虽然被家人团团围住照顾着，却怎么都高兴不起来，好像钻进了一个黑洞。

那段时间我常想，外婆养育了5个子女，一生辛劳，却很少听见她抱怨或者表现出不良情绪，她总是非常喜悦知足。外婆幸福的秘密是一个“勤”字。她总是忙忙碌碌，不是在做饭就是在洗衣服，不是在做针线活儿就是在整理房间，或者打扫卫生、看书报。受到外婆的启发，产后情绪不佳的我开始努力让自己“动”起来。当时，我给自己定下的目标是每天做瑜伽半个小时、有氧运动半个小时，同时让自己变得有用起来，每天为家人做一件小事，贡献自己的一份力，不要像病人一样衣来伸手，等着被伺候。

这个“勤”字对我当时的产后抑郁发生了奇效，其实也在意料之中。有越来越多的证据表明，有规律的运动是治疗产后抑郁的最佳方案之一。运动可以增加人脑分泌的“幸福化学物质”，不仅可以改善睡眠，提高解决问题的能力，还能消除焦虑。不过，产后何时开始运动因人而异，请新妈妈一定遵医嘱。

苏宝半岁时，我的产后抑郁已经被治愈。我除了照顾娃，还坚持运动、写作，每个早晨迫不及待想起床开始新的一天。

此生最幸运的事，是有这样一个外婆。写这篇文章的时候，她已经去天堂了。但我带孩子时偶尔觉得劳累、迷茫、心塞的时候，常常会想起她，怀念她的勤劳、智慧、耐心。外婆给我的正能量和朴素的育儿观，鼓励着我在做母亲这条路上自信地走下去。